文明的腳印

CIVILISATION

50週年經典·全新彩圖收藏版

大英國家美術館館長　KENNETH CLARK　牛津大學藝術史教授

肯尼斯·克拉克───著　馮奕達───譯

野人

Taste 16

文明的腳印
CIVILISATION

作者　肯尼斯‧克拉克（Kenneth Clark）
譯者　馮奕達

野人文化股份有限公司
社長　張瑩瑩
總編輯　蔡麗真
主編　陳瑾璇
責任編輯　陳韻竹
協力編輯　余純菁、周書宇
封面設計　萬勝安
美術設計　洪素貞
行銷經理　林麗紅
行銷企劃　蔡逸萱、李映柔

出版　野人文化股份有限公司
發行　遠足文化事業股份有限公司（讀書共和國出版集團）
　　　地址：231 新北市新店區民權路 108-2 號 9 樓
　　　電話：（02）2218-1417　傳真：（02）8667-1065
　　　電子信箱：service@bookrep.com.tw
　　　網址：www.bookrep.com.tw
　　　郵撥帳號：19504465 遠足文化事業股份有限公司
　　　客服專線：0800-221-029
法律顧問　華洋法律事務所　蘇文生律師
印製　凱林彩印股份有限公司
初版首刷　2022 年 12 月
初版二刷　2024 年 02 月

ISBN　9789863846819（精裝）
　　　9789863847847（PDF）
　　　9789863846772（EPUB）

國家圖書館出版品預行編目（CIP）資料

文明的腳印 / 肯尼斯‧克拉克 (Kenneth
Clark) 作 . -- 初版 . -- 新北市：野人文化股
份有限公司出版：遠足文化事業股份有限公
司發行, 2022.12
　面；　公分 . -- (Taste；16)
50 週年經典‧全新彩圖收藏版
譯自：Civilisation : a personal view
ISBN 978-986-384-681-9(精裝)

1.CST: 文明史 2.CST: 藝術史 3.CST: 歐洲

740.3　　　　　　　　　111000917

野人文化
官方網頁

野人文化
讀者回函

文明的腳印

線上讀者回函專用
QR CODE，你的寶
貴意見，將是我們
進步的最大動力。

·目 次·

風靡全球50年的藝術史經典

——克拉克眼中的藝術與文明,為何充滿魅力?

艾拉斯德·蘇可(Alastair Sooke,英國藝術評論家)

這部作品原先是規畫成電視節目,而非一本書。這個節目由時任BBC二台台長大衛·艾登堡(David Attenborough)委託製作,用35毫米底片拍攝,以充分展現該頻道先進的彩色技術,並於1969年2月23日星期天首播。然而,當時只有約86萬人觀看本節目,多半是因為當時能接收BBC二台彩色訊號的電視很貴,擁有的人相當少。但有報導指出,有些鄉間教堂為了教眾方便收看節目,於是調整舉行聖事的時間,而有幸擁有彩色電視的人,甚至舉辦了「《文明的腳印》收看派對」。根據《泰晤士報》(The Times)的報導,有一位領袖人物對這套節目大為讚賞,報導的標題是「宛如天使」(How Like an Angel)。英國桂冠詩人約翰·貝傑曼(John Betjeman)致信肯尼斯·克拉克說:「《文明的腳印》是我看過最棒的電視節目。」克拉克甚至收到觀眾來信,表示自己為了追最新節目而沒有自殺。

不過,電視節目如果成書,又會呈現何種面貌?克拉克本人擔心他那「冒險為之」的概括而論在電視上的效果雖好,一旦付梓卻會顯得毫無根據、惹人生厭和平庸陳腐。他就怕這樣,於是在前言中有一半的篇幅都在辯解,解釋「電視」作為媒介,其娛樂成分重於細節的著墨,因為「假如(觀眾)覺得無聊就轉台了」。書籍出版後不久,他便在一封信中透露自己認為節目的文字腳本「不過就是一齣知性肥皂劇的劇本」。但是,這本書的成功可謂是電視版所遠遠不及。

早在1969年末,他的發行人喬克·莫瑞(Jock Murray)便把一張上千英鎊的版稅支票設法塞進克拉克的聖誕襪中,直到今天這本書的銷售已破50萬本,這數字對任何書籍來說都相當驚人,何況本書還是以視覺藝術為主軸。這本書從未絕版,1975年克拉克在信中坦承:「這本書的商業成功,讓我不致於破產,但除此之外,我很後悔寫了它。」

他最擔心的一點是,相較於電視有「文字、音樂、色彩與動態影像的結合」,書本宛如原版節目面黃肌瘦、飄搖枯槁的的黑白鬼魂。當然,節目中精湛的動態影像難以複製在紙頁上,例如:從遠方望去,克拉克小小的人影在佛羅倫斯學院美術館(Accademia Gallery)現身,從館內米開朗基羅的《大衛像》背後走出來,襯出這尊雕像令人油然敬佩的高

大；或像談巴洛克藝術的第7集〈崇高與服從〉，結尾那個絕妙的鏡頭：當他說出「我很好奇，在如上述這般宏偉的廳堂內，是否真能孕育有助於人類精神進步的思想？」，鏡頭隨著這句絕妙台詞愈拉愈遠、愈拉愈遠，彷彿沒有止境，就這樣退出梵蒂岡博物館的地圖廊（Gallery of Maps）。

克拉克固然對於本書的出版憂心忡忡，不過《文明的腳印》的書籍存續，要比它的系列紀錄片更為長久。透過出版，克拉克不僅擺脫了「《文明的腳印》的克拉克勛爵」在螢幕上審視西方文化、武斷高論「人的提升」的刻板印象，反而是書名副標題「個人觀點」（A Personal View）所帶有的「個人」特質走到台前。這都多虧了他飽滿、多層次的權威筆調。我相信，雖然有時令人惱火，但這本身也是文明的一種定義。克拉克的散文有如某種演出，展示諸多他深信構成了文明要素的價值，使人們在心裡聽到它們如何作響。

如閒談般略帶嘲諷奚落的口吻，輕巧帶出藝術史的迷人故事

綜觀全書，克拉克對於自身想法都坦誠以對。他認為鑄造文化的並非群眾，而是菁英：「與現今的平等觀念相悖……假如全仰賴群眾的意志，這樣文明究竟能進展到何種程度？」；他讚嘆夏特大教堂中雕刻的諸王諸后，讚賞他們「貴族般的」容貌；他嘲笑16世紀教宗家族中的貪婪暴發戶，將他們比做現代的百萬富豪，嗤之以鼻；他還因為17世紀荷蘭資產階級式的繪畫投射出某種「防衛性的自鳴得意與多愁善感」，而抱持否定態度。

克拉克身為富家子弟，就讀溫徹斯特公學（Winchester College）與牛津大學三一學院（Trinity College），生來就是要成為主導不列顛藝術界的領頭羊。此外，他還曾擔任過大英國家美術館（National Gallery）館長與英國王室畫藏（King's Pictures）的鑑定師，其在無意間推崇的價值，確實令今人聯想到慷慨激昂的不列顛帝國神話。有一次，他在談論一批15世紀胸像時說：「這些佛羅倫斯名流臉上流露的自信，跟維多利亞時代相片中的人物多麼相似啊！」之後，他甚至評說：「洛可可風潮甚至遠傳至英國，只不過這個愛好獵狐狸的社會以與生俱來的判斷力，阻止了洛可可在英國耀武揚威。」

不過，正是克拉克輕鬆寫意卻又堅不可摧的貴族風範，使那美妙又辛辣的評語突破常規，賦予本書血肉：藏於馬德里的杜勒自畫像是「自戀的傑作」、英國肖像畫畫家霍加斯的畫「老是一團混亂」、16世紀羅馬的畫作多半「軟弱、矯飾、自滿、一成不變」、荷蘭黃金時代肖像畫畫家哈爾斯的畫看起來「正向到令人討厭，手法又很糟糕」。克拉克同意伏爾泰的妙語，說英國布倫海姆宮（Blenheim Palace）是「好大一堆石頭，一點魅力或品味都沒有」，而新藝術（Art Nouveau）是「不停打轉與浮沉」的韻律，讓他感覺「有點頭暈，像在暈船」。至於「現代藝術的混亂」，克拉克則說：「今日發生的一切，完全難倒我了。」從頭到尾，他都以不由分說的口吻，對於自己知識之深厚，以及判斷之公正確信無疑。

他有許多挑釁的主觀意見，少數甚至會冒犯人。有個負面例子：克拉克談西歐文明時，西班牙沒有出現。他很清楚自己遺漏這個國家會使某些人失望，於是他試圖在本書前言中補過，但真要說起來，如此為之反而更糟糕，因為他是這樣說的：「如果我要談藝術

史，就不可能漏掉西班牙；但若有人問我，西班牙做了些什麼能壯闊人類的胸懷，領著人類更上一層樓的話，答案就沒那麼明確了。」另一方面，蘇格蘭卻得到克拉克的褒美，是「歐洲文明的一股力量」，他也承認「我自己就是蘇格蘭人」。

不過，他的挖苦與奚落，是本書最迷人之處的體現。克拉克在前言裡把這部作品刻畫成「大家晚餐後在房間裡的閒談」，而《文明的腳印》營造出這種「晚餐之後」的氣氛時，最是動人。同理，克拉克也分享了各式各樣的個人理論，尤其適合當成甜點後的閒聊，一手還邊搖著白蘭地酒杯。例如：他主張中世紀藝術對鳥類的迷戀，是因為鳥類有如「自由的象徵……除了藝術家和鳥兒，鮮少人擁有四處旅行的自由」。同樣地，他評道「偉人出世常伴隨著奇特的巧合，會成雙成對、兩兩互補」、「藝術領域的偉大運動有如革命，頂多只能延續15年左右」、「從但丁到歌德，所有最偉大的文明代表人物都被光線迷了心竅」。而談到達文西的知名素描《維特魯威人》為了創造效果，他悄悄說：「在數學上，這個理論恐怕有欺騙之嫌。」

此外，他多次讚揚藝術家的機敏與好奇，而他本人敏捷的心智在書中也處處可見，點亮了他的題材、滿足了我們的思維，使我們希望自己能得到他更多的陪伴。在開頭前幾章，克拉克把人文學者伊拉斯莫斯形容為「第一位記者」，這是很有說服力的說法，畢竟克拉克本人便經常採用如報導般的鮮活細節與軼聞，使他的敘述更有生氣。因此，他經常忍不住離題，談鬱金香如何在17世紀的荷蘭共和國，造成資本主義經濟第一個景氣循環的經典實例。除此之外，我們也得知拿破崙把哪一幅搶來的畫掛在臥室裡（「16

世紀日耳曼畫家阿爾多弗再現『亞歷山大戰勝波斯王』的作品），以及18世紀英國博物學家約瑟夫·班克斯「要求讓2名號角手上船，於他享用晚餐時奏樂，否則就拒絕參加庫克船長的二度出航」。

在暴力失序的世界，
喚回對人性尊嚴的重視，再現文明價值

克拉克的語調不拘小節，顯出他性格中矛盾的一面，與他表面上「貴氣」、帶有愛德華時代的人格特質大相逕庭。在本書最後，他描述自己在1930年代時曾踏入的那些五光十色的圈子（就在他年紀輕輕以30歲之齡就獲任命為大英國家美術館館長之後），提到「所謂『名流上層』在兩次世界大戰前的文化」之局限：「他們擁有迷人的舉止，腦袋卻跟天鵝一樣無知。」其實在不經意間，大自然激發出克拉克一些令人難忘的明喻，例如，他在第2章〈大融解〉告訴我們，「羅馬式藝術的雕刻師傅簡直就像一群騰空飛躍的海豚」，他說「他們創作背後的動機純然只是無法克制、毫無保留的旺盛活力。」

至於在書中其他地方，克拉克則以更嚴肅的態度，透露自己生來對於社會階級分明的諸多反感。他抗拒16、17世紀，教宗家人在羅馬那些龐大宮殿的富麗堂皇，後來甚至明說，華麗過頭就會失去人性的溫度。他看不起宮廷生活的可憎誇耀，其中又以凡爾賽宮為最（「時至今日，我走進凡爾賽宮遼闊、冷漠的前庭時，內心還是夾雜著驚慌與疲憊，彷彿我第一天上學」），卻謳歌義大利烏爾比諾宮殿的人性成分（「我走過世界那麼多宮殿，當我在內部走動時，這是唯一一座不讓我感到壓迫和疲憊的」）。他對紐約心存懷疑，覺得那裡遠看像一座「聖城」，近看「樂園般的奢華表面下卻是藏汙納垢」。

與此同時，工業革命對人類的生活與幸福造成的衝擊，克拉克也嚴加批評：「用不著我提醒大家，勞工群眾是怎麼在這60、70年的時間裡遭到貶低及剝削的吧！」此刻我們不妨想想，克拉克如此的出身居然會抱持這種看法，是多麼令人難以置信；因為他父親所繼承的大筆財富，正是得自蘇格蘭的紡織業。

事實上，克拉克性格中有幾分庶民性格，這不僅說明他作為廣播人的天賦，也解釋其有異於名流炫富的獨特文明觀點從何而來。我更深信正因如此，他才會在描述究竟何謂「文明」時，不願意驟下定論。其實，本書最令人好奇的一點，就是克拉克多麼抗拒為他的主題下定義。「什麼是『文明』？」他在第1章如此說道，「這我不曉得。我無法用抽象的詞彙來定義『文明』，現在還不行」。他主張，為文明下定義的一種方法，是從反面為之，指出文明的對立面：「『文明』也許很難勾勒，但要認出『野蠻』則不那麼困難」。此話至今依舊不假，特別是當我們在電視新聞報導上，看到伊斯蘭國好戰分子洗劫、破壞古代遺跡時尤其清楚。

不過，隨著克拉克一再提及一連串相互連結的價值觀，談到秩序、寧靜、端莊、樸素、決斷的智慧等等。當然，還有「美」（「這個已被濫用的字，但我真的想不到別的說法了」），他對於文明的見解也逐漸凝聚而清晰。基本上，他的見解來自文藝復興人文主義的啟發：那些羅馬式與哥德式以上帝為導向的巨大建築試著「藉體積或重量壓垮我們」，但佛羅倫斯的巴齊小禮拜堂（Pazzi Chapel）小歸小，卻堅定表現了「人的尊嚴」；米開朗基羅在西斯汀禮拜堂穹頂畫的亞當，則有著「前所未見的雍容華美體態」。

然而，克拉克從不將這種以人類為中心的文明見解強加於讀者身上，而這也完全符合他個人文雅的舉止。他的作法正好與強迫相反。他一而再、再而三，用躊躇試探的方式提出自己的文明觀，彷彿是種脆弱、尚須證明的存在。當他在探討巴齊禮拜堂，提到「人的尊嚴」時，克拉克立刻澄清「時至今日，我們已不再把這種話掛在嘴邊了」，並說拉斐爾是「極致的和諧主義者，這也是他的作品為什麼不合現代人口味的原因。」。

對於自己所崇尚的傳統，克拉克的態度為何如此被動？他無疑認為西方文明正受到現代主義打家劫舍的力量所威脅。在本書充滿爭議的尾聲，克拉克甚至自稱為「老頑固」。在書中其他地方，他也忍不住對自己認為的「現代文化之荒蕪」嗤之以鼻，用「駭人」、「混亂」、「令人反感作嘔」等不一而足的方式加以形容。在許多年輕觀眾眼中，螢幕上的克拉克和他那全套剪裁合身的花呢西裝，連同「隨興」插在口袋裡的那隻手，實在太貴氣，甚至高人一等。然而，這是舊秩序的縮影（他生於1903年，時值愛德華時代），就算不是對光芒熄滅的憤怒咆哮，也是對火光將熄的叨絮怨嘆。他為倒數第二集〈謬誤的希望〉畫下句點的方式令人難忘，他站在羅丹的巴爾札克雕像旁，諄諄告誡觀眾：「去抵抗那一切威脅要傷害你我人性的力量，像是謊言、坦克、催淚瓦斯、意識形態、民調、機械化、都市規畫師、電腦……族繁不及備載。」（英國藝術史學家詹姆斯・司徒爾頓〔James Stourton〕所寫的克拉克傳記提到，規畫師協會〔Institute of Planners〕的祕書長寫信回應克拉克，堅持他們可不像坦克和催淚彈那麼糟糕。）

當然，現代文化重視的價值，如暴力、失序、破碎，也是克拉克所深惡痛絕。書裡面提到畢卡索，但原因並非克拉克想為立體派

喉舌，他根本不想與之打交道。1966年，《文明的腳印》剛開始規畫時，他便在信裡寫道：「世人正遺忘歐洲文化的典範，這絕非好事。」

然而追根究柢，克拉克的疑慮也是深刻悲觀主義的結果，而這樣的悲觀，正是人類在20世紀的命運所造成的。儘管《文明的腳印》都在處理歷史，但本書到頭來仍為其時代留下迷人紀錄，深受冷戰期間的生存恐懼所苦。這條隱藏旋律線的第一個提示，早在本書的第2頁就出現了：在克拉克的想像中，9世紀時有一家人生活簡陋的房舍中，此時維京船隻逆流而上，威脅著家中母親的「文明」；他把維京人的船艦，比做「核子潛艇的潛望鏡」。20世紀的衝突也在好幾處揚起頭來：克拉克在文中多處提到坦克、催淚彈、馬克沁機槍和炸彈，更在第4章中把義大利文藝復興初期雕刻家多那太羅的《聖喬治》形容為「1914年的士兵」。

綜覽全書，可讀到文明核心：和諧之感

克拉克和其他同時代人一樣，見證一場接著一場的災難，而這徹底影響了他對文明的看法，認為文明是某種脆弱、需要保護的事物。這興許是他把第1章定名為〈千鈞一髮〉的原因，這個標題反映出他的深層信念，以及貫穿全書的暗影——無人敢保證文明必能倖存。此外，克拉克的悲觀主義也說明了在他的西方文化「英雄」身上，他最重視的特質就是信心。對克拉克來說，文明是由對自己的信念堅定不移、永遠做好行動準備的人（很可惜，本書裡都是男人）所鑄造的，因此抱持存在主義、認為宇宙並無意義而意興闌珊的反英雄（anti-heroes）人物，就沒有多少登場機會（例如只是順道提及的莎士比亞的哈姆雷特王子）。或許，對年過60的克拉克來說，他們

感覺太像是跟自己一樣憂心忡忡、擔驚受怕的同伴。

當然，《文明的腳印》不是只談視覺藝術，貝多芬正是克拉克的英雄之一，而他也常提到文學。實際上，克拉克對於文學風格有相當程度的理解，這也是為何他差點要推掉這個節目，因為他擔心會影響自己撰寫更多書的時間。「人生而自由，卻無往不在枷鎖之中」，他引用完盧梭這句話後，高呼「多麼棒的破題」。克拉克也在書中提到英國詩人德萊頓缺乏「文字的魔力」，但他告訴我們，這位英格蘭首位桂冠詩人所謂的「散文的另一種和諧」，仍然是「一股推動文明的力量」。至於伏爾泰，則是「品德與文風無法截然二分」的其中一人。

那麼，克拉克自己的文風如何？倘若說他的行文缺乏「文字的魔力」就不公允了，因為他一點也不缺。偶爾，他享受矛盾的修辭作用，如「輕浮的18世紀其實有一點很了不起，那就是它的嚴肅。」（這很類似他在自傳中對自己父母富有而閒散的王爾德式描述：「許多人比他們更有錢，卻很少人比他們更閒散。」）更有甚者，只要克拉克想要，他也能堂皇得令人難忘，正如第5章〈藝術家英雄〉的開場白：「現在，場景從佛羅倫斯轉向羅馬。我們從一座實事求是、機智聰敏、步調輕快、舉止優雅的城市，來到另一座彷彿背負大量人類希望與野心混合發酵的沉重城市、一處籠罩著帝國榮光的荒野——徒留一位古皇帝馬克·奧里略的身影，在此沐浴了數世紀的陽光。」

不過，克拉克從不使用擺架子的口氣。他鮮少賣弄，也絕不軟弱、絕不誇耀，口語斟酌慎重，清晰易懂又總是可靠。事實上，他散文之平實，掩飾了他運用文字的高深才能。這種明快的風格、出奇地「不著痕跡」

（請容我這麼說）是一種有意識的選擇，因為它有效傳達了克拉克精神力量的氣勢。「伊斯蘭的力量在於簡潔」，他開頭就說過了。

另一個扣人心弦的瞬間出現在第4章，克拉克談起文藝復興時期詩人卡斯蒂廖內的《廷臣論》（克拉克用記者引人注意的獨特口吻告訴我們，神聖羅馬帝國皇帝查理五世在自己的床邊放了3本書，《廷臣論》是其中之一，另外2本則是《聖經》與馬基維利的《君主論》）。克拉克說，卡斯蒂廖內這本小冊子確立了世人心裡對於禮儀的觀念，長達100年以上。「然而，」他接著說，「本書不僅是一本談舉止禮貌的手冊，因為卡斯蒂廖內的紳士理念，是以堅實的人性價值為根據。」「堅實的人性價值」啊，克拉克想必會說，現代人恐怕不會把這話掛在嘴邊了。然而，多虧了他清晰有禮的文筆，謙卑腳踏實地的精神，令其文章讀起來有著充滿生命力的自信與好奇心，使得這些現今聽起來有些過時的價值觀，顯得不可或缺。

而克拉克在第6章試著為文明下定義，他主張「思想的能量、心智的自由，對美的感性和對不朽的渴求」是文明首要的條件。你不見得同意克拉克的說法，或許也覺得他的政治哲學惱人，但你無法輕視其思考中的活力和洞察力，或是他字裡行間的文雅，這一切正是英語中「推動文明的力量」最精妙的展現。最終，克拉克為文明所舉例說明的最佳案例，依舊是他自身散文中的「和諧」。

艾拉斯德・蘇可
2017年10月

向大眾奉獻畢生的藝術感悟，是我力所能及的報恩方式

這本書是改寫自1969年春天播出的同名電視節目腳本。節目腳本和書籍的寫作方式完全不同，除了風格和呈現方式外，就連題材的處理方式都不一樣。大家坐下來看電視無非是為了娛樂，同時追求視覺與聽覺的滿足，假如覺得無聊就轉台了，所以必須設法用一連串精心安排的影像抓住觀眾的注意力。

不過，影像的排序掌控了觀念的排序，影像的選擇又取決於特定的現實因素，像是有些地方去不了、有些建築禁止攝影、有些地點吵得無法收音……，因此打從一開始，電視腳本作家就必須對這些考量了然於心，據此調整或改變自己的思路。更重要的一點，因為每集節目時長只有一個鐘頭，精簡是不可避免的。因此只有少數非凡的建築或藝術創作能作為例證，也只有少數偉人能獲提及，通常語氣也必須十分斷定。概括而論在所難免，而且為了怕觀眾感到無聊，也必然得冒險為之。

這種作法並非創新，只是仿照大家晚餐後在房間裡的閒談。因此電視節目必須保有言談的性質，也就是帶有平常說話的韻律，甚至得講一些漫不經心、不精確的用語，但又得避免讓內容過於浮誇不實。

細看這些腳本文字，並在心中跟實際做出來的節目比較後，我難過地意識到文字的不足，也就是那些單靠文字無法言傳的遺憾。就舉第12集〈謬誤的希望〉為例，無論是法國國歌《馬賽曲》的旋律、貝多芬歌劇《費黛里歐》（Fidelio）當中囚犯的合唱，或是羅丹的《加萊義民》（Burghers of Calais）的精采雕塑影像，都替我道出了整個主題的精髓，而這種視覺的力量與鮮活程度，是書籍印刷無法達到的境界。我無法區別思維與感受的差異，但深信文字、音樂、色彩與動態影像的結合能拓展人的經驗，這光靠文字是辦不到的。為此，我對「電視」這種媒介抱持信心，並準備放棄2年的寫作時間，一探電視節目可以做到什麼程度。多虧有手法高超、想像力豐富的導演們與專業攝影團隊，我相信影像捕捉了啟迪人心的動人片刻，而這些在書籍文字中皆不復見。

那我何必同意讓本書付梓？一部分是因為軟弱：我討厭說「不」。在出書這件事情上，我本該說出或寫下千百次的「不」字才對。

另一部分則是虛榮：當闡述自己想法的機會找上門時，應該很少人能拒絕。而隨著節目製作進行，我發現自己道出了一些東西，是我在其他情況下絕對講不出來的。就像中產階級紳士發現自己竟能出口成章那一刻的雀躍，當我發現自己確實有了觀點，我也驚訝莫名。

或許，我也可以有個沒那麼難聽的出書動機，那就是「感恩」。我在細看腳本的過程中，意識到這些腳本就是一種感恩的方式，感謝過去50年間我得以享有的、不可或缺的經驗。我不懂公開致謝之舉有什麼好稱讚的，但幾乎每一次的禮拜，教士們都鼓勵大家感恩，所以我想這情有可原。

將節目內容轉為書籍時，我首先想到的是如何讓大綱似的腳本，以更有文學涵養的方式呈現。但我旋即發現，若要詳述每一則典故、為每一個概括性說法提供根據，可得耗費一年的工夫，並讓本書失去原本算是優點的輕快。對此我無能為力，只能接受媒介對我加諸的限制，把那些一旦失去影片搭配，便難以理解的段落加以改動或省略。然而，在製作節目時，我幾乎完全以視覺實例決定論點的做法，不僅不合邏輯也無助於論述完整，留下一些使我深感慚愧的疏漏。即使只能概覽式地介紹文明，其中對於法律與哲學的處理，也應該比我原先預期的更多才是，但我想不到任何辦法能讓這兩者在視覺上顯得有趣。這樣的疏漏，在我處理日耳曼地區時尤其嚴重。

我大談特談巴伐利亞的洛可可藝術，卻幾乎沒有提到康德或黑格爾的思想；歌德本應是節目的要角之一，卻只匆匆現身片刻，而日耳曼浪漫主義者更完全被忽略了。其他遺

漏則純粹因為時間不夠。我一開始規畫的，只是一個談古典傳統的節目，時間尺度從文藝復興時期的建築師帕拉底歐跨到17世紀末。原本這能讓我把法國的劇作家高乃依與拉辛，巴洛克風格建築師芒薩爾與古典主義畫家普桑都納進來談，說不定會是整部節目中最讓人滿意的一集。但「13集」是電視節目的黃金數字，我得放手。結果，巴洛克藝術談得太多，犧牲的卻是古典主義。

至於音樂在這個系列也扮演了重要角色（有人可能認為占去太多篇幅了），詩就比較少引用。而我對於自己處理伊麗莎白一世時代英格蘭的做法也感到內疚。單單把莎士比亞說成是個超級悲觀主義者、是經歷半世紀必要的懷疑時光後集大成的人物，顯然相當怪誕。但如果用《仲夏夜之夢》或《羅密歐與茱麗葉》的老生常談塞滿節目的尾聲，肯定更糟糕。

然而，最令人不悅的疏漏，是我訂的標題。如果我要談藝術史，就不可能漏掉西班牙；但若有人問我，西班牙做了些什麼能壯闊人類的胸懷、領著人類更上一層樓的話，答案就沒那麼明確了。《唐吉訶德》不算嗎？各大聖人不算嗎？南美洲的耶穌會士不算嗎？如果不談上述這些，其他發展似乎都只限於西班牙境內，與其他歐洲地區脫鉤。由於我希望每一集節目都能跟歐洲精神的新發展有關，因此我不能改弦易轍，只談一個國家。

這例子讓我覺得我該談談這套節目的名稱，以及為何我沿用作為本書書名。以「文明」為題純屬意外。BBC想製作一系列談論藝術的節目，認為我說不定可以擔任顧問。而當時負責BBC二台的大衛・艾登堡請我製作這個節目，他用了「文明」一詞，也正

是這個詞說動了我，接下這份工作。「文明」意味著什麼？我沒有明確想法，但我總認為文明好過野蠻，且認為如今正是時候表達這種觀點。不出幾分鐘，就在那場勸說我接受這份工作的午餐約會氣氛正佳時，我想到了該用什麼方法處理這個題材。

後續製作節目時，我並未偏離起初的計畫太多。我的重點只有西歐，因此顯然無法納入埃及、敘利亞、希臘與羅馬等古代文明，否則至少還需要10集節目。中國、波斯、印度與伊斯蘭世界也因為同樣理由忽略了。實際上，光是處理西歐文明的介紹，我要做的事就夠多了。此外我也認為，假如對某個文化的語言一竅不通，就不該試圖加以評價，畢竟一個文化的特色，泰半與詞彙的實際運用脫不了關係，偏偏我不會任何一種東方語言。那麼，難道我就該放棄「文明」這個書名嗎？我不想，因為這個詞彙驅動我，對我來說也始終是某種鼓勵。我也不認為會有誰那麼愚蠢，以為我把前基督教時代跟東方的重要文明給忘了。然而我得坦承，我一直為這標題所困。要是本書出版在18世紀，事情就好解決，我可以把書名訂成《思索文明的本質，以黑暗時代至今西歐文明生活的演變階段為例》。可惜，這麼長的書名再也行不通了。

「特此鳴謝」：通常寫到這裡，大家就不讀了。但我對導演Michael Gill與Peter Montagnon，以及研究主管Ann Turner欠下的恩情，和我對圖書館員、攝影師、祕書與其他標準謝辭中致謝對象的感謝，是不同的。每一集節目規畫的事前討論，完全超乎了拍攝地點的選擇，以及其他製作問題。每次的討論都是靈感的泉源，而且之後當眾人聚在一起工作，沒人想得起到底誰是第一個靈機一動的人。過程中出現的技術問題，本身也成了刺激創新的因素，就如同那句俗諺所云：「困難的韻腳總引導人們通向美妙的想法。」這只是我欠BBC的一部分人情。再也沒有像他們如此慷慨、令人安心，又有效率的傑出人物，最後他們還為本書找了位編輯，Peter Campbell先生，他的聰慧與孜孜不倦，讓他成為一位懶散作者夢寐以求的幫手。

最後，感謝我的祕書Catherine Porteous，以及與我共事將近2年的團隊成員們。他們以各種方式協助我，他們的名字也理應記錄在這本脫胎於電視節目所完成的書上：攝影指導A. A. Englander；攝影師Kenneth Macmillan；攝影助理Colin Deehan；場務Bill Paget；燈光Dave Griffiths、Jack Probert、Joe Cooksey、John Taylor；收音師Basil Harris；音效助理Malcolm Webberley；影片剪輯總監Allan Tyrer；影片剪輯Jesse Palmer、Michael Shah Dayan、Peter Heelas、Roger Crittenden；研究助理June Leech；製作助理Carol Jones、Maggie Houston。

第1章
千鈞一髮
絕處逢生的地中海文明

我正站在巴黎的藝術橋（Pont des Arts）上。塞納河的左岸，是法蘭西學會（Institute of France）那具有和諧、理性公平之美的外牆立面；河的右岸，則是從中世紀至19世紀間不斷修建的羅浮宮，堪稱古典建築最輝煌、散發自信的頂點。往上游方向望去，能看見聖母院主教座堂——它不見得是最多人喜愛的大教堂，但確實象徵整體哥德藝術最嚴謹縝密的門面。城鎮的建築應該是什麼模樣？對此，塞納河岸林立的房舍提供了合理又不失人性的解答。在這些房舍門前的樹下，是人來人往的舊書攤，一代代學子在此尋求知性的滋養，一代代愛書人在此浸淫於風雅的藏書之樂。150年來，巴黎各個藝術學校的學生行經此橋，匆匆趕往羅浮宮研究館藏，然後回到自己的工作室，去閒談，去夢想，想創作出配得上偉大傳統的作品。自亨利・詹姆斯（Henry James）在1884年發表他旅居法國的隨筆後，多少來自美國的朝聖者在這座橋上佇足，呼吸歷史悠久文化之芬芳，想像自己就站在文明的最中心。

文明是想像力的果實，或理想的典型？

什麼是「文明」？這我不曉得。我無法用抽象的詞彙定義「文明」——至少眼下還不行。不過，若我看到「文明」，我想我一定能認出來，例如現在，我就正盯著它看。維多利亞時代的藝評家羅斯金（John Ruskin）說：「偉大的民族用三份手稿組成它們的自傳：其行之書，其言之書，以及其藝之書。若想了解其一，則另兩者也不可不讀，但三書中唯一可信者，卻是最末。」整體而言，我相信此話不假。作家與政治人物固然展現出各種啟迪人心的舉止與觀點，但皆是有意為之。你想，不列顛住房大臣[1]的演講，和他

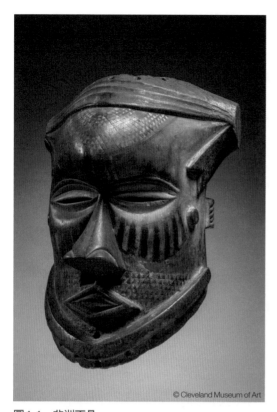

圖1-1　非洲面具

庫巴族面具，43.3 x 31.2 x 28.3 公分，木刻面具，現藏於美國克利夫蘭美術館。

圖1-2　美景宮的阿波羅像

《美景宮的阿波羅像》（*Apollo of the Belvedere*），2世紀（仿作西元前4世紀作品），高224公分，大理石雕像，現藏於梵蒂岡博物館。

任職期間實際興建的建築相比，何者更能道出社會真相？對我來說，我寧可相信後者。

但是，這並不代表「文明的歷史等同藝術的歷史」，差得可遠了。偉大創作亦能誕生在野蠻社會中，正因原始社會有其局限，反而能讓人專注在裝飾藝術上，並賦予活力。9世紀的某時某刻，說不定也有人望向塞納河，看見維京船逆流而上。如今，這維京船的船艏擺在大英博物館，看起來是件震撼人心的藝術創作，但對於當時在陋室中設法平撫孩子情緒的母親來說，可就沒那麼討喜。因為這船艏就如核子潛艇的潛望鏡，正威脅著她所身處的文明。

我還想到另一個更極端的例子，是畫家羅

傑‧弗萊（Roger Fry）當年收藏的一張非洲面具。我記得，他買下這張面具，並把它掛上牆時，我們都同意它具足偉大藝術創作所應擁有的特質。我大膽認為，對今天的多數人來說，非洲面具（圖1-1）恐怕比美景宮的阿波羅像（圖1-2）的頭部雕刻更為動人。這尊古羅馬阿波羅像在15世紀末出土後的400年間，一直是舉世推崇的雕塑巨作，而且拿破崙最愛誇口自己把它從梵蒂岡劫走的故事。但如今，除了遊覽車上的導遊之外，沒人記得這尊雕像，導遊們也就成了傳統文化碩果

1　編注：住房大臣負責一國的住宅政策，例如興建公共住宅等。

圖1-3　嘉德水道橋

僅存的傳遞者。

　　無論阿波羅像作為藝術品有什麼價值，我想不會有人懷疑它所體現的文明階段比那張面具高得多。但是兩者都有靈魂，都是來自另一個世界的使者，而那個世界，完全出自你我內心的想像。非洲面具所顯示的想像世界是充滿恐懼與黑暗的，在那裡即使犯了最微小的禁忌，都會立即招致恐怖懲罰。而希臘人想像中的世界則是光明且自信的，眾神下凡教導人類理性與和諧的法則，祂們的面目與你我相類，但是更美麗。

　　但這光明的世界只是理想，而理想與現實差距甚遠，真實的希臘羅馬世界其實充斥迷信與殘酷。不過，兩者的對比仍反映了文明的端倪；也就是說，在特定的時期，人類對

於自己有了某些體悟，而意識到了肉體與靈魂。這些體悟並非來自日復一日的生存鬥爭，也不是來自夜復一夜的恐懼掙扎，而是感覺自己必須發揚思想與感受中的這些特質，才有機會盡可能貼近完美的理想狀態——即符合中道的理智、正義、物理之美。透過神話，透過舞蹈與歌謠，透過哲學體系，透過自己加諸於可見世界的秩序……人類設法以各種方式滿足一展長才、追求理想的渴求。藝術品，就是這種想像力的果實，同時也是一種展現理想的手段。

　　西歐繼承了這種力求完美的理想。它發端於西元前5世紀的希臘，無疑是整個人類史上最非凡的創造，如此完整、如此令人信服、如此滿足人類的心靈與視覺，因此延續

了將近600年而沒有實際上的改變——總是相同的建築語彙、相同的意象、相同的劇場、相同的神廟……使藝術表現日益僵化與陳舊。500年來，不論何時，你都能在地中海上的希臘、義大利、法國、小亞細亞或北非看到它們。假設你走進西元1世紀任何一座地中海城鎮的廣場，你恐怕難以分辨自己身在何處，就跟來到今日全球千篇一律的機場是相同情況。在希臘羅馬世界的任何角落，都有可能出現與法國南部尼姆（Nîmes）方形神殿相同的希臘式小神廟。

尼姆距離地中海不遠，不過希臘羅馬文明延伸的範圍可不只這樣。它向東延續到萊茵河，向西流傳到蘇格蘭的邊境，但是傳到英格蘭西北部的卡萊爾（Carlisle）時，已經變得有點粗糙，就像維多利亞時代文明遠播到印度西北邊境時的情況。從它開枝散葉的榮景來看，這個文明必然不會根絕，部分遺跡也的確從未受過摧殘，距離尼姆不遠處的「嘉德水道橋」（Pont du Gard，圖1-3）就是其中之一。就技術面來說，蠻族根本沒有破壞它的能耐，現在引水道的大量遺跡還留在世上，法國亞爾（Arles）的博物館裡便擺滿了它們。當人類的心靈再度恢復活力，泥水匠們模仿這些殘跡來裝飾當地的小教堂，但仿造品與本尊差得可遠了。

是誰讓文明失去活力、走向衰頹？

那麼，希臘羅馬文明為何消失呢？史家吉朋（Edward Gibbon）已用了6大冊的《羅馬帝國衰亡史》來爬梳，我看我就別多費工夫了。但是，這段令人不可置信的歷史，確實能告訴我們文明的一些特性。羅馬的歷史讓我們知道：無論一個文明表面上的架構再怎麼繁複、堅固，實際上卻很脆弱。

文明是可能毀於一旦的，那麼文明的敵人到底是誰呢？這個嘛，其實就是恐懼。人們害怕戰爭、害怕外敵入侵、害怕瘟疫與饑荒，這些恐懼讓人覺得費心修築建物、種樹，或是規畫來年的耕作，都是不值得的。除此之外，古代晚期的世界充斥無意義的儀式、毀人自信的神祕宗教，這些對超自然力量的畏懼，意味著人不敢去質疑，或做出任何改變。

而恐懼之後就是耗竭，不管物質生活多繁榮，絕望感還是能壓垮眾人。希臘近代詩人卡瓦菲斯（Constantine P. Cavafy）作了一首詩，詩中想像一個類似亞歷山卓（Alexandria）的古代城鎮，當地百姓天天盼著蠻族入城洗劫，但最後蠻族轉移目標，得救的百姓反而大失所望——因為他們的日子實在過得太無聊了。文明固然需要富足的物質來提供一點娛樂，可是除此之外，還需要信心——也就是人類對於自己所身處社會的自信、對於哲學的信念、對於法律的信賴，以及對於個人心靈力量的堅定。

用石塊砌成的嘉德水道橋，不只是工藝技術的巨大成就，更是人們堅信法律及紀律的明證。氣勢、幹勁、生命力……每個偉大的文明，或者說文明變革的重要紀元，背後都有這些能量支撐。世人有時認為文明蘊含於敏銳的鑑賞力或充實的交談中，但這些事物只是文明的結晶，並非開創文明的動力。擁有結晶的社會，也可能走向僵化或滅亡。所以，**若有人問起希臘與羅馬文明為何衰頹，真正的答案其實是這些文明筋疲力盡了**，後來征服羅馬帝國的入侵者也步上後塵。衰頹與征服的循環往復不止，他們似乎都與他們所征服的民族一樣，屈服在同樣的弱點下。

不過，稱呼羅馬的入侵者為「蠻族」其實是種錯誤，因為他們似乎並不特別愛好破壞，反倒修築了不少令人印象深刻的建築，

© Jbribeiro1 / Wikimedia Commons

↑ 圖1-4-2　狄奧多里克陵墓的淺拱頂特寫

← 圖1-4-1　狄奧多里克陵墓

© José Luiz Bernardes Ribeiro / Wikimedia Commons

例如東哥德王狄奧多里克的陵墓（Mausoleum of Theodoric，圖1-4-1、圖1-4-2）。這座陵墓的淺拱頂是由一整塊巨石雕成，雖然看起來比尼姆的希臘式神廟更沉重及原始些，但至少能看出建造者的遠瞻，有意讓它在此長久矗立。有人把這些早期入侵者比作18世紀在印度的英格蘭人，其實還滿貼切的：後者盡其所能壓榨，為了報酬才參與治理，除非能得到金銀珠寶，否則對傳統文化嗤之以鼻。但是比起這些英格蘭人，這批入侵者還會製造混亂，讓真正的蠻族匈人（Huns）趁隙而入。匈人目不識丁，對於不了解的事物充滿毀滅敵意。

我不認為早期入侵者是刻意破壞遍布歐洲的宏偉羅馬建築，但是維護這些建築的念頭也未曾浮現在他們腦海。這些入侵者寧可住在活動帳棚，任憑古老的建物在原地傾頹。不過，鬥劍士依舊在亞爾的圓形競技場中捉對廝殺，奧蘭治（Orange）的劇場大概仍持續有好戲上演——人們的生活顯然一切照舊，

而且維持原狀的時間比常人以為的更長久。甚至到了西元383年仍是天下太平，因此奧索尼烏斯（Decimius Magnus Ausonius）這類高官能從執政官之位安然退休，在波爾多（Bordeaux）近郊的葡萄園裡，如中國唐代詩人般創作偉大的詩作。

文明大概就這樣毫無波瀾地傳承了幾百年，直到7世紀中葉有一股新勢力崛起，這種文化挾帶著信念、動力及征服意志前來——這就是伊斯蘭。伊斯蘭的力量在於「簡潔」。在這300年間，早期基督教會的能量已在機巧的神學激辯裡消散殆盡，但伊斯蘭先知穆罕默德卻用最簡潔的信條廣獲贊同，讓他那些團結一心的追隨者們在戰役中所向披靡，就如同當年在戰場上同心協力、攻無不克的羅馬軍團。於是，大概就在短得不可思議的50年間，古典世界便徹底顛覆，徒餘白骨指向地中海的天空。

自大西洋岩石尖上綻放的文明曙光

文明的舊泉源封了起來，若要創建新文明，就必須往海闊天空的大西洋尋找新活水，希望多渺茫啊！不時有人告訴我，與其在文明社會生活，他們寧可過得野蠻；對於這類說法，我懷疑那是因為他們體驗野蠻滋味的時間根本不夠久。他們和亞歷山卓的百姓一樣對文明感到厭煩，但一切證據皆指出，相比於文明，野蠻帶來的無聊可是無限大：不僅會讓人感到生活空虛匱乏又不舒適，而且根本無從遁逃。能作伴打發時間的人事物極為有限，沒有書本，天黑後沒有亮光，沒有希望。一面是遭巨浪拍擊的海濱，另一面是無窮盡的沼澤與森林，這一切讓人感到無以復加的抑鬱，一位佚名的盎格魯—薩克遜詩人曾寫詩表示對此毫不嚮往：

> 此世財富皆白費，
>
> 智者能領會此景將如此可怖。
>
> 縱然此時，地上多處牆垣承受強風猛擊，
>
> 然風中白霜厚重；屋內空無人居……
>
> 造物主如此毀壞斯建築，
>
> 令其中不聞人類笑語，
>
> 古老的宏偉徒然而立。

不過，當時生活在世界邊緣的小屋裡，說不定比古老宏偉建築的陰影下更好，免得隨時可能遭受新一波流浪者的襲擊——至少最早前往西方的基督徒是這麼看的。這些基督徒來自地中海東部，也就是隱修生活的發祥地，有人在法國馬賽（Marseilles）與圖爾（Tours）落腳，等到生活再次遭遇動盪，他們便繼續艱難前行，尋找英格蘭康瓦耳（Cornwall）、愛爾蘭或赫布里底群島（Hebrides）這類最難抵達的邊緣之地。這些人數可真是不少，550年有50名飽學之士在愛爾蘭的科克（Cork）上岸，他們在曠野中流浪，尋找小小的安身之地與志同道合的夥伴。瞧瞧他們找到了什麼地方？站在12世紀法國或17世紀羅馬的偉大文明中回首當年，實在難以想像西方基督教在將近百年的時間裡，居然緊抓著類似斯凱利格麥可島（Skellig Michael，圖1-5）的地方存續下來——這可是一座距離愛爾蘭海岸將近30公里遠，從海中探頭200公尺高的岩石尖啊！

從地中海藝術到大西洋藝術：人文意識衰微，工藝技術提升

除了這個微小、封閉的學者社會外，是什麼讓這個遊蕩至此的文化得以存活？不是書，也不是建築。姑且不論多數建物都是早已消失無蹤的木造建築，少數存世的石造建築也簡陋得可憐。老天，能蓋得如此差勁實在讓人吃驚，但這些流浪者似乎已失去建造長久居所的動力。那麼他們到底有什麼？詩中自有答案：他們有**黃金**。每當盎格魯—薩克遜詩人想把自己對於美好社會的理念形諸文字，就會提到黃金，例如此詩：

> 曾有一人如斯
>
> 心情愉快如黃金般閃亮，神采飛揚
>
> 雙頰泛著酒醉的紅光，
>
> 兩眼因武器而發亮，
>
> 盯著雕琢的寶石、黃金、白銀，
>
> 以及豐足的財富與光澤飽滿的琥珀。

流浪者之中不乏工匠，他們想為變動的感受及經驗賦予某種永恆的形式，把所有受到壓抑的渴求都灌注在這些非凡的物件中，用自己不完美的存在為材料創造某種完美，就連為項鍊雕花都專注無比。從創作的主題差異，我們能明顯看到大西洋新世界與地中海

↑圖1-5　斯凱利格麥可島

←圖1-6-1　米登霍寶藏的海神盤

海神盤（Oceanus Dish），4世紀，直徑
60.5公分，重8.25公斤，銀盤，現藏於
大英博物館。

↓圖1-6-2　「海神」特寫

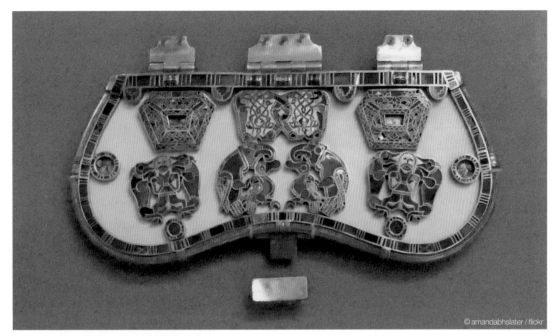

圖1-7　薩頓胡船葬出土的金質搪瓷皮包扣

薩頓胡的皮包扣（The Sutton Hoo Purse-Lid），7世紀早期，19×8.3公分，黃金、石榴石、玻璃，現藏於大英博物館。

希臘羅馬文明之間的斷裂：地中海藝術的主題是人，而且早在古埃及便是如此。但這些奮力在森林中前行，與波濤奮鬥的流浪者們，整副心思卻只在乎茂密枝頭上的鳥獸，對人沒有半點興趣。

二戰前不久，有2批寶藏在英格蘭出土，地點都在薩福克郡（Suffolk）。兩者相距約100公里，如今皆藏於大英博物館。來自米登霍（Mildenhall）的那批寶藏（圖1-6-1），上面的裝飾幾乎都是人形，而且盡是海神（圖1-6-2）、海精靈等古代的舊角色。上頭的筆觸有點歪斜遲疑，因為它們的製作年代已是古羅馬時代末期，從這些陳舊模糊的輪廓能看出此時對於「人」的信念就已搖搖欲墜。另一批寶藏來自薩頓胡（Sutton Hoo）的船葬（圖1-7），這裡的文物時間較晚一些，晚了大概200年，說不定還要更久一些，人的形象就幾乎消跡匿蹤了。人形角色只是無足輕

重的裝飾，不然就是簡略的象形圖案，取而代之的是令人驚豔的鳥獸——這裡我得補一句，黑暗時代的工匠可不像現代印聖誕卡片的製造商那麼看不起鳥兒。不過，雖然薩頓胡文物的主題看來野蠻，但比起米登霍的寶藏用料更好、手藝更精湛、態度更自信，技術也更先進了。

這種對黃金與寶石雕刻的愛，這種認為財寶魅力長存、能反映出理想世界的價值觀，一直延續到求生的黑暗掙扎結束後。可以說，西方文明就是靠能工巧匠才得以保存的。這群流浪者想必帶著工匠同行，畢竟金工不僅製作精良的武器，也製作美妙的飾品——要樹立地位的首領少不了他，以小曲歌頌首領之武勇的吟遊詩人也少不了他。

比起金工，傳鈔書籍更需要一個穩定的環境，不列顛群島有2、3個地方，倒是短暫提供了相對安定的條件，其中之一就是蘇格

圖1-8　愛奧那島修道院

蘭西岸的愛奧那島（Iona），這裡安全而神聖。小時候，我幾乎每年都去愛奧那島，每一回都覺得此地有神靈。這裡不像其他聖地，比如說阿波羅神廟所在地德爾菲（Delphi），或是天主教聖人聖方濟各的故鄉阿西西（Assisi）那樣讓人感到敬畏。愛奧那島帶給人的寧靜與內心自由，是我在其他地方未曾感受過的。這是怎麼辦到的？是因為四面八方流瀉的光線嗎？還是因為馬爾島（Mull）莊嚴肅穆的山丘像極了希臘，而緊跟著露出頭來的愛奧那，就像是愛琴海中的提洛島（Delos）？或者這是酒紅的海、雪白的沙與粉紅的花崗岩綜合起來的效果？又或者是因為此地令人想起這些聖人在這2個世紀間保存了西方文明的性命？

543年，聖可倫巴（St. Columba）從愛爾蘭來到愛奧那，成立了修道院（圖1-8），在此之前，愛奧那似乎已是個聖地了。接下來4個世紀，這兒都是凱爾特基督教的重鎮。據說，島上曾經有360塊巨石十字架，幾乎全都在16、17世紀的宗教改革期間被人扔進海裡。現存的凱爾特手稿中，哪些是在此製作，哪些是在凱爾特基督教的聖島——英格蘭東北的林迪斯法恩島（Lindisfarne）完成，已無人能知。但這並不要緊，因為它們都屬於標準的愛爾蘭風格（圖1-9）。抄本字跡優美，圓弧字體清晰，承載了整個西方世界的上帝之語。這些手稿有著精美的裝飾，但這些裝飾幾乎沒有透露出一絲古典或基督教文化意識，啟人疑竇。雖然是福音書，但除了用凶猛、東方風格的野獸來象徵四福音書的作者之外，上面幾乎不採用任何基督教符號。每當有人出現，圖案也極為簡略，甚至有時抄寫員認為最好的方式就是在旁邊直接寫上**「人的形象」**（*Imago Hominis*）（圖1-10）。不過，這些純粹至極的裝飾書頁，堪稱是歷來最豐富、最複雜的抽象裝飾，甚至比伊斯蘭藝術更為精妙繁複。望著這些作品，我們只消看個10秒鐘，目光就會自動轉向其他自己知道如何解讀、閱讀的內容去。但是，假如有

↑ 圖1-9 《林迪斯法恩福音書》

《林迪斯法恩福音書》（*Lindisfarne Gospels*）內頁，約680~720年，28.2 x 22.8公分，現藏於大英圖書館。

↑ 圖1-10 《埃希特納赫福音書》

《埃希特納赫福音書》（*Echternach Gospels*）內頁，7世紀晚期，33.5 x 26.0公分，現藏於法國國家圖書館。

↓ 圖1-11 《凱爾斯之書》

《凱爾斯之書》（*Book of Kells*）內頁，8世紀，33.0 x 25.0公分，現藏於愛爾蘭都柏林聖三一大學圖書館。

人不識字，還一連幾個星期的時間都沒有其他東西可看，那這些書頁對他而言想必有種近乎於催眠的效果。最後一份在愛奧那島上製作的藝術品，或許是《凱爾斯之書》（*Book of Kells*，圖1-11），但在完成之前，愛奧那修道院院長便被迫逃往愛爾蘭。因為諾斯人出航了，大海變得比陸地更加凶險。

諾斯人來襲：僅帶來文化，而非文明？

一位愛爾蘭當代作家說：「縱使人人都生了一百根舌頭，也說不盡、道不出那些剽悍、憤怒、全然的異教徒，為愛爾蘭家家戶戶帶來的磨難、傷害與壓迫。」凱爾特人的變化不大，而維京人（諾斯人的其中一個分支）不同於過去的流浪者，他們有著更輝煌的神話傳說，而華格納（Wilhelm Richard Wagner）的歌劇幫我們把故事說得更浪漫。維京人的盧恩石

圖1-12　法蘭克斯箱

法蘭克斯箱（Franks Casket），8世紀早期，長22.9 x 寬19.0 x 高10.9公分，鯨魚骨雕刻，現藏於大英博物館。

© John W. Schulze / flickr

刻[2]讓人感覺具有魔力。他們是歐洲最後一個堅決抵制基督教的民族。有些中世紀晚期的維京墓碑，一面刻著北歐神話主神奧丁（Wotan）的符號，另一面卻是基督教的符號——算是兩面押寶吧。大英博物館也有個知名的象牙小箱子（圖1-12），左邊刻了北歐神話人物鐵匠韋蘭（Weyland the Smith），右邊卻是基督教的三博士來朝（Adoration of the Magi）。

當我們閱讀諾斯人駭人聽聞的傳說時，可別忘了他們幾乎目不識丁，所以有關他們的文字證據都是基督教修士寫下的。諾斯人當然殘忍而貪婪，但這不妨礙他們在歐洲文明占有一席之地，因為這些海盜不是只會破壞，他們對西方世界確實有重要貢獻，那就是哥倫布般的航海冒險精神。他們帶著現代

人難以置信的勇氣與別出心裁的想法從大本營出發，經由窩瓦河與裡海，最遠抵達波斯，把他們的盧恩文字刻在提洛島上的其中一尊獅子像上，再帶著包含撒馬爾罕（Samarqand）錢幣與漢傳佛像在內的戰利品返鄉。

對西方世界來說，諾斯人光憑他們的航海技術，就是一項嶄新的成就。假如要為大西洋人找一個有別於地中海人希臘神廟的象徵，那就是維京船隻了：神廟靜止而堅固，船隻則是靈活而輕快。有2艘小型維京船因為作為葬船而得以存世，其中一艘叫高克斯塔船（Gokstad ship，圖1-13），是為長途航行打造，它看起來就像是巨大的睡蓮，永不沉沒。它的複製品在1894年成功橫渡大西洋。另外一艘船叫奧賽貝格船（Oseberg ship，圖1-14），上面裝滿了精妙的工藝品，看起來

圖1-13　高克斯塔船

高克斯塔船（Gokstad ship），10世紀早期，長24 x 寬
5 x 高1.7 公尺，木船，現藏於挪威奧斯陸維京船博物
館。

比較像儀式用的泊船。奧賽貝格船的船艏刻
有無數的流動線條，後人稱為「羅曼式藝
術」（Romanesque）的重要裝飾風格，就是以
這種線條為基底。談到躋身世界名著之列的
冰島薩迦（Icelandic sagas）[3]，我們必須承認諾
斯人確實創造了一種文化，但這算不算文
明？林迪斯法恩的修士想必不覺得，擊退維
京人的阿佛烈大帝（Alfred the Great）也不會作
如是想，塞納河畔那位拚命安撫家人的可憐
母親更不在話下。

2　編注：刻有盧恩文字（一套已滅絕的北歐字母）的巨
　　石，符文所記載的內容多是紀念亡者。

3　編注：薩迦是冰島與部分斯堪地那維亞半島特有的文
　　體，是諾斯人與其後裔用方言記下的歷史故事與傳說。

圖1-14　奧賽貝格船船艏雕刻（複製品）

奧賽貝格船（Oseberg ship），9世紀早期，長22 x 寬
5.1 x 高（桅杆最高高度）13公尺，木船，現藏於挪威
奧斯陸維京船博物館。

「文明」的組成除了活力、意志與創造力，還要某些其他元素。早期的諾斯人並不具備這種「其他元素」，不過在他們的時代，這種元素也已經開始重現於西歐了。我該怎麼說好呢？這樣吧，簡單來說，那是一種「**永久性**」。流浪者與入侵者長期過著動盪不安的生活，他們不覺得有必要放眼瞻望比來年3月、或下一次的航行戰鬥更遙遠的事物。正因如此，他們不曾動念修築穩固的石造建築，或是寫書。法國西部波瓦捷（Poitiers）的洗禮堂，是狄奧多里克陵墓落成後的數百年間，極少數留下來的石造建物之一。這座洗禮堂實在粗糙得可以。建造者試圖採用若干羅馬建築元素——柱冠、山形牆、半露壁柱，卻忘了這些元素的本意，但我們至少看得出這差勁的建築是有意流傳後世的，因為它並非簡陋易壞的棚屋。開化之人（至少對我來說）必然對某個空間、某個時代有歸屬感，然後由此前瞻，由此回顧。而讀寫能力能幫助這些人回顧過去、展望未來。

延續希臘羅馬文化的一線生機

超過500年的時間，西歐鮮少人能讀會寫。在這段時間裡，基本上從諸王、皇帝以降，沒有任何平信徒[4]會閱讀或寫字，實在令人震驚。查理曼（Charlemagne）識字，但他從來不會寫。他床邊擺了學寫字用的蠟板，但據說他怎麼樣都學不會。而聰明絕頂的阿佛烈大帝，傳說在40歲之齡自學學會了閱讀，還寫了好幾本書，只不過這些書八成是他透過口述後，由他人代寫的。當年的大人物和現代一樣，他們通常都會向祕書口述，情況如同10世紀的圖飾所描繪的，就連神職人員也不例外。當然，位高權重的教士泰半有讀寫能力，而四福音書作者的圖案（早期手稿插畫所偏好的題材，甚至常常是唯一的插圖）到了

10世紀時，讀書寫字甚至成為一種堅定的姿態，旨在展現這種近乎神聖的成就。但是，正是10世紀象牙飾板上那位熱心治學的教宗聖額我略（St Gregory，圖1-15）以避免人們受到引誘、脫離研究聖書的道途為由，毀了一整批古典作品。和他抱持相同想法的人不在少數。經歷這種偏見與破壞，居然還有前基督教的古典文學能保存下來，實在令人驚訝。今日我們能成為希臘與羅馬的傳人，其實是萬分僥倖。

之所以有這麼一線生機，是因為就算環境與機緣各異，但人類智識的傳承似乎沒有間斷，數世紀以來的聰明人大多都加入了教會，其中包含6世紀歷史學家圖爾的額我略（Gregory of Tours）這種聰明絕頂的公正之人。凱爾特的修道院中到底保存多少古代文獻？這很難說。愛爾蘭修士在600年前後來到歐陸，在圖爾與土魯斯（Toulouse）等地找到了羅馬的手稿。不過，除非局勢堪稱穩定，否則這些修道院也難以成為文明的衛士。在歐洲第一個成就穩定局面的，就是法蘭克人的王國。這種穩定局勢也是由勝仗維繫的。所有偉大的文明，初期發展都是建立在勝仗之上。羅馬人是拉丁姆平原（Latium）上最有組織、也最為無情的戰士，而法蘭克人和他們一樣優秀。法蘭克王克洛維一世（Clovis I）及其後繼者不只征服了他們的敵人，再用殘忍的手段加以控制，其程度若與二次世界大戰相比，也毫不遜色。

戰鬥、戰鬥、不停地戰鬥。大概是史上頭一遭，騎士腳下的馬鐙悄悄地出現在9世紀的繪畫裡（圖1-16），讓傾向透過物質發展來解釋歷史的人，認定這就是法蘭克騎兵戰無

---

4 編注：基督教裡非神職人員的信徒。

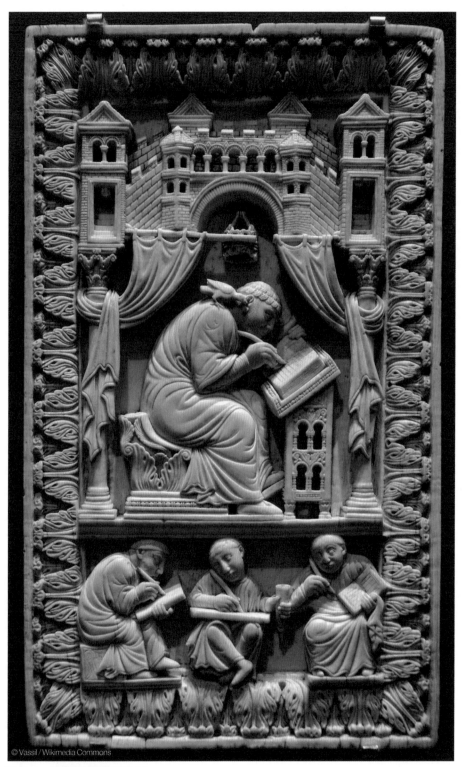

© Vassil / Wikimedia Commons

圖1-15 《聖額我略與抄書人》

《聖額我略與抄書人》（*Saint Gregory with Scribes*），10世紀晚期，20.5 × 12.5公分，象牙浮雕，現藏於維也納藝術史博物館。

圖1-16　卡洛林時代的騎士

《聖加倫聖詠經》（*St Gall Psalter*）內頁插圖，9世紀，37×28公分，現藏於瑞士聖加倫修道院圖書館。

不勝的法寶。有人覺得，7、8世紀彷彿「西方」的前身，而我們的老朋友——「郡長」（sheriff）與「治安官」（marshal）這兩個字在當時已經出現的事實，也讓當時社會與現在文明之間的相似性更為生動。但是，7、8世紀的歐洲遠比後來駭人多了，因為當時沒有一絲一毫的浪漫情懷或騎士精神存在，能夠為當時的人帶來一點救贖。但戰鬥是必要的，假如查理曼的祖父——鐵鎚查理（Charles Martel）沒有在732年於波瓦捷戰勝摩爾人，西方文明恐怕絕不會存在；假如沒有查理曼不知疲倦的征戰，我們也絕對不會有共同的「歐洲」概念。

羅馬世界瓦解後，查理曼是第一位從黑暗中挺身而出的巨人，成為許多神話與傳說的題材。他過世500年後，人們在艾克斯拉夏佩爾（Aix-la-Chapelle）[5]用他本人應當會喜歡的方式，以黃金與珠寶打造了一只燦爛輝煌的

聖物匣（圖1-17），來存放他的顱骨碎片，這頗能表現中世紀盛期人們對他的看法。我們從同時代的傳記作者筆下，得知不少關於他本人的實情，其實跟傳說中的形象相去不遠。他不怒自威，身高約1.8公尺，有著能看透人心的藍眼珠——只不過他嗓音尖細，蓄的不是落腮鬍，而是上脣的海象髭。查理曼是個不知疲倦的管理英才，他所征服的土地遠及今日的德國及義大利——巴伐利亞（Bavaria）、薩克森（Saxony）、倫巴底（Lombardy），都在他的管理下井然有序，超越這個半野蠻時代的水準，但可惜最後他的帝國隨人亡。不過，過去人們認為他拯救了「文明」的想法，雖不中亦不遠矣。畢竟正是因為有他，大西洋世界才能跟地中海世界的古代文明重新牽上線。雖然時局在他死後陷入嚴重動盪，但再也沒出現千鈞一髮的局面，「文明」終究捱過了一切困難與危險。

查理曼是怎麼拯救文明的？首先，他在出類拔萃的導師兼圖書管理者——約克的阿爾坤（Alcuin of York）協助下蒐集圖書並傳鈔。一般人不見得知道，如今傳世的古代拉丁作者的真跡只有3、4份，我們對於古代文獻的所有知識，都可上溯至查理曼時期傳鈔的複本。他的抄寫員憑藉傳鈔這些手稿，寫出了歷來發明最美妙、最實用的字體：卡洛林體（Carolingian，圖1-18）。雖然這種字體一度遭到淘汰，但是文藝復興時期的人文學者重新採用這種清晰而優雅的字型，來替代歪七扭八的哥德字體，讓卡洛林體保留大致原貌流傳至今。查理曼和多數下苦功自學的能人一樣深知教育的價值，尤其重視平信徒接受教

5　編注：即為今日德國城市亞亨（Aachen），當地的溫泉早在西元1世紀就遠近馳名。查理曼將這個城市打造為加洛林文化的中心，現為工業重鎮。

© Beckstet / Wikimedia Commons

圖1-17　查理曼半身像的聖物匣

查理曼半身像（Bust of Charlemagne），1349年，高86.3公分，銀雕鍍金，現藏於德國亞亨主教座堂博物館。

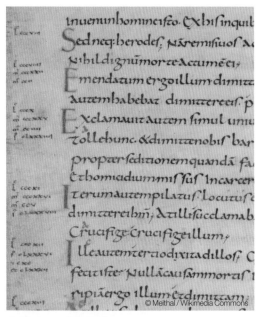

↑ 圖1-18 卡洛林體

→ 圖1-19 拉溫納聖維大理教堂

育的重要性，於是他頒布一系列詔令：「所有主教區皆應傳授《聖經》詩篇、音樂記譜法、聖歌唱誦、年分與季節的算法，以及文法。」天啊！還停留在「年分與季節的算法」！可見這距離所謂的「博雅教育」（liberal education）還很遙遠呢。

誰才是「羅馬帝國」真正的傳人？

查理曼繼承了帝國的概念，讓他不只放眼古代文明，也望向它奇特的遺腹子，亦即我們所說的拜占庭帝國。400年來，君士坦丁堡一直是世界上最大的城市，也是唯一生活不太受流浪者侵擾的城市。拜占庭創造出歷來最接近完美的建築與藝術創作，也確實稱得上文明。不過，拜占庭與西歐幾乎沒有接觸，一來是因為語言不同（拜占庭使用希臘語），二來是因為宗教差異，但最主要是因為它自個兒還有東方蠻族得對付，才不想捲入西方蠻族間的血海深仇。

拜占庭藝術的吉光片羽涓滴流入西方，為8世紀手稿上的人像提供範本。但整體而論，相較於在西班牙南部為知性生活的發展打基礎的伊斯蘭，拜占庭跟西方的距離遠得多。東羅馬帝國皇帝已有300年沒有造訪羅馬，所以等到偉大的征服者查理曼在800年來到羅馬時，教宗便無視於皇帝在君士坦丁堡名

不副實的遙治，將查理曼加冕為新成立的神
聖羅馬帝國之首。據說查理曼事後表示，這
段聞名於史冊的篇章是個錯誤。或許他是對
的。教宗因此聲稱自己地位高於皇帝，帶來
了……或者說鋪陳了接下來3個世紀的戰
事。但歷史可不能從片面評斷，**說不定，精
神與世俗權威間貫穿整個中世紀的緊張關
係，正是歐洲文明得以保持活力的原因。**假

使任何一方獲得絕對的權力，西歐社會恐怕
會步上埃及、拜占庭的後塵，發展停滯。

　　從羅馬離開的回程路上，查理曼去了拉溫
納。拜占庭皇帝過去在此興建、裝飾了一系
列輝煌的建築，卻從未親自造訪。查理曼在
聖維大里教堂（San Vitale，圖1-19）看到查士丁
尼大帝（Justinian）與皇后狄奧多拉（Theodora）
的馬賽克壁畫（圖1-20、圖1-21），才發現原

圖1-20　查士丁尼的鑲嵌壁畫

圖1-21　狄奧多拉的鑲嵌壁畫

來皇帝可以如此威風凜凜（我補充一句，他本人總是穿著樸素的法蘭克式藍色斗篷），等到他返回自己的居城艾克斯拉夏佩爾（我再補一句，他之所以選擇定都於此，是因為喜歡在這兒的溫泉裡游泳），便決心蓋出聖維大里教堂的複製品「亞亨主教座堂（Aachener Dom）八角禮拜堂」，充作王宮的禮拜堂。不過這座禮拜堂稱不上精確的複製品，因為建築師梅斯的奧多（Odo of Metz）無法掌握早期建築的複雜性。但若是與先前提到的粗糙的石造建築相比（例如波瓦捷的洗禮堂），這棟新禮拜堂簡直是非凡的功業（圖1-22）。在這項工程中，工匠與大理石柱都來自東方，因為西歐在查理曼的統治下已恢復和外界的接觸。除此之外，查理曼甚至得到哈倫·拉希德（Haroun al Raschid，正是《天方夜譚》中提到的那一位）所贈的大象，叫做阿布·阿巴斯（Abbul Abuz）。這頭大象死於一場與薩克森的對戰，牠的象牙後來做成一套棋子，其中幾枚傳到了今天。

查理曼統治的帝國從丹麥到亞得里亞海，累積的財寶來自已知世界的各個角落，包含珠寶、浮雕寶石、象牙、絲綢……但到頭來，真正有影響力的還是書籍。不只是書籍文本的內容，插圖與裝幀本身也有悠久的技術傳統，其中受到查理曼復興影響而誕生的藝術作品更是傑作。除了宮廷藏書，還有作為禮物送到西歐各地的書籍，它們的金勾銀筆絕對無人能出其右。

許多插圖是根據古代晚期或拜占庭的作品為底本，跟羅馬文學的文本一樣，如今它們的原件已亡佚，我們都是藉由卡洛林時代的仿作才得以認識。最奇妙的作品，莫過於那些以古代壁畫風格繪製的書頁——從西班牙到大馬士革，整個羅馬世界都充滿這樣的建築幻想。

書籍在當時相當珍貴，所以人們用想像中

圖1-22　亞亨主教座堂八角禮拜堂

最豪華、最精緻的方式加以裝幀，常常以象牙作為封面，以金箔與寶石包覆邊緣，例如現藏於德國巴伐利亞國立圖書館的《亨利二世的聖禮書》（*Pericopes Book of Henry II*）。現在以原有樣貌留存的裝幀已經不多了，可即便黃金與珠寶不翼而飛，象牙飾板還是留了下來。對當代人而言，這種小件的雕塑品，堪稱歐洲近200年間知性生活的最佳指標。

查理曼帝國分裂後的局面，與我們所知的今日歐洲相類。法蘭西在西，日耳曼在東，而洛塔林吉亞（Lotharingia）——或者我們應該稱之為洛林（Lorraine），則是兩者爭來搶去的一片土地。到了10世紀，日耳曼那部

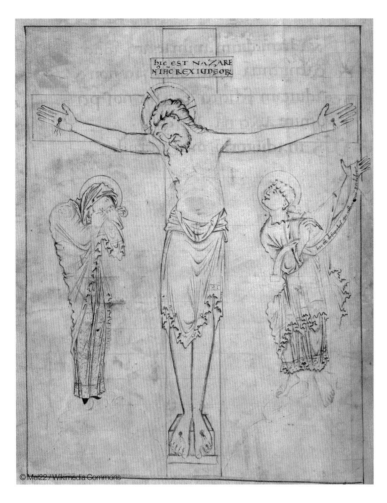

←圖1-23
《拉姆西聖詠經》的基督受難圖

《拉姆西聖詠經》（*Ramsey Psalter*）內頁插圖，約980年，33.5 x 25公分，現藏於大英圖書館。

→ 圖1-24　洛泰爾十字架（左圖為正面、右圖為反面）

洛泰爾十字架（Cross of Lothair），約1000年，高50×寬38.5×厚2.4公分，鍍金銀的橡木十字架，現藏於德國亞亨主教座堂博物館。

分在薩克森統治者的治理下蒸蒸日上，一連3位鄂圖（Otto）[6]頭頂神聖羅馬帝國的皇冠。

歷史學家通常認為10世紀和7世紀一樣黑暗，一樣野蠻，那是因為他們透過政治史與文字資料來審視；但若是我們讀的是羅斯金所謂的「藝之書」，那麼印象便會迥然不同。事實上，10世紀誕生的藝術創作輝煌燦爛，技巧絕佳而精緻，並不遜於其他年代，令人跌破眼鏡。這並非文明鑽研者最後一次發現藝術與社會間的發展有多難劃上等號。當時的藝術品數量驚人，中法蘭克王洛泰爾一世（Lothar I）與西法蘭克王禿頭查理（Charles the Bald）等身分尊貴的贊助者，託人製作大量封面以寶石裝飾的珍本，作為禮物送給其他地位相近的統治者或位高權重的神職人員。你說，懂得用這些美麗事物來拉攏人心的年代，怎麼可能只有野蠻呢？

英格蘭在查理曼時代已經淪落到邊緣的黑暗中，但即便是這樣的英格蘭，在10世紀時也創造出這座島上歷來罕有的藝術品。英格蘭可有哪張素描，比大英圖書館中那本禮拜詩篇集卷首的受難像（圖1-23）更精緻？10世紀的埃塞爾斯坦王（King Aethelstan）在英格蘭史上稱不上特別聰明或英勇，但他的收藏（文獻中有詳細紀載）想必能讓熱愛黃金的金融大亨摩根（J.P. Morgan）嫉妒得滿臉漲紅。當

然，這些令人讚嘆的物件通常都裝著聖人的骨骸，為了它們，工匠用上最珍貴的材料與最極致的手法。「光靠藝術就能為物質賦予靈性」的觀念是中世紀晚期才出現的，但是以藝術來包裹宗教器物，其實也間接表現出相同的心態。此時人們依然渴求黃金與精雕細琢的寶石，但這些鑲金包銀的器物再也不是作為戰士武勇凶猛的象徵，而是用來榮耀上帝。

進入下個文明的前奏：席捲全歐洲的安定力量

到了10世紀，基督教藝術已奠定了某種特色，且維持了整個中世紀。對我來說，艾克斯拉夏佩爾寶物中的洛泰爾十字架（圖1-24），是那個遙遠世界所留下最動人的物品。十字架的正面是皇權地位的美妙示現，皇帝奧古斯都（Augustus）的寶石浮雕位於珠寶與黃金精工飾品的正中央，堪稱世俗皇權文明**巔峰**之意象。背面只有一片平坦的銀板，但上面刻了《耶穌受難像》的素描，如此痛切的美麗線條，讓十字架的正面變得俗

6　編注：分別為鄂圖一世（Otto I，912-973）、鄂圖二世（Otto II，955-983）和鄂圖三世（Otto III，980-1002）。

不可耐。這種偉大藝術家創造的去蕪存菁的感受，也是法國野獸派畫家馬諦斯（Henri Matisse）打造旺斯（Vence）禮拜堂時追求的目標，但是相較下，洛泰爾十字架更為凝聚有力，而且是出於虔誠信徒之手。

如今，我們對於受難像作為基督教至高無上的象徵習以為常，但在基督教藝術史中，受難像的影響力其實很晚才獲得承認，初期鮮少現蹤。最早的實例出現在羅馬聖撒比納聖殿（Santa Sabina）的門扉上，擠在幾乎看都看不到的小角落。早期教會需要勸人改宗，由此來看，耶穌受難確實不是個激勵人心的主題，因此早期基督教藝術著重於奇蹟、治療，以及升天與復活等充滿希望的信仰環節。聖撒比納的受難像不只面目模糊，而且並不扣人心弦。早期教會傳世的少數受難像，並無意觸動你我情緒；讓受難像成為基督信仰動人象徵的，是西元10世紀那段歐洲歷史上受人鄙視、拒斥的時期。從此之後，受難像大致演變為目前的樣貌——往上拉扯的雙臂，無力垂下的頭顱，痛苦扭曲的身體，就像為科隆大主教格羅（Gero）所製作的十字架那樣（圖1-25）。

10世紀的信徒不再只能透過物質形式體認基督犧牲的意義，甚至將之轉移到儀式上。當時留下的書籍插畫與象牙雕刻首次出現關於彌撒細節的描繪，證明他們體認到彌撒儀式所象徵的力量。人稱《烏塔抄本》（Uta Codex）的10世紀手稿，將神學要點鉅細靡遺地以視覺化方式呈現，我們能看到教會儀式展現了東方式的輝煌氣派，這證明當時教會發展相當穩健與成功。再瞧瞧這個時代所製作的象牙書封（圖1-26），看看上頭形貌莊嚴的圓柱狀人物，看看他們唱誦、祝禱彌撒的模樣，簡直就是這個宏偉新機構名副其實的「中流砥柱」。

這些創作明確顯示，10世紀末的歐洲出現一股新勢力，勝於任何國王或皇帝，那就是教會。若你詢問當時的老百姓是哪國子民，他們一定不懂你的意思，只知道自己屬於哪個教區。教會不只是組織動員的力量，還肩負教化人民之責。每當看著鄂圖時代的象牙製品，或是11世紀初為希爾德斯海姆主教伯恩瓦爾特（Bernward of Hildesheim）製作的恢弘青銅門扉（圖1-27），我都會想到古代與中世紀世界之間的偉大橋梁——古羅馬詩人維吉爾（Virgil）最有名的詩句。他描述特洛伊英雄埃涅阿斯（Aeneas）遭遇船難而流落陌生異地，正當他擔心野蠻人出沒時，看到附近的人物浮雕後才鬆了一口氣，說道：「這些人懂得生命中的悲愴，人生終有一死的道理觸動他們的內心。」

「人」再也不是寥寥一句「人的形象」（Imago Hominis）就帶過的虛無，而是有著人性衝動、恐懼與道德感，信仰著崇高主宰的真實存在。到了西元1000年，也就是許多膽怯之人擔心世界即將毀滅的這一年，西歐終於掙脫這些蠻族流浪者長久以來的宰制，準備迎向第一個偉大的文明時代。

↑ 圖1-25　格羅十字架（近照）

格羅十字架（Cross of Gero），約970年。
187×165公分，木頭，現藏於德國科隆主
教座堂。

→ 圖1-26　彌撒場景的象牙雕刻

《四福音書》（*Evangelistarium*）封面象牙飾
板，書籍約14世紀、象牙飾板約10世紀
末，約33×11公分，象牙，現藏於德國法
蘭克福大學總圖書館。

↓ 圖1-27　「伯恩瓦爾特之門」（Bernward
doors）局部細節

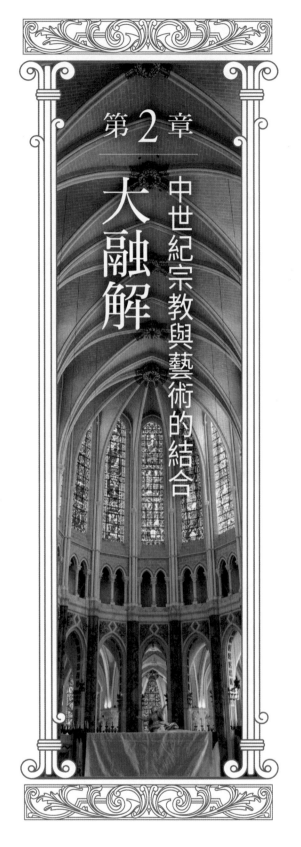

第2章
大融解
中世紀宗教與藝術的結合

在人類的歷史上，大地有時突然變得溫暖或更加明亮……，當然，我不是從科學角度來說明這件事，但歷史上確實有那麼3、4次，人類文明往前飛躍的步伐是尋常演進條件下難以想像的。其中一次大約發生在西元前3000年，文明突然出現，而且不只在埃及、美索不達米亞，還有印度河流域。另一次則是西元前6世紀末，除了愛琴海東岸的愛奧尼亞（Ionia）與西岸的希臘，在哲學、科學、藝術、詩歌上的奇蹟，已達到2000年後人類才能再度追趕上的高峰外，與此同時，印度的佛教也帶來了一場史無前例的靈性開悟。

接著，大約在1100年又發生了一次奇蹟。而這一回似乎全世界都受到影響，但變化的力道最強、程度最劇烈的地方仍在西歐，而西歐也正是最需要這種奇蹟的地方。就如同俄式皇宮花園的噴泉，人類生活的每一環（如：行為、哲學、組織、技術等）都湧出了異於尋常的充沛活力，強化這個時代的存在感；此時期的教宗、皇帝、國王、主教、聖人、學者、哲學家等，也都比過往的人物更加「特別」，例如：神聖羅馬帝國皇帝亨利四世（Henry IV）因敘任權[1]之爭被教宗逐出教會且被迫前往卡諾莎（Canossa）悔罪、教宗伍朋二世（Urban II）發動第一次十字軍東征、哀綠綺思（Heloise）與大她18歲的神學士彼得‧阿伯拉（Peter Abelard）不被世俗允許的師生戀、聖湯瑪士‧貝克特（St Thomas à Becket）因教會權力與王位繼承問題而殉道……以上這些極具時代象徵的英雄事蹟，至今仍撥動你我心弦。

這股進取的精神、自信、意志與才智的力量所留下的證明，至今仍清晰可見。

儘管現在有工業機械之助，物質主義也膨脹到極致，但達拉謨大教堂（Durham Cathe-

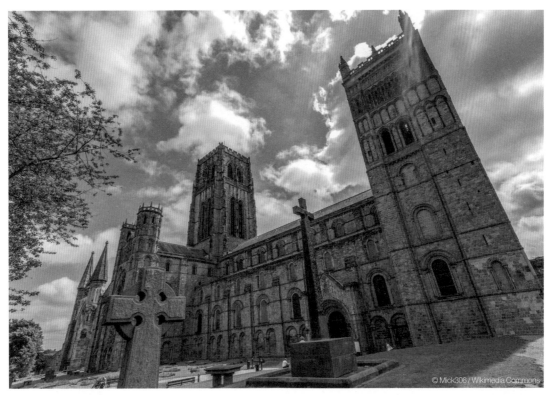

圖2-1　達拉謨大教堂

圖2-2　坎特伯里大教堂

dral）的建築構造仍是當代難以超越的目標（圖2-1），而坎特伯里大教堂（Canterbury Cathedral）的東廂（圖2-2）在今看來依舊宏偉繁複到令人嘆為觀止。即便再怎麼缺乏歷史想像力的人，多半也能猜到這些如岩峰般壯闊有序的石砌建築，起初也只是一小群木造房舍；但令人難以置信的是，這一切竟都在一個世代間突然出現。

　　事實上，更驚人的改變發生在雕刻藝術上。位在法國東部的圖爾尼（Tournus）教堂建造於10世紀，是少數能倖存至今且規模雄偉的教堂，但內部的雕塑卻極度簡陋，一點「野蠻人」（barbarism）的活力都沒有。可是，不到50年之後的雕塑作品，卻具備了風格、和諧等偉大藝術品不可或缺的要素；原本金工或象牙雕刻這類精巧的雕刻技術僅用在便於攜帶的小物上，也瞬間以一種戲劇性的方式，出現在宏偉的裝飾上。

1　編注：任命基督教主教或修道院院長的權利。

圖 2-3　伊克蕾西雅

「伊克蕾西雅」圖像，12世紀初期，教堂天花板壁畫，位於德國普魯芬寧修道院聖喬治教堂（St George Church, Prüfening Abbey）。

© Horaclo36 / Wikimedia Commons

不受封建王室約束的教會，成為新文明發展的起點

事實上，這些變化暗示著新的社會和思想背景出現，也意味著財富、安定、技術逐漸純熟，以及推展這一切長期變化不可或缺的「信心」。然而，為什麼這一切會突然出現在西歐呢？答案當然很多，但「教會的勝利」遠比其他因素更關鍵。或許，有人並不服氣「西方文明就是教會的創造物」這種說法，但我在說出這句話時，腦中所想的「教會」並非現代的基督教真理或性靈體驗，而是12世紀人們對於「教會」的看法：那是一股名叫「伊克蕾西雅」（Ecclesia，意指古代雅典的人民會議）的力量，它如女皇般端坐在當時人們的心中（圖2-3）。

當時教會不受封建制度綁手綁腳的限制，也沒有繼承分割的問題，因此能夠保有並擴張其財產，因而知識分子很自然地就接受教會的神聖命令。儘管有不少主教或修道院院長原就出身王族貴冑，但其他人也能以自身的管理、外交或知識才能，從一介布衣爬升高位，因此教會是個讓人各憑本事就能獲得成功的民主組織。

當時的教會跨越了國界，是以本篤律則（Benedictine rule）為依歸的修道院組織，並非效忠於領土內的王室。11到12世紀的那些偉大教會人士來自歐洲各地，例如：出身於義大利奧斯塔（Aosta）的修士安色莫（Anselm）曾在諾曼第任職，後來成為坎特伯里大主教；從義大利帕維亞（Pavia）起家的修士蘭弗朗（Lanfranc）也走上相同的道路……這類情況，幾乎囊括所有中世紀早期偉大教士的發展軌跡。與此相對，今日的教會或政壇就不可能發生這種事，例如讓連續2任坎特伯里

圖2-4　克呂尼修道院

《西方世界的教堂建築藝術》（*Die Kirchliche Baukunst des Abendlandes*）內頁插圖，
1887 〜 1901 年，Georg Dehio 與 Gustav von Bezold 著。

大主教都由義大利人出任；但是反觀科學領域，這種事情經常發生，或許這代表某些思維或活動對人類來說至關重要，所以我們願意忽略國籍差異。

12 世紀的男女們，在柴米油鹽之外的知識與情感生活，都是遵循教會給予的目標與方向。我猜想，他們長期生活在沒有光明、處處受限的簡陋環境，過著依循月令、單調狹隘的日子。這樣的人們，一旦走進輝煌遠勝於今人所建的壯麗修道院或大教堂，情感上的強烈衝擊大概會使他們久久無法平息吧！

這類人類精神的擴張，首見於克呂尼修道院（Abbey of Cluny）。此修道院（圖2-4）建於 10 世紀，在「瑟米爾[2]的休」（Hugh of Semur）擔任院長的 60 年間（1049 〜 1109 年）成為歐洲最大的教會。克呂尼修道院不僅是一處占地廣大的複雜建築群，更是一個對教會政局擁有強大影響力的龐大組織（大致來說，這股勢力對人類是有利的）。這座修道院建築在 19 世紀遭到破壞，最後和眾多古羅馬建築一樣淪為後人的採石場，只有部分的南袖廊（transept）及少數雕像碎片被留下。不過，關於修道院最初的絢爛模樣，我們倒是能從文獻中獲得許多描述。

修道院主教堂本體長約 127 公尺，寬約 40 公尺，堪比大教堂的規模。瞻禮日時，牆上會掛滿裝飾，地板則飾有馬賽克拼貼的人物圖案，有如古羅馬建築的鋪面。院中有各種寶物，而當中最令人驚豔的就數一座七叉鍍金青銅燭台，光是柱體本身就將近 6 公尺高，是今日工藝技術也很難以鑄造的高度。有些

2　編注：位在法國中部勃艮第地區內的一個城鎮名。

人總說中世紀早期的信仰與制度，被落後的工藝技術所制約，這下子無話可說了吧！然而，這一切都沒有保留下來，除了位在義大利西南部塔蘭托（Taranto）的大教堂之外，幾乎沒有與之相類的事物。沒有壁飾、沒有人物馬賽克地板，克呂尼修道院留下來的只剩幾座燭台，不僅製造年代較晚，尺寸也更小。其中一座燭台是為格洛斯特大教堂（Cathedral of Gloucester）所製作的，雖然只有約50公分高，但展現了極致的精工鏤刻技術（圖2-5），由此可見，也就不難想像那座6公尺高、已不復存的鍍金青銅燭台了；其可謂克呂尼風格精心製作的究極實例。

「羅馬式藝術」的捲曲、奔放風格，呼應中世紀宗教狂熱的氛圍

當時的人們，把對宗教的熱情透過藝術作品毫無保留地展現出來，而為克呂尼風格辯護的人則告訴我們，這些裝飾都是以哲學觀念為依歸，我也不得不承認，克呂尼本院少數殘存的雕塑，確實在處理相當困難的概念，例如：用一系列的柱頭代表音樂的音調（自從查理曼以降，音樂便在中世紀教育扮演重要角色）。但綜觀而論，我個人的感受是：在12世紀初期沸騰，而後展現至雕塑與繪畫的這幾股創造力，純粹是創作者為了自娛而已；類似情形也可以從巴洛克藝術（Baroque）中發現端倪。這些作品固然有它們原始的創作主題，但背後的創作動機純然只是無法克制、毫無保留的旺盛活力。羅馬式藝術的雕刻師傅簡直就像一群騰空飛躍的海豚。

我們之所以知道這一切，不是因為克呂尼本院的關係，而是多虧了遍布歐洲各地的分院。單是在法國，就有超過1,200所附屬機構；其中，位於法國南部的穆瓦薩克修道院（Abbey of Moissac）雖地處偏遠卻相當重要，因為它位於前往西班牙西北角聖地孔波斯特拉（Compostella）的朝聖之路上。

穆瓦薩克修道院上頭的雕刻手法即典型的克呂尼風格：銳利的刀法、漩渦般的皺褶、複雜扭曲的線條，就彷彿流浪的匠人和維京征服者手下的金匠們，心中那股按捺不住的衝動非得發洩在石頭上不可。實際上，穆瓦薩克是個特例，因為製作修道院大門的那位主雕塑師，似乎是個一等一的怪胎、是羅馬式藝術中的艾爾‧葛雷柯（El Greco）[3]。有什麼能比他所雕出那些相貌瘋狂的老者、扭曲的四肢以及大把鬍子，來得更加怪誕呢？有的，就是大門上的中楹及其上面狂放的野獸（圖2-6）。根據手抄本的內容，克呂尼風格的裝飾似乎都上了明亮的原色。相較於今日的模樣，一想到這些雕塑原本居然有著明亮的色彩，我們勢必會覺得當年的它們更像是藏傳藝術。雖然中世紀人習慣把萬事萬物詮釋成某種象徵，但我猜想即便是生活在當時的人們，恐怕也無法從這些雕刻中悟出多少宗教意涵吧！

除此之外，這位負責修建穆瓦薩克修道院的匠人，更透過位在南法的蘇雅克（Souillac）教堂上的直楹（圖2-7），盡其可能地展現「自我主義」，這絕對是邁入現代之前，西歐出現過最古怪、最駭人的藝術品。但是它也**毋庸置疑**是藝術創作，憑藉塑形的力道與非凡的匠人手法，展現出巨鳥及其醜陋邪惡的鳥喙，令人感到畏懼，彷彿真有某股神祕力量影響著我們的情緒。它是對森林恐懼的縮影、是西方人在流浪終末看見的圖騰柱——但是，這根圖騰柱與基督教的價值，與同情和慈愛，又或是與希望有何關係？也難怪當

3　譯注：16世紀希臘裔畫家，成名於西班牙，風格極具戲劇性，令時人難以捉摸。

←圖2-5　格洛斯特燭台

格洛斯特燭台（Gloucester candle-
stick），約1107～1113年，寬20
×高58公分，重5.76公斤，銅合
金燭台，現藏於英國倫敦維多利亞
與亞伯特博物館。

↑圖2-6
穆瓦薩克修道院的大門雕刻

→圖2-7　蘇雅克教堂的直檻

圖 2-8：1248 年法王路易九世（Louis IX）率十字軍東征
《法國編年史》（*Les Grandes chroniques de France*）手稿插畫，約 1332～1350 年間，現藏於大英圖書館。

時最有影響力的教士之一，格萊福[4]的聖伯爾納鐸（St Bernard of Clairvaux）會對克呂尼風格不遺餘力地嚴厲批評。他的某些抨擊是尋常可見的道學口吻（例如他說「詩是謊言」），然而這樣的言論迴盪到好幾個世紀之後的未來，卻得到「科學」這個新宗教的惺惺相惜。話雖如此，聖伯爾納鐸的眼光仍是雪亮的，其所言並非無的放矢：

給讀經的修士們看這些畸形的荒誕醜陋之物，究竟有何意義？那些骯髒的猴子、那些凶猛的獅子、那些醜陋的半人馬、那些不成人形的東西，以及這裡一頭長了大蛇尾巴的四腳獸，那裡又有一條生了山羊腦袋的魚——總之，教堂室內迴廊的四面八方都被大量駭人的奇形怪狀給填滿了。當然，欣賞這些大理石會比閱讀手抄本更愉快，也正因如此，修士們開始花上整天的時間一一讚嘆這些東西，而不是沉思浸心於聖律。

從這最後一句話，能清楚證明聖伯爾納鐸已感受到藝術的力量。事實上，在他影響力之下所興建的熙篤式（cistercian）修道院，比起當時其他房舍更符合現代理想建築的樣貌。只可惜為了遵照聖伯爾納鐸清規的要求，修道院大多建在遠離城囂的偏遠鄉下，以致它們多半遭人棄置，化為斷垣殘壁。所以在法國大革命之後，城鎮中的修道院變成當地的教堂，而熙篤會的修道院則變成廢墟，只剩少數幾所至今仍奉行清規，保存了修道院生活的面貌，也讓這些古建築又有了生命。但這也讓我們意識到，將教堂改為博物館反而喪失了許多意義。

「十字軍東征」與「聖人崇拜」：引領 12 世紀藝術發展的兩大力量

修道院的生活方式與永恆的理想有關，而永恆的理想則是文明重要的一環。不過，12世紀的大融解可不是靠單純的冥想（畢竟這隨時都能做），而是靠行動——即為終於達成物

質和精神條件後蓬勃爆發的熱烈活動。

從物質層面來看，這場行動以朝聖與十字軍東征的形式出現（圖2-8）。我想，在中世紀的諸多特色中，就數這兩者最令人難以理解。朝聖與十字軍東征可不像海上周遊或出國度假，一來是很費時，有些甚至長達2、3年之久；二來是途中會經歷真正的磨難與危險，儘管許多單位已努力將朝聖隊伍加以組織（例如：克呂尼修道院在主要朝聖道路上興建旅館供人休憩），但仍有不少老邁年高的修道院長與中年寡婦死於前往耶路撒冷的路上。

參加朝聖，是為了在彼岸得到報償。教會常以朝聖作為贖罪方式，或一種精神上的引渡。或許有人會用現代的觀點解釋朝聖，如：把朝聖者眼望君士坦丁堡中真十字架（True Cross）的大塊碎片，比擬為觀光客在西斯汀禮拜堂（Sistine Chapel）內伸長脖子看畫，但實際上並非如此。中世紀的朝聖重點是親見聖人遺骸，他們是真心相信：只要凝視裝有聖人頭骨（甚至是手指）的聖物匣，就能說服這位聖人為自己向上帝代禱贖罪。由此可見，朝聖在中世紀文明中扮演相當重要的角色。

若想體會這種信仰，可以怎麼做呢？我們不妨造訪盛行聖斐德斯（St Foy）崇拜的法國小鎮孔克（Conques），這裡可是知名的朝聖地。聖斐德斯是羅馬帝國晚期的一位拒絕偶像崇拜的小女孩，面對人們說之以理，她抵死不從。殉道後她的遺骨多次展現奇蹟，到了11世紀時，由於其中一件奇蹟實在太過有名而遭人妒羨，因此教士昂熱的伯爾納鐸（Bernard of Angers）奉命前往調查，並且向夏特（Chartres）主教回報。據說這件奇蹟是這樣的：一名男子的雙眼被忌妒的教士挖了出來，男子成了瞎眼的雜耍人，一年後他造訪聖斐德斯的聖祠，雙眼居然奇蹟復明。昂熱的伯爾納鐸造訪時這男子還活著，男子說他

圖2-9：聖斐德斯的聖髑

聖斐德斯（St Foy）聖髑箱，9～10世紀，鍍金木像，現藏於法國奧文尼區孔克鎮的聖斐德斯修道院教堂。

的雙眼在一陣劇烈頭痛後就痊癒了。

但故事有個**疑點**：目擊證人說，這人的眼睛被挖出來之後，馬上就被鳥叼上了天——但是有人說是鴿子叼走的，有的人則說是喜鵲叼走的，不過除此之外大家的說法都一致。總之，昂熱的伯爾納鐸的調查報告肯定確有其事，人們因此在孔克興建一座精美的羅馬式教堂，並在裡面擺了一尊有著奇特東方面孔的人形聖物匣（這張臉可能是某個羅馬帝國晚期皇帝的金面具），用來收納聖斐德斯的聖髑（圖2-9）。居然拿黃金鑄成的偶像當作聖物匣！這個小女孩可是因為拒絕崇拜偶像而遭到處死，現在自己卻成了偶像，多麼諷刺啊！不過，中世紀人就是這麼思考——他們熱切關注真理，但看待證據的方式卻跟我們大異其趣。就我們看來，幾乎這世上所有

4　編注：中世紀由於教士名稱多為《聖經》中的聖人名，多有重複，故會用地名或教會名稱加上人名的方式，加以註明。這位聖伯爾納鐸，即是格萊福修道院（Clairvaux Abbey）的創院院長。

的聖人遺物都沒有史實根據，但是這些聖物確實是吸引人們遠行、推動思想傳播的要素之一，而西方文明有一部分正是仰賴這股衝勁來復興。

當然，最重要的朝聖地就是耶路撒冷。10世紀之後，強大的拜占庭帝國政局穩定，使朝聖之路更安穩，所以曾出現單次7,000人大規模的朝聖者隊伍。「第一次十字軍東征」的重大歷史事件，正是以此為背景。儘管十字軍的發展仍受到其他因素所影響，例如：諾曼人不安於室的性格、非長子者想開創自己前途的野心、蕭條的經濟，以及各種能引發淘金熱的因素……，但多數加入十字軍的人無疑抱著一股朝聖的精神。

十字軍對西方文明有什麼影響？我真的不知道。但對藝術的影響卻是舉目可見，否則我們無從解釋所謂「羅馬式」藝術風格的種種謎團。11世紀最早的大型雕塑是以羅馬遺跡為本，單調而沉悶。接著大約過了10年，這種生硬的仿古風格突然得到猶如渦輪引擎所點燃的創造力。新風格透過手抄本逐漸流行開來，其中有著北方的畫面節奏與東方的靈感來源（圖2-10）。這兩者在我眼中，有如搶奪希臘羅馬藝術之屍首的2頭猛獸。這些作品中的圖像大多能回溯到某個古典起源，作品本身卻因為這兩股力量的拉扯而完全「變形」，或說「定形」也可以。這種拉扯感、把一切撕個粉碎再重塑的感覺，正是12世紀藝術的特色，也為我們補充說明為何那個時代的建築擁有魁偉且穩重的特質。

而在思想方面，我也發現相同的情況。基督教信念仍是屹立不搖的主結構，但圍繞它的是一種前所未見的思想遊戲，既是拉扯也形成張力；而我認為，西歐之所以不像許多文明一樣走向僵化，這正是原因之一。12世紀是思想百花齊放的時代。去讀讀看1130

圖2-10 〈耶利米書〉

〈耶利米書〉（*Book of Jeremiah*）卷首大寫字母插畫，出自《溫徹斯特聖經》（*Winchester Bible*），12世紀下半葉。現藏於英國溫徹斯特教堂圖書館。

年左右的巴黎是什麼情況吧，保證令人暈頭轉向。當時一切的中心是一位絕頂聰明卻難以捉摸的人物——他是凜然的辯士、散發魅力的導師，他就是彼得‧阿伯拉。阿伯拉是位明星，就像一位偉大的職業拳擊手，抬出「公開討論」作為他的拳擊場，藐視任何與自己對立的人。例如安色莫這種老一輩的中世紀哲學家會說「必先相信，才得理解」，

但阿伯拉反過來說「必先理解，才得相信」，還說「有疑才有問，有問才有真理」。1122年就能寫下這些字句，很奇怪吧？當然，他也因此惹上不少麻煩。所幸克呂尼修道院的力量與智慧保護了他，才沒被驅逐出教。他在一所克呂尼隱修道院平靜終老，而該修道院總院長彼得尊者（Peter the Venerable）在他死後寫信給哀綠綺思，說她與阿伯拉終將在「喧囂之外的平靜之地」團聚。

韋茲萊修道院充滿戲劇張力的雕刻工法，預示「哥德式藝術」到來

我人正身處克呂尼風格的韋茲萊修道院（Abbey of Vézelay），站在有頂的柱廊下，正門口上方有一座「被榮光環繞的基督」浮雕（圖2-11-1）：祂再也不是穆瓦薩克的判官，而是「救世主」。祂的救贖恩典從指間流瀉而出，喚起使徒的熱情，將祂的福音傳至世上的萬

→圖2-11-2
「狼頭人」特寫

↓圖2-11-1
韋茲萊修道院正門的「被榮光環繞的基督」浮雕

© Francis Vérillon / Wikimedia Commons

圖2-12　韋茲萊修道院內部

國。半月楣周圍的飾板，以及下方長長的橫飾帶展示這一切。飾板上的東西千奇百怪，有侏儒、狼頭人（圖2-11-2），以及造物主在得出名為「人類」的解答之前，所做過的各種嘗試；牠們的模樣都是藉著古代手抄本的傳抄，才得以流傳到中世紀。

韋茲萊修道院的門扉與柱頭布滿了各式雕塑，但就算這些雕塑再怎麼迷人，只要你瞧見門內的建築結構（圖2-12），就會將這些雕塑拋諸腦後了。修道院的內部如此和諧，想必連曾在此對第二次十字軍講道的聖伯爾納鐸，都會覺得這裡表現出的聖律（Divine Law）有助於教徒做禮拜與冥思。確實，它對我來說也大有影響，我想不到還有哪座羅馬式建築的內部能有這般輕盈、神聖理性的特質；說它是從羅馬式風格蛻變成美麗的早期哥德式（early gothic）建築，似乎一點也不為過。

我們不知道韋茲萊的建築師叫什麼名字，也不知道穆瓦薩克與土魯斯（Toulouse）[5]那幾位個人風格突出的雕刻師是誰。過去，人們以為不具名的雕刻工匠證明了他們具有基督徒的謙虛，但其實換個角度看，也說明了他們的地位有多卑微。我倒覺得這純屬意外，因為實際上我們知道不少中世紀建築師的名字，就連克呂尼修道院的建築師也不例外，而他們的題名方式可不見得有多謙虛。其中最有名的題名，就刻在法國歐坦（Autun）主教堂正門中央的基督腳下，落款「吉斯勒伯圖斯製作」（*Gislebertus hoc fecit*）；在浮雕上，建築師還安排其中一名得到基督祝福的信徒，以崇拜的眼神仰望吉斯勒伯圖斯的大名（圖2-13）。我猜想，吉斯勒伯圖斯必定是位大人物，因為他的名字居然獲准出現在如此醒目的位置。然而沒過多久，出現在此處的不再是工匠的落款，而是贊助者的名字。事實上，吉斯勒伯圖斯對歐坦主教堂非常重要，因為他做了一件在中世紀少有人為，甚至在各時代都很罕見的事：他親手完成整座主教堂的所有裝飾。按常規，石匠多半只會製作正門上方的淺浮雕與幾個重要人像，其餘則交給助手處理。而吉斯勒伯圖斯很可能獨自鑿斧一切細節，包括教堂內部全數柱頭裝飾等。

如此非凡的成就，倒也合於他身為匠人的性格。吉斯勒伯圖斯不像穆瓦薩克那位雕刻師是個重內心戲的空想家，也不像土魯斯聖斯德望主教堂（St Etienne）的師傅那般抱持完美主義。吉斯勒伯圖斯個性奔放，而且喜歡說故事，而他也將這種說故事的本領運用在雕刻中。半月楣中央是基督進行審判的祭壇，下方成排的罪人構成了遞增的絕望。罪人們的形貌愈來愈精簡，使之與今日的藝術愈來愈接近，例如：巨手抓著罪人的頭，彷

圖2-14　歐坦主教堂的「東方三王」

圖2-13　歐坦主教堂正門中央「吉斯勒伯圖斯製作」的落款

圖2-15　歐坦主教堂的「猶大之死」

佛那是建築工地的石塊；柱頭同樣少了精緻的克呂尼風格中那般帶有強迫感的韻律，但也就逃過聖伯爾納鐸的抨擊。當然，這些雕塑仍有豐富、華麗的裝飾部件，但最重要的終歸還是人性的述說。例如：面貌抽象的東方三王（Three Kings）身上被單的雕刻是多麼令人驚嘆，但作品重點卻是天使如何將一根手指輕柔地擺在熟睡王者的手上（圖2-14）。吉斯勒伯圖斯和所有說書人一樣喜歡嚇人，而且不遺餘力：他雕刻猶大令人厭惡的自殺場景時，想必刻得津津有味（圖2-15）；此外，他也雕了一尊夏娃像，那是史上第一尊以欣賞人體感官美的角度所刻成的裸女像（圖2-16）。

　　吉斯勒伯圖斯或許曾受僱於克呂尼，而且確定曾在韋茲萊工作過。他於1125年左右

圖2-16　歐坦主教堂的「夏娃」

5　編注：位在法國西南部的城市。

來到歐坦時，已經是擁有確立風格的成熟匠人。歐坦主教堂是他職業生涯的巔峰之作，所以落款才會如此顯眼。當歐坦的工程完工時（可能是1135年），歐洲藝術又出現了一股新力量：聖德尼修道院（Abbey of St Denis）。

中世紀哲學突破：肯定「物質之美」是領略「神之美」的途徑

聖德尼皇家修道院早負盛名，而它對西方文明的影響是出自一位非凡人物：修道院院長敘熱（Suger）。他是中世紀少數幾位首見具備現代思維的人，我甚至認為他的思想已經突破了大西洋的地域限制。

關於他的出身我們所知甚少，只知道他身形極為矮小卻精力旺盛，所以他做了很多事情，例如：建立組織、興建土木和政治參與，甚至曾為法蘭西國王攝政多年，是一位超級愛國者；如今某些我們耳熟能詳的字句，說不定最早便出於他的口中，如：「根據道德與自然條件，都說明英國人注定受制於法國人，且沒有反過來的道理」。敘熱喜歡展現自我，絕不故作謙虛。舉例來說，他曾說過一段故事：手下的建築師跟他拍胸脯保證，他不可能找到建造某座屋頂所需的屋梁，因為不可能有樹長到那麼高。對方才剛說完，敘熱就帶著木匠走進森林（「他們臉上滿是笑意」，他說，「要不是因為顧忌我，他們早就放聲大笑了」），結果在一天內就找到12棵。這樣你就懂我為何說他的思維跨越到大西洋：因為他實在太不像歐洲人了。

敘熱和後世幾位開發新大陸的先驅（如：興建加拿大太平洋鐵路的美國人范荷恩〔Van Horne〕）同樣熱愛藝術。中世紀最迷人的文獻之一，就是他記載在他任內聖德尼修道院的藝術品清冊，裡頭列出黃金聖壇、十字架與珍貴的水晶等等。敘熱的巨大黃金十字架

圖2-17　聖吉爾大師的畫作

《聖吉爾主持彌撒》（*The Mass of Saint Giles*），約1500年，62.3×46公分，油畫，現藏於大英國家美術館。

高達7公尺，上面鑲嵌著各種珠寶和琺瑯飾品，而製作者是當時最優秀的工匠之一，哥德弗瓦·德克萊爾（Godefroid de Claire）。但這件作品在法國大革命期間被摧毀，幸好我們還能從15世紀聖吉爾大師（master of St Gilles）的畫作（圖2-17）及少數殘存的祭器，想像當時聖德尼祭壇的輝煌。多數祭器是以來自東方的半寶石（semi precious materials）[6]製成，例如現存於法國羅浮宮的埃及斑岩壺。根據敘熱留下的文獻，他說他發現這個被人忘在櫥櫃裡的壺之後，從一件拜占庭絲織品獲得靈感，把壺的外形加工成老鷹形狀（圖2-18）。

敘熱收藏這些物品的部分原因就和一般大收藏家一樣：愛美、愛獨特、愛希奇古怪，但另一方面則是出自「擁有」的喜悅。他曾開心提及自己是如何僅以約合400英鎊的低

© Sailko / Wikimedia Commons

圖2-18　改造為老鷹外形的埃及斑岩壺

敘熱之鷹（Aigle de Suger），1147年完成改造，高43.1 × 寬27 × 厚15.5公分，斑岩壺加上鍍金銀座，現藏於法國羅浮宮。

價（感謝主！），從一群不熱中炫耀的熙篤會教士手中買下許多被賤賣的珍稀寶石，其中包含鋯石、藍寶石、紅寶石、黃玉、祖母綠——這些寶石原本屬於無能的英王史蒂芬（King Stephen of England）。然而，敘熱與現代收藏家不同，因為他所做的一切都是發自內心為了「榮耀上帝」。此外，他不只是一位收藏家，更是創造者，他留下的作品是西方文明非常重要的哲學基礎。

以下這件事情，是中世紀一堆混亂中最典型的「誤植」之一。當時的人們，經常把修道院的主保聖人聖德尼（St Denis），與因為聖保祿（St Paul）而受洗的雅典人德尼（Denis）搞混（據傳後者是哲學專論《天堂的教階制度》〔*The Heavenly Hierarchies*〕的作者）。敘熱請人把這部著作從希臘語翻譯過來，藉此為自己「愛美的心」提供神學上的驗證。**他主張：你我只能透過珍貴、美麗的事物，透過它們對感官的影響，來認識絕對之美——也就是「神」。**他說：「愚鈍的心智，憑藉物質而獲得了真理。」這在中世紀可是革命性的概念，不僅為下個世紀所有令人嘆為觀止的藝術品建立審美標準，甚至直到今日，仍是我們對於藝術價值之信念的基礎。

除了這項理論上的革命之外，敘熱的聖德尼也是建築、雕塑與彩繪玻璃等眾多藝術新發展的起點。由於與王室關係匪淺，聖德尼修道院在法國大革命期間遭到重創，而後又徹底修復。不過，人們依舊能看到敘熱所引介，或者說他發想的哥德式建築。不只是尖拱，還有稱為高側窗（clerestory）與側廊樓（triforium）的高窗帶來的明亮。他說：「新的光線透入，同時也照亮了崇高的心靈。」而這句話也預示了接下來200年所有的建築靈感來源。

眾所周知，敘熱提出了玫瑰花窗（rose window）的構想，而現在的聖德尼修道院還能看到少數他當年修建的彩繪玻璃。其中最令人印象深刻的是基督的祖譜（但恐怕是修復品），被畫成一棵從耶西（Jesse）[7]身側長出來的大樹；這種做法與哥德藝術諸多象徵性歷史題材一樣，極有可能是敘熱發明的。可惜的是，他許多原始創新的構想已從聖德尼消

6　編注：寶石依照希有程度，可分為「貴重寶石」和「半寶石」。前者如鑽石、藍寶石等5種；後者則有紫水晶、瑪瑙、綠松石等20種。

7　編注：是《希伯來聖經・撒母耳記》中的人物，大衛王的父親。

圖2-19　夏特大教堂外觀

主體建築於1264年完工。中殿高37公尺，寬16.4公尺；北塔（左）高113公尺，南塔（右）105公尺。

圖2-20　幾何學家上帝（手抄本插畫）

〈幾何學家上帝〉（*God as Geometer*），《道德化聖經》（*Bible moralisée*）的首頁插圖，1220～1230年，34.4 x 26公分，現藏於奧地利維也納國家圖書館。

失，例如：成排立像構成的柱廊，如今已全數被高柱所取代。但更令人惋惜的是，由於修道院位在巴黎工業區的郊區，整體建築外貌染上了工廠的煙灰，完全喚不起當年聖潔的印象。如果想知道這座修道院當年帶給人的感受，就得去位於巴黎西南方的夏特大教堂（Cathedral of Chartres，圖2-19）。

拉長、變形的雕刻群像，展現藝術史上前所未有的新風貌

歷經戰火、革命與復辟等時代動盪，夏特大教堂奇蹟般地倖存下來且毫髮無傷，甚至連觀光客也沒有破壞這裡的神聖氣氛；與此相對，遊人如織的西斯汀禮拜堂或印度孟買的宗教聖地象島（Elephanta）就沒倖免於難。

如今，人們依然能懷抱朝聖精神，爬上山丘前往大教堂。教堂的南塔與1164年完工時的模樣相去無幾，是比例和諧的傑作。這種和諧是透過數學計算出來的嗎？實事求是的學者根據測量結果，推導出一套比例公式，但我覺得這套公式複雜到難以置信。不過可別忘了，對於中世紀人來說，幾何學是神聖的活動，上帝就是偉大的幾何學家（圖2-20），而這樣的想法激勵著建築師。不僅如此，夏特也是研究柏拉圖（Plato）哲學的重鎮，尤其是柏拉圖極為難懂的《蒂邁歐篇》（*Timaeus*），人們據此主張可以把全宇宙詮釋為某種「可度量的和諧形式」。因此，夏特大教堂的比例，說不定真的反映出超乎人類設想能力的複雜數學計算。

圖2-21　夏特大教堂的正門雕刻

　　然而，其中一項比例肯定沒有遵循這套公式計算，那就是西正門跟高塔間的關係。教堂西面原本應該退到更後方，但落成後不久地基便不穩，於是人們把西面的石材一塊塊取下再往前移。這讓我每次走到這裡時，都為這片變得太平淺的著名大門立面感到憂心，不過這也造就了另一項奇蹟：當教堂在

1194年遭遇祝融時，前移的距離正好形成防火線，讓立面躲過大火延燒。

　　夏特大教堂的正門立面，可說是匯集了世上最美麗的雕刻作品群。觀賞愈久，就愈能發現其中蘊含的動人、逼真與細節。我猜，大部分人對其印象最深刻的，就是成排的人像柱（圖2-21）。從寫實角度來看，人體根本

不可能拉長成這副德性，而大眾居然肯定這種呈現方式，這可謂藝術的勝利。其實從雅典人在德爾菲興建的克呂底寶庫（Crudian trea-sury）開始，西方就有以人像為柱體的做法，但從來沒有像此處一樣把人像壓得如此扁，或是拉得那麼長，唯一的例外恐怕只在聖德尼出現過。因為根據文獻顯示，負責雕刻夏特大教堂人像柱的師傅，先前曾為敘熱工作過。這位師傅不僅是位雕刻天才，還是一位極富創造力的人。當他剛開始從事雕刻時，克呂尼與土魯斯的羅馬式糾纏線條的風格想必已成主流，但他創造出了一種與6世紀希臘雕刻家一樣澄靜且節制的古典風格。

然而，雕刻蘇雅克那根柱子（圖2-7）的人，雖然是個偉大的工匠，卻不能稱為文明的代表，但對於夏特的石匠師傅，我們就不會有這種疑問。只要把師傅本人雕刻的人像（皆位於正中央的門上）跟左右兩扇門上由徒弟處理的人像相比，就能看出師傅的古典風格是其個人的創造。徒弟根據師傅的指示來刻畫人像柱的輪廓，但處理到衣褶時，他們又恢復成南方羅馬式的捲曲與螺旋線條，違背師傅草圖上那種連每一條褶線都是簡潔、精確、絕對的希臘風格。可是這真的是希臘風格，或者是希臘風格的延伸嗎？那些蘆葦般的垂綴、皺褶凹槽的直線、曲折的滾邊，以及明顯令人想起希臘古風人像的質地表現，是師傅自己憑空想出來的嗎？還是說，夏特的這位師傅曾經在南法見過一些早期希臘雕塑的殘跡？出於種種理由，我確信他一定見過。

12世紀時，從希臘時代留存下來的雕塑數量絕對遠比我們想像得多，且我們也可以找出十幾件當時模仿希臘風格的雕刻作品；這些希臘時代留下的「骨董雕塑」甚至最遠還出現在英國：溫徹斯特（Winchester）主教布盧瓦的亨利（Henry of Blois）就曾獲贈一整船的骨董雕塑。話說回來，這種風格尤其適合夏特，畢竟這裡可是最早開始研究柏拉圖與亞里斯多德學說的重鎮——這兩位可是希臘哲學的兩大奠基人。索爾茲伯里的約翰（John of Salisbury，他在西正門落成後擔任夏特主教）是真正的人文學者，堪比伊拉斯莫斯（Desiderius Erasmus）。

在夏特大教堂的右邊門拱上，是希臘哲學家及表現其貢獻的雕刻群像：亞里斯多德與他一板一眼的辯證同在、發現音程能以數學表示的畢達哥拉斯（Pythagoras）則有敲鐘的音律相伴。諸如此類的塑像環繞了整個門拱。另外，也可以發現音樂對12世紀的人們極為重要。因為我們在中央大門上能看見，可能是一位技藝非凡的匠人（或者正是石匠師傅本人）運用了比左、右門更銳利的雕刻手法，沿著門拱刻出《啟示錄》（Book of Revelation）[8]中手拿各種樂器的長老，這些樂器極為逼真，甚至可以依圖打製用來演奏。

這些人像使我們感受到西正門雕刻藝術的多樣豐富，也明白了是什麼樣的概念支撐著整體的雕刻主題。不過，從文明的角度來看，除了它們是希臘風格的延伸外，最重要的還是中央門道上的雕刻所展現的特質——雖然後人以「國王」與「王后」稱呼這些雕像（圖2-22），但其實沒人知道它們的確切身分。試想，那些9、10世紀的人物充滿活力熱情，堅決朝向某種智慧之光邁進，但本質上還是野蠻人；也就是說，他們是意志的化身，他們的容貌是根據生存需求而刻畫。由此看來，夏特的「諸王與諸后」是否象徵西方人更上一層樓了呢？是的，我確信這種精進、無私且抽離的表情，以及它們面容所展現的精神性，完全是藝術史上的新面貌。與此相對，他們身旁的古希臘諸神與英雄看來

圖2-22 夏特大教堂的「諸王與諸后」

圖2-23 夏特大教堂內部

傲慢、沒有靈魂，甚至有些殘暴。我不禁覺得，這幾張從古代望向我們的臉龐，就是我們對於這個時代意義的最鮮明的表示。當然，創造它們的藝術家必須要有過人的洞察力，才能把某些臉龐勾勒出來。假如從夏特石匠師傅雕刻的頭像看起，再轉往看向那些過時同事們的作品，就又會掉入那個令人略微昏昏欲睡的穆瓦薩克世界了。

當然，好的面容能激發好的藝術家，但反之亦然。若一張肖像畫不怎麼好看，通常也

8　編注：《新約聖經》收錄的最後一個作品，約在西元90～95年完成，內容主要是對未來的預警，包括對世界末日的預言等。

是因為畫中之人原本的長相就是如此，如今報紙上刊登的相片也是同理可證。夏特大教堂西正門上這些雕刻人像的臉龐，堪稱是西歐藝術史上最誠摯，可能也是最高貴的臉龐。

那麼，這些臉龐洩漏了誰的心態呢？從古老的史冊中，我們得以略知一二。據說在1144年，大教堂的高塔彷彿魔法般拔地而起。當時虔誠的信徒把馬具套在自己身上，將裝滿石頭的車子從採石場拉至大教堂。這種熱情傳遍了法國，男男女女背著工人所需的酒、油及糧食，從遠方趕來，這群人中除了平民也有貴族。一切井然有序、莊嚴肅穆，所有人團結一心，甚至寬恕了過往的仇敵。當我們穿過門道走進教堂，更能感受到這種全然無私的奉獻迎面撲來（圖2-23）：不僅因為這裡是全世界最美麗的兩大有頂空間之一（另一處是君士坦丁堡的聖索菲亞教堂〔St Sophia〕），更因為這裡對於人心有著獨特的感召力——所有為這座大教堂建設出力的人想必會說，是因為此處是聖母瑪利亞在人間最鍾愛的地點。

夏特大教堂引領「聖母崇拜」風潮，展現對女性力量的嚮往與敬愛

夏特大教堂保有聖母所有聖髑中最有名的一件，也就是「聖母領報」[9]時，她身穿的一件短袍。這件短袍是法王禿頭查理於876年獻與夏特的。這件遺物很早便展現了奇蹟，但聖母崇拜一直要到12世紀才吸引了老百姓的想像力。我猜想，是因為過去幾個世紀的日子實在太苦了。如果藝術可以作為一種指標（在這系列的節目中，我就是以藝術為自己引路），那麼聖母在9、10世紀人們的心中實在沒什麼分量。當然，她會出現在「聖母領報」與「東方三王來朝」等故事中，但在

鄂圖時代的藝術（Ottonian art）[10]中，「聖母與聖子像」（Virgin and Child）絕少成為人們特別敬拜的對象。

最早成為敬拜對象的聖母與聖子像，是置於聖德尼修道院的彩色木雕，其年代想必落在1130年左右。羅馬式教堂會根據教堂所保存的聖人遺物來命名，如：聖塞寧（St Sernin）、聖艾蒂安（St Etienne）、聖拉撒路（St Lazarus）、聖德尼、聖抹大拉的馬利亞（St Mary Magdalene），卻沒有一間是獻給聖母。但緊接在夏特之後，法國幾間最大的教堂，如：巴黎、亞眠（Amiens）、拉昂（Laon）、羅恩（Rouen）、蘭斯（Rheims）等地的大教堂，都是獻給她的。

聖母崇拜為何突然變得重要了呢？我原本認為，這肯定是十字軍造成的結果：返鄉的戰士們，帶回與自身所代表的「勇氣與身體力量」截然相反的「女性溫和與憐愛之美」的崇拜。但現在我沒那麼有把握了。不過，最早作為崇拜對象的聖母像，確實有著明確的拜占庭風格（例如：出現在聖伯爾納鐸的教團熙篤修道院手抄本上的聖母像），這個事實似乎可以證明「聖母崇拜來自東方」的論點。聖伯爾納鐸是最早將聖母稱為「美的理想」以及「人與神之間的中間人」的先聲。但丁（Dante）在《神曲‧天堂篇》（Paradiso）的結尾，就借了聖伯爾納鐸之口，頌出一段對聖母的讚美詩。我認為，這堪稱是歷來最美好的詩作之一。

不過，無論聖伯爾納鐸帶來什麼影響，夏特大教堂的美麗與輝煌肯定對聖母崇拜的傳播功不可沒，因為大教堂的修建工程本身就是一場奇蹟：舊的羅馬式教堂在1194年毀於一場大火，只留下高塔與西正門；當夏特百姓們清理完火災過後的廢墟，才在地下室發現那件完好無缺的聖母短袍。聖母的意思

很清楚：新教堂要蓋，而且要蓋得比原本的教堂更輝煌。史家再度描寫人們如何從法國各地前來伸出援手，甚至有整村的人都來為工人埋鍋造飯⋯⋯這次需要的人手肯定比上一次多，畢竟這次的建物更大、更精緻，需要更多的石匠。更別說打造教堂內170面彩色玻璃窗，所需的玻璃工匠更是不計其數。也許聽來有點多愁善感，但我忍不住覺得，他們的虔誠信仰為夏特大教堂賦予一種上下一心的奉獻精神，這是法國其他座大教堂所不能及之處。

然而，我們也不能忘記夏特主教區其實非常富裕。若非如此，單靠信仰也無法重建這座大教堂。大火後，教堂院長與修道院全體成員決定把3年分的收入用於重建工作。用現代的幣值來算，他們一年收入總合大約75萬英鎊，院長個人一年收入就有2萬5千英鎊。除此之外，夏特教區跟法國王室關係極為密切。大家都曉得，多數的奇蹟都能從物質角度解讀，夏特大教堂的奇蹟也不例外。但話雖如此，有時物質也無法解釋全部。

「高、直、尖」，奮力突破建築技術困境，只為更接近上帝

新教堂採用了哥德式（Gothic）的新建築風格，也就是敘熱當年擔任聖德尼修道院院長時那種令人印象深刻的裝飾風格。只不過在夏特這座新教堂，建築師奉命根據先前羅馬式教堂的舊地基規畫，這意味著新的哥德式教堂拱頂必須涵蓋比以往更寬廣的空間，這對建築工程來說可是天大的難題。為了解決此問題，建築師利用我們稱為飛扶壁（flying buttresses）的設計。無巧不成書，原本是迫於現實需求的設計，最後卻為建築學帶來令人讚嘆的夢幻發明。教堂內沒有一絲一毫刻意的斧鑿痕跡，整體空間十分和諧，彷彿是根據某種和諧的自然法則從大地上生長出來。

針對哥德式風格的討論，已經多得使人把這種風格看作理所當然。但別忘了，哥德式確實是人類最偉大的成就之一。自從我們開始透過建築表現文明生活（如：埃及薩卡拉〔Sakara〕金字塔），人們對於建築物的認知就是擺在地上的重物。無論如何運用比例、貴重大理石的色彩，都克服不了材質穩定性與重量所帶來的局限，使建築師始終只能貼地而建，乖乖接受建築的這種物質特性。如今，人們憑藉哥德式建築的手法，讓簇集的高柱一路通往拱券與尖拱，使石頭感覺輕若無物，藉以表達神的精神世界。

透過相同的建築手法，建築師也能使用**玻璃**籠罩建築物的內部空間。敘熱說，他原本採用玻璃是為了帶入更多光線，卻發現用彩繪玻璃來感化、教育信徒的效果甚至比壁畫更理想——畢竟玻璃的光線能帶來感官上的共鳴，這是平面、不透光的壁畫絕對無法做到的事情。「人可以透過感官，進入對神的崇拜與沉思」，我認為夏特大教堂的內部玻璃花窗，絕妙闡釋了偽聖丟尼修（pseudo-St Denis）[11]的這番話。沒有其他地方能與之一比。當人們望向那些圍繞自己的彩繪玻璃（圖2-24-1、圖2-24-2），似乎能感受到空氣在震動，一股同時刺激感官與感性的衝擊油然而生。

身臨其境時，我們很難理解這些令人眼花撩亂的玻璃窗上究竟描繪了什麼，就算搭配

9　譯注：是指天使加百列（Gabriel）告知瑪利亞，她將生下聖子一事。

10　編注：鄂圖藝術源自德國，以皇帝鄂圖一世（Otto I）及其後裔命名。此藝術意欲復興卡洛林藝術（Carolingian Art）的傳統，但加入了拜占庭藝術的風格，成為一種新的藝術風格。

11　譯注：5、6世紀時一位身分不詳的神學家，他假托1世紀聖人亞略巴古的丟尼修（Dionysius Areopagita）之名寫作，因此得名。

← ↑ 圖2-24-1、圖2-24-2　夏特大教堂的玻璃花窗

神學家的解說逐一比對觀看，也不是件易事。至於13世紀的信徒們是否懂得夠多，多到足以了解這些故事呢？我個人非常懷疑。話說回來，我們曉得雅典帕德嫩神廟（Parthenon）的浮雕還在高處原位時，信徒是幾乎看不到的。然而，在非功利主義的年代，人們一旦受到某種強大精神力號召，就可能願意「為了做而做」──或者用他們的話來說：願意為了榮耀神而做。

夏特大教堂是歐洲文明第一次大復甦的縮影，同時也是一座橋梁，銜接了羅馬式與哥德式、銜接了阿伯拉的世界與神學家聖托馬斯・阿奎納（St Thomas Aquinas）的世界、銜接

了一個好奇不安的世界與另一個井然有序的世界。接下來幾個世紀都屬於盛期哥德（High Gothic）的時代，在建築與思想各方面皆有其他偉業等待世人完成。但是，這一切成就都是以12世紀為基礎，是這個時代為歐洲文明帶來了推動力。我們的思想能量、我們與古希臘偉大心靈的相遇、我們推動與改變的力量、我們對於「透過美接近上帝」的信念、我們的同情心、我們對基督教世界的團結一致……，這一切及其他更多事物，都在克呂尼修道院成立到夏特大教堂重建的百年之間出現的。

第3章 浪漫與現實

哥德藝術與市民精神的先聲

此刻我來到哥德世界，一個由騎士精神、禮節規範與浪漫傳奇所構成的世界。在這裡，再嚴肅的事都能用玩樂方式進行：戰爭與神學都成了競賽，建築上的奢華鋪張也達到空前絕後的高點。經歷12世紀的信心大振後，盛期哥德式藝術看起來既奢華又荒誕，被經濟學家韋伯倫（Thorstein Veblen）形容為「引人側目的浪費」（conspicuous waste）。

話雖如此，這個時代孕育了幾位人類史上最偉大的精神導師，例如阿西西的聖方濟各（St Francis of Assisi）與但丁。但在所有奇幻的哥德式想像背後，無論是關於天界或人間，都帶有一種明確的現實感。中世紀人們能將事物看得透徹，但他們相信這些表象只是理想秩序的象徵或符號，底下的秩序才是真正的現實。

哥德式奇幻的震撼力歷久不衰，在巴黎克呂尼博物館（Cluny Museum）展廳裡，《淑女與獨角獸》等一系列最能象徵哥德式精神的掛毯便將這股魅力展露無遺（圖3-1）。《淑女與獨角獸》這件作品充滿詩意、極富幻想力又貼近世俗，表面上的主題是關於4種官能，但真正的主題卻是「愛的力量」。愛足以收服、降伏各種自然界的力量，包括象徵欲望的「獨角獸」與野蠻的「獅子」。牠們跪在這位貞潔的化身跟前，為她拉著帳篷的兩角——從紋章學角度來解讀，這些野獸已成為她的支持者。情景中充滿譬喻，呼應中世紀哲學家所說的「自己生生不息的大自然」（natura naturans），樹木、花朵、茂密的葉片、鳥、猴子，以及最能代表這股創造力量的兔子，都展現在掛毯上；圖中甚至也有「被馴服的自然」，也就是那隻坐在軟墊上的小狗。這幅圖像呈現人類對於世俗之樂的極致想像，法國人稱之為「生活的甜美」

圖3-1　掛毯《淑女與獨角獸》

《淑女與獨角獸》（*The Lady and the Unicorn*），1484 ～ 1500年，377 × 473 公分，
羊毛絲線掛毯，現藏於法國克呂尼國立中世紀博物館。

© Wikimedia Commons

（douceur de vivre），常被誤解為文明。

　　那個騎士和淑女受到強大宗教信仰驅使、
將一車車石頭拉上山丘興建夏特大教堂的年
代，已經離我們很遠了。話雖如此，這種「理
想之愛」（ideal love）的概念，以及這2頭臣服
的野獸所代表「美與溫柔具有不可抵擋之力
量」的觀念，能追溯至3個世紀以前。我們
不妨從夏特大教堂的北門尋找其起源。

忠貞浪漫的哥德情懷從何而來？

　　夏特大教堂的北門大約在1220年進行裝

飾，資助者似乎是法王路易九世那位令人敬
畏的母親，卡斯蒂利亞的布蘭琪（Blanche of
Castile）。或許因為布蘭琪的關係，也或許純
粹因為大教堂本身是獻給聖母的緣故，這裡
才有許多女性人像：拱券上描繪的故事，有
好幾則與《舊約聖經》中的女英雄有關；柱
廊一隅有位亭亭玉立的女性，是西方藝術史
上最早刻意展現優雅風範的女性雕塑之一
（圖3-2）。才不過幾年前，人們腦中浮現的
女性形象還是溫徹斯特大教堂（Winchester
Cathedral）聖水盆上那種胖墩墩、脾氣暴躁的

←圖3-2　聖莫德絲媞（St Modeste）雕塑
↑圖3-3　溫徹斯特大教堂聖水盆上的婦女像（局部）

潑婦，她們是跟著古代挪威人到冰島的婦女（圖3-3）。現在，看看這位貞潔的化身。她的左手輕撩斗篷、右手舉至胸前，刻意以高雅姿態轉頭卻不顯造作，呈現渾然天成的優雅端莊，活像但丁的心上人貝緹麗彩（Beatrice）。但她其實是名叫聖莫德絲媞（St Modeste）的聖人，這名字也代表謙遜端莊，但其表現似乎又稍嫌嚴肅了。現在我們回頭望向門口，上頭令人讚嘆的雕塑細節充分反映了13世紀人們富有想像力的生活，這些女性雕像也散發更溫暖、更親切的女性特質，例如：頭上蒙了灰、跪在小禮拜堂的波斯王后以斯帖（Esther），以及討好其丈夫亞哈隨魯（King Ahasuerus）的友弟德（Judith）。在此──可說是人類第一次藉由視覺藝術，體會男女之間的緊密的關係。

當然，兩性間的親密情感向來是普羅旺斯的吟遊詩人、雜耍人，以及浪漫傳奇小說《歐卡森與妮可蕾特》（*Aucassin and Nicolette*）的題材。歐洲文明奠基於希臘和羅馬文化，到了中世紀則在此之上增添2、3種不同「類別」，其中最令我費解的莫過於所謂「理想

© Marie-Lan Nguye / Wikimedia Commons

圖3-4 《愛堡之圍》

《愛堡之圍》（*la Prise du château d'Amour*），約1325～1350年，高13.5×寬13×厚1.7公分。象牙雕刻，現藏於羅浮宮。

之愛」或「風雅之愛」（courtly love）——古典時期根本沒這種東西。這種愛有熱情？有。有渴望？當然有。能穩定恆久？沒問題。但這種愛卻只能獻給某位遙不可及的理想女性，甘願用盡一生為她犧牲受苦。這種想法對羅馬人或維京人來說不只荒唐，甚至不敢置信。可是在這幾百年間，這種愛確實存在著，從12世紀創作亞瑟王與聖杯傳說的克雷蒂安・德・特魯瓦（Chrétien de Troyes）到19世紀的詩人雪萊（Percy Bysshe Shelley），他們的作品都受這種風雅之愛啟發，但大部分我都讀不下去。可是直到1945年，我們還保留一些騎士精神，例如向女士舉帽致意、讓她們先進門，若在美國還要於入座時幫女士擺好椅子。由此可見，當時人們仍幻想著女人是純潔的存在，因此不能當著她們的面提起某些事或某些字眼。

幸好，這一切都結束了。但這種強調騎士精神的風雅之愛，確實曾風行許久。這究竟是從何開始的？老實說，沒人曉得。多數人以為它和尖拱一樣來自東方，因為朝聖者與十字軍在伊斯蘭世界的傳統波斯文學中，發現女性備受恭維和疼愛，便將這觀念傳回西方。我對波斯文學所知甚少，難以斷言這種說法的對錯，但我確實認為十字軍間接影響了風雅之愛的流行。

中世紀的封建莊園裡，對那群除了打獵就沒事幹、也不知工作為何物的年輕人來說，城堡裡的貴婦必定是特別的存在。若領主出遠門，管理莊園的工作就落到夫人身上，在這1、2年間她必須擔起領主的職責，接受封建社會所認可的效忠，而前來拜會她的流浪騎士則抱持尊重與希冀向她致敬，這種情感就透過吟遊詩人的歌謠流傳。14世紀，大量的象牙鏡盒與其他日用品支持了這個理論。這些小東西都走風流求愛的套路，人稱《愛堡之圍》（Siege of the Castle of Love）的場景則集其大成，描繪碉堡上的女子在年輕騎士沿繩梯而上時，那倚靠城垛、佯裝反抗的模樣（圖3-4）。由此可見，或許羅西尼（Gioacchino Antonio Rossini）歌劇《歐利伯爵》（*Comte d'Ory*）中那番嬉鬧的場景，其實沒人們以為的那般不合史實。或許我該補充

說明一下，當時的人不見得比我們更認真看待「婚姻」。事實上「因愛而結合」是18世紀晚期的發明。中世紀婚姻只講求財產，反正既然可以「無愛而婚」，那當然也可以「愛而無婚」。

「聖母崇拜」使女性成為創作主題，甚至是理想之愛的最佳展現

另一方面，我們也得承認「聖母崇拜」對「理想之愛」有推波助瀾之效。接下來這話或許有點褻瀆，但讀到中世紀的愛情詩時，我們很難判斷究竟詩人是要寫給情婦還是獻給聖母的。所有關於理想之愛的詩作中，就屬但丁的《新生》（Vita Nuova）這部準宗教作品最偉大，而詩的結尾就是貝緹麗彩引領他

進入天堂。

基於這些理由，我認為將13世紀聖母像中那般醉人的美麗與纖細（圖3-5）跟「理想之愛」的崇拜連結起來，實是情有可原。哪裡還有比哥德式象牙雕塑上的貴婦，更纖柔的人呢？在其他女性崇拜時代，例如16世紀威尼斯人筆下那些大美人，和那些貴婦相比又是多麼粗野？恐怕只有義大利文藝復興時期的波提且利（Sandro Botticelli）與法國洛可可時代的華鐸（Jean-Antoine Watteau）的畫作能一較高下了。這種精緻的人體之美伴隨著一種新韻律，展現甜美的新風格。有人推測，哥德式的聖母像（圖3-6）之所以有如此優雅的曲線，是象牙材質本身的弧線使然。這種說法不無可能，但聖母像本身流暢的律動之

圖3-5　手抄本插畫〈聖母與聖子〉

〈聖母與聖子〉（Virgin and Child），《布魯塞爾的時禱書》（Heures de Bruxelles）手稿插畫，約1400年繪製，27.4×18.8公分，現藏於比利時皇家圖書館。

圖3-6　象牙雕刻《聖母與聖子》

《聖母與聖子》(Vierge à l'Enfant de la Sainte-Chapelle)，1260～1270年，高41公分，象牙雕刻，現藏於法國羅浮宮。

美，早已超出材料能控制的範圍了。看看倫敦維多利亞與亞伯特博物館（Victoria and Albert Museum，簡稱「V&A博物館」）收藏的象牙飾板《聖墓前的兩位瑪利亞》（*The Two Maries at the Sepulchre*）上的人物，彼此間甚至有一種音樂性的關係。

然而，14世紀的貴婦真的是這副模樣嗎？很難說。畢竟肖像畫的概念在14世紀末才發展完備。但這應該是她們在仰慕者，甚至丈夫心中期望的模樣。因此，得知這些可人兒受到怎樣的虐待時，才更讓人難以置信。在1370年，一位名叫「蘭德里塔的騎士」（Knight of the Tower of Landry）的人物，寫了一本如何對待女人（其實是如何養育女兒）的教戰手冊，暢銷程度甚至到了16世紀人們還把它當成教科書來讀，其中一版甚至搭配了杜勒（Albrecht Dürer）的插畫。這位以格外親切聞名的騎士，在書中居然提倡若女人不

圖3-7 「哥德時代的騎士精神」插圖

《深愛之書》（*Livre du cœur d'amour épris*）內頁，據傳是Barthélemy d'Eyck所繪，約1457～1465年，28.9×20.6公分，現藏於奧地利國家圖書館。

聽話，就打她、讓她餓，拽著她的頭髮到處走──但是我敢打包票，如果這些男人敢這樣做，就有他們好受的了。因為看著這些作品中自信的微笑，我們可以感受到哥德時代的女性肯定把自己照顧得很好。

風雅之愛不只是歌謠題材，也是超級大長篇的散文與韻文主題。這讓我想起哥德世紀為歐洲人所增添的新觀念，亦即圍繞「浪漫」（romantic）與「傳奇故事」（romance）所衍生出來的一大堆其他觀念和情緒。沒有比這更精準的說法了，因為浪漫主義的本質就是避免去定義它。但我們不能說這些「傳奇

故事」是哥德時代的發明，我認為從字源上來看，它應該是源自於10到12世紀的羅馬式（Romanesque）時代，然後成長在仍對古羅馬文明無法忘懷、同時被覆上一層伊斯蘭奇幻想像的法國南方。話雖如此，從12世紀的法國吟遊詩人克雷蒂安·德·特魯瓦到15世紀的英國作家馬洛禮（Sir Thomas Malory），所有哥德時代的騎士浪漫精神，無論是當中的寓言或擬人手法，或是無止境的旅途與徹夜守候、魔咒與奧祕，都是由中世紀思想中特有的風雅之愛繫在一起（圖3-7）。這200年間，《玫瑰傳奇》（*Roman de la Rose*）與6世

紀羅馬哲學家波愛修斯（Boethius）的作品以及《聖經》並駕齊驅，在歐洲是最多人閱讀的書。

現代人若非為了攻讀學位，應該沒多少人會把《玫瑰傳奇》從頭到尾讀完。但無論是作為認真研究的題材或純粹的消遣，這些傳奇故事無庸置疑對19世紀文學產生了影響，尤其是英國詩人濟慈（John Keats）的〈聖艾格尼絲前夕〉（The Eve of St Agnes）、〈無情的美女〉（La Belle Dame sans Merci）和丁尼生（Alfred Tennyson）的《國王敘事詩》（Idylls of the King）等文學作品。至於19世紀晚期的重要傑作，華格納的歌劇《崔斯坦與伊索德》（Tristan and Isolde）更是不在話下。由此可見，即使我們已不再讀哥德時代的傳奇故事，但它們早已融入後世作品的想像世界中。

跳脫「見樹不見林」的過度聚焦，林堡兄弟成為歐洲風景畫的先鋒

在這個哥德世界中，最大力贊助藝術和學術的是這4兄弟：法王查理五世（Charles V，他的長鼻子常被認為是不理想的王室相貌特徵之一）、勃艮第公爵（Duke of Burgundy，兄弟中最狡詐、最有野心，也最有權力的一位）、安茹公爵路易一世（Louis d'Anjou）和貝里公爵（Duke of Berry）。

他們都是藝術贊助者，也是建築家、藏書家和收藏家，尤其貝里公爵簡直把藝術當成自己的生命。他是個親切卻也縱慾的人，他對女性的想法可沒受到當時騎士精神的影響，據說他曾說過：「女人愈多我愈樂，而且我從不跟她們說實話。」在他的某本藏書中有張插畫，畫著聖彼得似乎沒遵循應有的禮節便直接進入天堂。關於這點，那些飽受他橫征暴斂的百姓肯定不同意。

另外，貝里公爵修築了一系列令人難以置信、華而不實的城堡，而尼德蘭畫家林堡兄弟中的保羅（Paul de Limbourg）為我們留下精確紀錄。貝里公爵在城堡中掛滿了畫作和掛毯，以及珠寶和飾有珠寶的各種新奇玩意兒，更別說他最出名的狗和熊的圈養數量了——他一共養了1,500隻狗，即使是愛狗人士如我，都覺得太多。如今，這些城堡及其中飼養的狗兒與熊兒都已不見，就連掛毯

圖3-8　荊棘刺聖物匣

荊棘刺聖物匣（Reliquary of the Thorn），約1400年，黃金雕塑與寶石裝飾，現藏於大英博物館。

也全被蟲蛀光了，只剩一件當年送給安茹公爵路易的掛毯如今收藏在里昂。不過，仍有少數寶物留下——它們名義上是聖物、實則是迷人奢侈的玩物，使後世仍可一窺這個奇幻奢靡的世界（圖3-8）。

但是貝里公爵有不少藏書流傳至今，而這些藏書能證明他是一位極富創造力的贊助者。他不只網羅當時最有天分的工匠，甚至鼓勵他們跟隨新的藝術思潮。他的哥哥查理五世也有一間大藏書室，但他是根據文字內容的教育意義來選書，那些書籍的插畫家只是功夫一般的宮廷匠人。與此相較，貝里公爵手下工匠的作品都是當時最具藝術敏感度的上乘之作。那麼，他們在14世紀晚期的

文明貢獻又能給我們什麼啟發呢？

首先，13世紀的哥德精緻文化延續超過百年，不僅熬過了黑死病、英法百年戰爭與早期圈地運動帶來的經濟變革，甚至成為跨國現象。哥德式象牙雕刻的甜美新風格變得更甜美柔和，甚至有點娘味（現在還能用這個詞嗎？）。14世紀初期出現了一股彈性與張力，但在1380年之後消失了，取而代之的是細節上的精益求精。當我們凝視著法國畫家雅克馬德·赫斯丁（Jaquemard de Hesdin）的畫作《愚人》（The Fool，圖3-9），能領略到多少層次的感受呢？延續這種風格，貝里公爵留下他跪在聖母前的肖像畫。在畫中，他毫不掩飾自己的世俗之態，而聖母則沉浸在自己的遐思中，未曾注意到他。聖母身上柔軟、彎蜷的衣袍，則象徵著她溫柔、複雜、內斂的性格。

幸運的是，這種構圖風格也藉著英國王室的一幅「威爾頓雙聯畫」（Wilton Diptych，圖3-10）保存下來。畫中是英王理查二世（Richard II）和他的主保聖人，聖人們正對著聖母誇獎他。聖母對他的關注比起對貝里公爵的稍微多了些，她身旁所有天使的衣服上也都佩戴國王的徽章：白色的大雄鹿圍著豆莢式的衣領。這景象是多麼優美！後世所有國王的肖像與它相比，又是多麼粗糙！然而眾所周知的是，理查二世遭人殘忍殺害，他對藝術的喜愛顯然沒有幫上忙。這又是一個實例，說明為何文明在中世紀曇花一現，又消失無蹤。

此外，貝里公爵收藏的手抄本，點出人類心靈在前一個世紀發展出來的能力：對於自然界的物體，如花朵、樹葉、動物與鳥兒等的細心觀察。

中世紀人們對於大自然的反應，有一點很奇怪：他們把一切都當成獨立存在的個體，

© Web Gallery of Art / Wikimedia Commons

圖3-9 《愚人》

《愚人》赫斯丁（The Fool，Jacquemart de Hesdin），《貝里公爵的詩篇》（Psautier de Jean de Berry）手稿插圖，15 × 10.2公分，現藏於法國國家圖書館。

圖3-10 《威爾頓雙聯畫》

《威爾頓雙聯畫》（*Wilton Diptych*），1395 ～ 1399年，
53 × 37公分，蛋彩畫，現藏於大英國家美術館。

名副其實的「見樹不見林」。早在13世紀中期，一些哥德雕刻家便以雕塑花葉為樂，英國紹斯韋爾大教堂（Southwell Cathedral）會議廳外的柱頭雕刻，向人們展示了他們準確的觀察力有多驚人。

至於鳥兒，更是中世紀人魂牽夢縈的對象，牠們是中世紀素描本上最早的題材之一，占滿手抄書內頁的天地與書邊。假如你請14世紀的教士解釋這些鳥兒，他說不定會說鳥兒代表靈魂，因為牠們能飛向上帝；但這無法充分解釋畫家為何著魔似地要把鳥兒畫得如此精確，我倒認為原因在於牠們是「自由」的象徵。在封建體制下，人與動物都被束縛在土地上，除了藝術家和鳥兒，鮮少人擁有四處旅行的自由。鳥兒總讓人感到歡欣鼓舞、帶來希望，自由又放肆。此外，鳥兒的身形還很適合畫成中世紀的紋章。

如前所述，貝里公爵藏書室的早期手抄本裡，在同個平面中的一花、一草、一木都是獨立的存在，物體間彼此沒什麼關係。而到了他藝術贊助者生涯的中期，他發掘了一位藝術家，或者說一組藝術家：林堡兄弟。林堡兄弟看見了現代人所看到的自然，以原創方式將之化為完整視覺經驗的一部分。當然，他們的作品多半都已亡佚，但幸好還有這本書流傳下來，那就是藝術史上的奇蹟──《貝里公爵的豪華時禱書》（*Très Riches Heures du Duc de Berry*，圖3-11）。男男女女耕著田，割草、耙地、播種，背景有個稻草人。令人猛然意識到這一切在同樣的地方、以同

圖3-11 《貝里公爵的豪華時禱書》內頁插圖

〈八月〉林堡兄弟（*Août*, Limbourg Brothers），《貝里公爵的豪華時禱書》（*Très Riches Heures du Duc de Berry*）書中插畫，1411 ～ 1416年，30 × 21公分，現藏於法國孔德博物館。

圖3-12 貝里公爵的用膳場景

〈一月〉林堡兄弟（*Janvier*, Limbourg Brothers），《貝里公爵的豪華時禱書》（*Très Riches Heures du Duc de Berry*）書中插畫，1411 ～ 1416年，30 × 21公分，現藏於法國孔德博物館。

樣的農具持續了整個黑暗時代（畢竟大家還是得有麵包吃），直到上一次世界大戰為止。

這些插圖除了呈現中世紀法國鄉間生活外，也生動說明了宮廷生活。另一張是公爵用晚膳的場景（圖3-12），圖上有他知名的黃金鹽罐（有列在財產清單中），桌上還有兩隻小狗。在他身後，管家正對著幾位戰戰兢兢的請願者說「靠近點，沒事」，而他的臣下（包括一位樞機主教）看到公爵如此紆尊降貴，嚇得把手舉起來。背景中的戰爭場景僅是一張掛毯，但公爵並非好戰之人。淑女們雖然沒出席這場盛宴，但到了四月，她們便會戴上自己的復活節彩帽，沉浸於溫柔和煦的求愛

（courtship）——之所以用這個字，是因為只有在宮廷（court）內才有這種閒情逸致。到了五月，人人都戴上樹葉做的王冠出門騎馬。多美的夢！在此之前，沒有一個社會是那麼風雅迷人又精巧講究。

宮廷文化不等同於文明？從聖方濟各的苦修看見文明的其他面貌

法蘭西與勃艮第公國這些宮廷人士，是歐洲各地流行與禮儀的典範，這種典範觀念延續甚久。甚至到1916年，愛爾蘭詩人葉慈（William Butler Yeats）還為女兒寫下禱文，「願她能將宮廷禮儀融會貫通」。同時，許多人

提起「文明」時，想到的也是類似事物。宮廷的禮儀與典範確實不容小覷，但光靠宮廷，還不足以使文明維持活力，因為宮廷只存在於當下情境。宮廷文化是仰賴一個小而穩定的社會來維繫，這群人在自己的圈子內活動，從不向外看也不會想像未來，因此有許多實例顯示這群只在乎自己社會地位是否穩固的成員，最終導致這樣的社會結構走向僵化。與此相對，**歐洲文明最偉大，也最獨特的優點，在於它從未停止發展與改變。它的基礎不是穩定不變的完滿，而是基於各種觀念與靈感。**甚至連宮廷禮儀的理想，都能以出人意料的形式展現。

興建夏特大教堂北門的那幾年間，一位名叫弗朗切斯柯・伯納戴德（Francesco Berna-done）的執褲子弟經歷了心境上的劇變。他曾經是，後來也貫徹如一是個最彬彬有禮的人，深受法國騎士精神理念所影響。某天，他穿上最好的衣物，準備參加比武時卻遇見一位貧窮的紳士，對方看起來比他更需要衣服，他便把自己的斗篷給了人家（圖3-13）。當晚，他夢見自己應該重建「天城」（Celestial City），於是把自己的財產慷慨送人，使他的父親（義大利城鎮阿西西的富商）決定與他斷絕關係。之後，弗朗切斯柯把自己僅剩的衣服都脫下，說他什麼都不要，回歸一無所有。阿西西主教遮住赤身裸體的他，並給他一襲斗篷。就這樣，弗朗切斯柯唱著法文歌曲，走進了森林。

接下來3年他過著赤貧生活，照顧當時隨處可見的麻風病人，並親手重建了許多廢棄的教堂（完全按照他的夢境指示）。某天他在彌撒時聽到「腰袋別裝金銀銅錢，行路別帶囊袋，別帶兩件褂子，也別穿鞋和攜枴杖。」我猜想，他過往聽過這些話無數遍，但這次是真正聽到心坎兒裡了。他把手杖跟涼鞋都

扔了，赤腳上山，舉手投足皆恪守福音書的字句，並轉譯成富含騎士精神的詩作與吟遊詩人歌謠。他說自己以貧窮為妻，每當他以激烈手段克制私慾時，便說自己是為了討妻子的歡心。他之所以如此，一部分是因為他認為財富是腐敗的，另一部分則是因為他覺得若是他的同伴比自己貧窮，那是很失禮的事情。

自始至終，每個人都深知聖方濟各（現在我們可以這樣稱呼他了）是個宗教天才。我認為，他簡直是歐洲有史以來最偉大的人物之一，因為他帶著自己最早的12名門徒，設法求見歐洲最強悍的政治人物、同時也是偉大的基督徒英諾森三世（Innocent III），成功說服這位教宗允許他建立修會。此舉堪稱具備非比尋常的遠見，不光是因為聖方濟各是個沒受過神學教育的平信徒，也因為他和他衣衫襤褸的夥伴們晉見教宗時，一行人竟然興奮到手舞足蹈。這是什麼樣的景象啊！可惜早期為聖方濟各的傳奇故事作畫的人，沒將此情此景畫下來。

關於聖方濟各的故事，其最具說服力的插畫當屬義大利西恩納（Siena）畫派畫家薩塞達（Sassetta）的畫作（圖3-13、圖3-14）。雖然他作畫的年代比喬托（Giotto）晚了許多，但由於騎士風格和哥德傳統在西恩納比在歐洲他處維持了更久，使得薩塞達的作品也因此多了一分歡快如歌、更接近聖方濟各風貌的視覺特質。

與此相對，喬托的風格乏味許多，卻更具權威性。理由不只是因為喬托的作品比薩塞達的早了將近150年、更接近聖方濟各的年代，也因為喬托與同畫派的畫家獲選為阿西西人獻給聖方濟各的大教堂裝飾和作畫。當喬托畫到這位聖人晚年時——我該怎麼說才好？——似乎少了一些聖人生活中的「抒情

圖3-13 《聖方濟各與貧窮紳士》

《聖方濟各與貧窮紳士》薩塞達（*Saint Francis and the Poor Knight, and Francis's Vision*，il Sassetta），1437 ～ 1444年，87 × 52.2公分，現藏於大英國家美術館。

圖3-14 《聖方濟各與神貧夫人成婚》

《聖方濟各與神貧夫人成婚》薩塞達（*The Marriage of Saint Francis to Lady Poverty*，il Sassetta），1437 ～ 1444年，88 × 52公分，現藏於法國孔德博物館。

片段」，喬托的溼壁畫有一股薩塞達所不及的人文意涵。

　　無論如何，在我看來這2人對於聖方濟各的形象詮釋都有些失敗，他們畫中的聖方濟各太過一本正經、說一不二，沒有一絲喜樂之情，實際上聖方濟各對於喜樂的重視則幾乎不亞於禮貌。然而，其實我們根本不知道聖方濟各長什麼模樣，最早再現他面貌的圖像應該是在他死後不久才完成的，畫在一個法國的琺瑯盒子上（沒有太慎重鋪張，和他生前作風相合）。至於早期關於聖方濟各畫作中最有名的，當數於義大利第一位知名畫家契馬

布耶（Giovanni Cimabue）之作。雖然這幅畫看起來很有說服力（圖3-15），但恐怕已經過重製，現在呈現在你我面前的不過是19世紀人們對於聖方濟各應有模樣的想法。

　　聖方濟各因為苦修而筋疲力竭，於1226年以43歲之齡過世，臨終前在病榻上向飽受他自己虐待的肉體（他喚其為「可憐的驢子」）請求原諒。在此之前，他已見證追隨他的清貧夥伴們發展成龐大組織，但他在1220年就徹底放棄了對這個修會的掌控，因為他體認到自己不是位優秀的管理人才。聖方濟各在死後2年被封為聖人，追隨者為了紀念他，

隨即著手興建一座大會堂（圖3-16）。這座會堂分為上堂與下堂，擠在一處陡峭的山麓上，既是工程學上的非凡功績，也是哥德建築的傑作。為這座教堂進行裝飾的，全是自契馬布耶以降那些13、14世紀的重要義大利畫家，因此這裡也成為義大利最富有、最引人遐思的教堂。對於一位最愛把「狐狸有穴，天上的飛鳥有巢，但是人類之子卻無處

←圖3-15 《聖方濟各》

《聖方濟各》契馬布耶（*San Francesco*，Cimabue），1280～1290年，123×41公分，蛋彩畫，現藏於義大利阿西西天使聖瑪利亞大教堂博物館。

↓圖3-16 聖方濟各紀念堂

枕睡」掛在嘴邊的窮小子來說，這種紀念方式還真有些奇怪。不過聖方濟各的守貧理想其實在他有生之年就被教會否定了，畢竟教會早就成為起源於13世紀義大利的銀行體系的一環。聖方濟各的追隨者（人稱「小兄弟會」〔Fraticelli〕）堅守他的守貧教義，卻被視為異端在火刑柱上燒死，而資本主義就在這700年間日益茁壯，成為今日駭人的巨怪。看來聖方濟各一點影響力也沒有，畢竟連19世紀那些不時提到他的人道改革家們也不樂於讚揚或推崇守貧，甚至提倡廢止這戒規。

但是聖方濟各「為了解放靈魂，我們必得捨去所有塵世之物」的信念，與各大宗教導師的主張相通，綜觀東西方都是如此。不論這種理想有多難實踐，最卓越的靈魂們總會再次回歸這條道途。聖方濟各以如此率真又優雅的方式落實這項真理，使它成為歐洲意識的一部分。當聖方濟各擺脫身外之物的糾纏，他獲得的心靈啟發為18世紀晚期的法國哲學家盧梭（Jean-Jacques Rousseau）與英國浪漫主義詩人華茲渥斯（William Wordsworth）的哲學打下基礎。正因為聖方濟各身無長物，才能感受到自己跟天地萬物（包含無生命的風與火）建立了真摯的連結，就像手足般緊密。

這種心境不只激發聖方濟各創作歌頌上帝造物共榮的〈太陽頌〉（Canticle of the Sun），在

人稱《小花集》（Fioretti）的傳說故事集中，這情感也伴隨他那股令人難以抗拒的純真展露無遺。沒有多少人能讀懂阿伯拉的論證或阿奎納的《神學大全》（Summa），但每個人都能從《小花集》中充滿神學色彩的民俗故事裡得到樂趣，畢竟這些故事不見得全是虛構的。用現代的專業術語來說，《小花集》算是自福音書之後大眾傳播最早的實例。比方說，有個故事告訴我們聖方濟各如何說服一匹嚇壞古比奧（Gubbio）當地百姓的惡狼。他與餓狼約定定期放飯給牠吃，好讓牠放過老百姓們，而當聖方濟各說：「來握爪吧」，狼便伸爪為定。此外，《小花集》中最有名的故事是他對鳥兒傳道，哥德時代的人們似乎對這種動物情有獨鍾。即使歷經7個世紀的光陰，也無損聖方濟各故事中的純真之美。無論是《小花集》的文字，還是喬托的溼壁畫，皆韻味不減。

聖方濟各生活的年代可是貨真價實的哥德時期，在十字軍、城堡與大教堂的環境影響下，自然也具備了騎士精神，只是他詮釋的方式異乎尋常。但就算知道有人非常熱愛哥德世界，我還是認為這個時期對於現代人來說實在詭異至極，也遙不可及；哥德時代就和其至美的彩繪玻璃一樣，魅惑、璀璨、超凡，卻也虛幻不真。然而，「貿易」與「金融業」的世界在聖方濟各有生之年已經逐漸成形，它的優缺點也保留到了當今社會。城市中滿是精明之人，終其一生不斷追求增加財富來獲得他人的敬重。

市民打造的城市精神是文明的展現？看喬托繪畫技法的革新

「城市」（city）、「公民」（citizen）、「平民」（civilian）、「公民生活」（civic life）：我推測，這一切應該都跟我們所謂的「文明」（civilisa-tion）有直接關係。19世紀的歷史學家就喜歡玩這種文字遊戲，他們相信這種關係確實存在，且主張文明始於14世紀義大利的各個共和國。關於這點，我所理解的「文明」不只誕生於城市，修道院或宮廷也可能孕育文明，甚至超越城市。話雖如此，義大利城鎮（尤其是13世紀的佛羅倫斯）發展出的社會與經濟體系確實有其過人之處。這種體系與騎士精神站在對立面，非常務實，支持此點的證據就是它至今依舊存在。但丁在世時，佛羅倫斯的製造業與金融業條件，跟今日倫敦金融中樞倫巴底街（Lombard Street）的情況出奇類似，差別只在「複式簿記法[1]」直到14世紀才出現。當然，義大利的共和國根本不民主，開發權都掌握在少數家族手中，而在他們主導的同業公會系統下，勞工毫無發言權，一切才不像那些純真的前馬克思自由派歷史學家所想得那樣。

14世紀的義大利商人可沒什麼同情心，甚至比敗德的老傢伙貝里公爵更壞。佛羅倫斯人節儉吝嗇的故事，與關於猶太人的老生常談幾無二致。但這些新商人階級身為當代的藝術贊助者，眼光絕不下於貴族，這一點現代的倫巴底街就比不上了。不光是他們的經濟體系一直擴張至今日，他們委託繪製的畫作也有一種穩固的真實感。接下來，這種真實性成為西方藝術的主要目標，直到19世紀法國印象派畫家塞尚（Paul Cézanne）為止。這種繪畫之所以能持續發展，是因為它已有了「第三維度」，向立體世界拓展。二維空間的藝術（如織錦藝術的掛毯）之所以令人醉心，是因為它在個人世界中創造了懸浮的信仰，使藝術家得以釋放想像力來裝飾表面。然而二維空間藝術已在有限的空間中達到完美的頂點，難以再突破。此刻引入第三維度的概念，不論是空間感或是穩固的特質，都

讓創作的擴張性與後續發展性不受局限。

從文藝復興到立體派風格，寫實主義（realism）始終存在於歐洲藝術中。雖然對於眼光受過寫實主義訓練的人來說，喬托在義大利北部帕多瓦（Padua）競技場禮拜堂（Arena Chapel）的溼壁畫看起來並非特別寫實（圖3-17），說不定跟哥德風的掛毯差不了多少，但與後者有項明顯區隔：喬托沒使用一大堆花稍的裝飾，而是專注於那幾個造型沉穩的簡單形狀的空間布置。這使得喬托得以透過2種不同卻又互補的手段——也就是我們對實體感的追求，以及對人文意涵的興趣——來吸引我們的注意力。不難理解為什麼我們對於觸覺的信任勝過於視覺、聽覺或嗅覺，身為現代英文辭典之父的詹森博士（Dr Johnson）曾打算駁斥某個宣稱「物質並不存在」

圖3-17 《哀悼基督》

《哀悼基督》喬托（*The Mourning of Christ*，Giotto），1304～1306年，200×185公分，溼壁畫，現藏於義大利帕多瓦競技場禮拜堂。

---

1 編注：交易發生時，必定同時有借方與貸方，且雙方借與貸的數目必定相等。「單式簿記」僅記錄單方面的交易原因或結果，「複式簿記」則將一筆交易紀錄同時記錄在借方與貸方項目下。

圖3-18-1　喬托的《末日審判》

《末日審判》喬托（*Last Judgement*，Giotto），1306年，1,000 × 840 公分，溼壁畫，現藏於義大利帕多瓦競技場禮拜堂。

的哲學家，於是他用腳踢了顆石頭，認為這樣就足以提出證據反駁。而從喬托的溼壁畫中，我們發現他比起先前所有藝術家更具備讓人物充滿實體感的才能。喬托設法把人物簡化成易於理解與感受的大塊形狀，使觀者得到深刻的滿足，感覺自己能完全理解它們。他也讓自己筆下的人物更鮮活可信，因為他希望觀者可以更清楚感受到人物所涉及的人情世故。這樣比喻好了，一旦我們弄懂了喬托的「語言」，便會意識到他是有史以來揮灑「戲劇性」最傑出的大師之一。

喬托是如何發展出這種極具個人性的原創風格的？他約於1265年在佛羅倫斯近郊出生，在他年少時的義大利繪畫只不過是拜占庭繪畫的粗糙版本，這種扁平、流動的線性風格，是根據500年來幾無變化的傳統概念為本。與此相對，喬托打破窠臼，發展出具

圖3-18-2 「斯克羅威尼呈獻禮拜堂」的特寫

備十足空間感意識的堅實風格，而像這樣靈光乍現的原創成就，藝術史上才發生2、3次而已。每當發生如此劇烈的改變時，人們通常可以找到特定的起源、典範或是先例，只有喬托不然。我們對1304年之前的他一無所知。這一年，他裝飾了競技場禮拜堂這間樸素的小建築物，使之成為繪畫愛好者心中的聖地。

出資興建這座競技場禮拜堂的人，是放款人恩里科・斯克羅威尼（Enrico Scrovegni），他的父親因為放高利貸被判處監禁。當時「委託藝術創作」是一種中產階級常見的贖罪方式，這座禮拜堂的興建便是早期的實例。這種風俗雖然有益於世，卻也成為展現虛榮與恣意妄為的表現。此時人們剛開始追求肖像畫的真實相似性，在這幅畫中能看到斯克羅威尼將禮拜堂的模型呈獻給3位天使，讓自己得以在「末日審判」的場景中躋身受祝福者的行列（圖3-18-1、圖3-18-2）。

喬托其他的知名畫作也是來自銀行家的委託，分別是佛羅倫斯兩大金融巨頭：巴迪（Bardi）家族與佩魯奇（Peruzzi）家族。然而，這些精明務實者後來卻犯了滔天大錯：他們沒發現自己的中產階級的經濟實力與北方不負責任的貴族天差地遠，把好幾百萬鎊借給英王愛德華三世（Edward III），讓他延續對法國的戰爭。到了1339年，愛德華三世拒絕還款，這些借貸者能拿名將「黑太子」愛德華（Edward the Black Prince）的父親怎麼辦？最終結果就是造成資本主義史上首次著名的大崩盤。

在這場災難發生前的20年，喬托曾為佛羅倫斯聖十字教堂（Santa Croce）內2座比鄰的禮拜堂作畫，其成果證明了他的精湛藝術手法不斷進步。我話不敢說得太滿，因為19世紀時其中一間禮拜堂全部重繪，另一間則是

圖3-19　《加納婚宴》

《加納婚宴》喬托（*Marriage at Cana*，Giotto），1304～
1306年，200×185公分，溼壁畫，現藏於義大利帕多瓦競技場禮拜堂。

圖3-20　《婚禮進行》

《婚禮進行》喬托（*Wedding Procession*，Giotto），
1304～1306年，200×185公分，溼壁畫，現藏於
義大利帕多瓦競技場禮拜堂。

大部分重繪。畫的構圖是留了下來，確實是
傑出的圖像建構，但考慮到這是經過修復的
結果──該怎麼說比較好呢？──我想這恐
怕是修過頭了。總之，禮拜堂中比較精緻的
那部分畫作，可說是歐洲學院派（Academism）
鼎盛期的基礎，是拉斐爾（Sanzio Raphael）、
普桑（Nicolas Poussin），甚至是雅各─路易·
大衛（Jacques-Louis David）的根本。

在2幅保存比較完整的畫作中，喬托又回
過頭描畫了聖方濟各的故事。這些金融巨擘
居然會選擇這個窮人為題材，還真是奇怪，
不過想當然耳，聖方濟各與神貧夫人（Lady
Poverty）之間可悲的關聯，在這個時候已經祕
而不宣了[2]。喬托的溼壁畫呈現了官方版本
的聖方濟各傳說，他所畫的聖方濟各也幾乎
成為聖方濟各的官方形象。此階段的畫作固
然優美，卻讓我感覺喬托已晉升為佛羅倫斯
畫壇的老前輩，跟許多老前輩一樣在晚年完
全停止創作。因此，若想挖掘喬托的真功
夫，我們得回到競技場禮拜堂才行。

誠如前面所提，喬托是擅長描繪人類生活
中戲劇性的專家。他的創作風格甚廣，從作
家喬叟（Chaucer）般寫實的風格，在《加納婚
宴》（*Marriage at Cana*，圖3-19）中描繪大肚腩
老爺站在水缸後驚訝品著用水變出來的酒，
到《婚禮進行》（*Wedding Procession*，圖3-20）中
聖母的抒情之美，以及《別拉住我》（*Noli Me
Tangere*，圖3-21）中抹大拉馬利亞的纖細敏感。[3]
由此可見，喬托總能以最精采的方式，畫出
故事中充滿戲劇張力的情節，引人入勝。再
例如：以客西馬尼園（Gethsemane）中猶大的
背叛場景（圖3-22），他讓猶大用自己的斗篷

2　編注：在此作者以比喻的方式，說明原先聖方濟各的守
貧理想的形象，經過多年之後早已被教會抹煞，後人在
看到聖方濟各時，也不會與貧窮有所聯想。

3　譯注：《若望福音》第2章中，耶穌、馬利亞與耶穌的
門徒獲邀至加納參加婚禮，席間酒水沒了，耶穌便施展
神蹟將水變成葡萄酒；《婚禮進行》指馬利亞與聖若瑟
的婚禮，此事在福音書中並未明確提及；《若望福音》
第20章，抹大拉的馬利亞在耶穌墓穴前認出復活後的耶
穌，便叫住他。此時耶穌對她說：「你別拉住我不放
（noli me tangere），因為我還沒升到父那裡。」

←圖3-21 《別拉住我》

《別拉住我》喬托（*Noli Me Tangere*，Giotto），1304～1306年，200×185公分，溼壁畫，現藏於義大利帕多瓦競技場禮拜堂。

↓圖3-22 《猶大之吻》

《猶大之吻》喬托（*Kiss of Judas*，Giotto），1304～1306年，200×185公分，溼壁畫，現藏於義大利帕多瓦競技場禮拜堂。

罩住耶穌，這是多麼令人驚嘆的構圖啊！最後，則是《哀悼基督》（圖3-17），這幅畫預示了喬托後期作品仔細安排構圖的用心，然而下筆時似乎仍缺乏熱情與自發性的感覺。

但丁詩作與皮薩諾浮雕中的人性哀痛之情，揭開文藝復興的序幕

喬托固然是最偉大的畫家之一，但他並非沒有對手。和他差不多在同一年、義大利的同一個地區，另一個出類拔萃的人物誕生了——那就是最偉大的哲學詩人，但丁（圖3-23）！兩人生於同一時代，又是同城同胞，說不定但丁曾讓喬托為自己作畫？我想他們應該認識彼此，喬托也很可能畫過但丁的肖像，但是這兩人的想像力卻是在非常不同的面向上發展。說到底，喬托的興趣還是在「人」：他同情人類，他筆下那些人物身上的實體感，也讓他們看起來仍屬凡間。當然，但丁也有人性，除此之外他還具備喬托所缺乏的特質，例如：哲思的力量、對抽象概念的掌握、對不公正之事義憤填膺、藐視流俗的英雄氣概（後來在米開朗基羅身上也有出現），以及最重要的「一種超凡脫俗的氣質、一種充滿天堂光輝之感」。

喬托與但丁，可謂是站在2個世界的交會點上。喬托屬於穩固、現實的新世界，替創造這個新世界的銀行家與羊毛商人工作。但丁則屬於更古老的哥德世界，屬於阿奎納與大教堂的世界。如果想貼近但丁，與其看競

圖3-23 《但丁與三重世界》

《但丁與三重世界》多梅尼科・迪米凱利諾（*Dante and the Three Kingdoms*，Domenico di Michelino），1465年，232 × 290公分，油畫，現藏於義大利佛羅倫斯主教座堂博物館。

技場禮拜堂，不如欣賞位在布爾日那座大教堂西門上的雕塑。事實上，義大利藝術中創作手法最接近但丁精神的人，正是深受哥德藝術影響的雕刻家喬凡尼・皮薩諾（Giovanni Pisano）。

喬凡尼・皮薩諾是雕塑領域中，最偉大的悲劇家之一。這一點可以從兩座講道壇的雕刻飾板上看出。其一在比薩（Pisa），其二在皮斯托亞（Pistoia）（圖3-24），它們和但丁的《神曲・地獄篇》（Inferno）一樣，描繪的都是一個恐怖的世界，有仇恨、殘酷與受苦，

但它們跟〈地獄篇〉的不同之處，在於上頭的人物並無對應真人。與此相對，但丁在自己的詩中塞滿他的老相識，那些他身處佛羅倫斯混濁政局時所憐憫、痛恨或欽佩的人物，一個個鮮活地在地獄奇異的環境中現身。再也沒人的目光比但丁更敏銳，他的目光不只關注人類，更投向自然界，注視花朵、動物與鳥兒。反之，皮薩諾的舞台就跟希臘戲劇一樣空空蕩蕩，沒有大自然的象徵，也沒有取悅視覺的打算，毫無讓人喘息的空間。我想不出有那件雕刻作品，能比皮

圖3-24　皮斯托亞講道壇雕刻飾板

© Sailko / Wikimedia Commons

薩諾在皮斯托亞的浮雕《諸聖嬰孩殉道》（*Massacre of the Innocents*，圖3-25），更能表現出「哀傷」的動人之情了。

> *lo no piangeva; si dentro impietrai*
> *Piangevar elli.*
> 我不流淚，內心已有如頑石。
> 而頑石卻流淚了。[4]

但喬凡尼·皮薩諾的悲憤，不過只是但丁的其中一面。但丁詩作的下半段（從《神曲·煉獄篇》〔*Purgatorio*〕的中段開始）寫出了具象化的鴻福極樂，遠遠超出當時匠人的表現能力，14世紀的畫家也還沒想出該如何傳達但丁對光線的感受。

但丁和本書中所有的傑出偉人一樣，認為光是精神生命的符號，他在自己偉大的詩篇中以精確精簡的方式描述了各種效果的光，像是晨昏之光、波濤之光與春葉之光。不過，這一切美妙的勾勒（許多人最喜歡的環節，不過是但丁的一小部分）都是明喻，它們都以「猶如」一詞起頭。它們的存在只是為了描繪那個世界，讓我們受到塵世束縛的感官得以理解神聖的秩序與天堂的美好。

4　編注：此首拉丁文詩引自但丁《神曲·地獄篇》。《神曲》共分為〈地獄篇〉、〈煉獄篇〉及〈天堂篇〉。

圖3-25　《諸聖嬰孩殉道》

© Mattana / Wikimedia Commons

第 4 章

人，量測萬物的尺度

文藝復興時期的準則

銀行家與羊毛商人使佛羅倫斯成為歐洲最富裕的城市。這些人是虔誠的現實主義者，他們的房子外觀陰鬱卻堅固，足以能抵擋家族世仇與暴民動亂。這些人絲毫沒料想到，文明史上人稱「文藝復興」的非凡篇章，會在他們這個時代誕生。陰鬱、狹窄的巷道中，怎麼會突然出現這些光線明亮的拱廊，以連綿圓拱營造出奔跑般的輕快感？這怎麼想都沒道理。這些流暢曲線的韻律感與協調感，還有開放、包容的特色，與先前陰沉的哥德式風格大相逕庭，且保留至今。究竟發生了什麼事？答案就包括在古希臘哲學家普羅塔哥拉斯（Protagoras）的一句話：「人是萬物的尺度。」

偉大的佛羅倫斯建築師布魯涅列斯基（Filippo Brunelleschi），於1430年前後興建的巴齊小禮拜堂（圖4-1），其風格被喻為「人文主義建築」的代表作。他同為建築師的友人阿爾伯蒂（Leon Battista Alberti）是如此以詩描述人類：「你獲得比其他動物更優雅的身體，你擁有恰如其分的力量來展現多變的動作，你得到最敏銳、最細緻的感官知覺，你有智慧、理性和記憶──就如不朽的神。」嗯？人類比其他動物更優雅？這肯定不對，我們也不認為自己是不朽的神。但1400年的佛羅倫斯人確實如此相信。文明的迸發，有賴於信心，他們的心態就是最佳例證。

從財寶的數量來判斷，在那30年間已經走向衰落的佛羅倫斯共和國，由一群即便當今民主國家也望塵莫及的聰明人作為領導者。從人文學者薩盧塔蒂（Coluccio Salutati）以降，佛羅倫斯的執政官都是學者出身。他們是人文主義的信徒，相信透過治學就能通往幸福生活，也認為知識分子應該將才智奉獻於公共事物上，更重要的是，他們對佛羅倫斯充滿信心。

圖4-1 巴齊小禮拜堂

© Rufus46 / Wikimedia Commons

自天堂回歸人間，重新考古文獻中的古典人文精神

在這些信奉人文主義的執政官中，第2任的李奧納多・布魯尼（Leonardo Bruni）是最偉大的一位。布魯尼將佛羅倫斯共和國的公民美德，與羅馬共和相提並論，甚至媲美伯里克里斯（Pericles）統治時代的雅典[1]。在他之前的中世紀哲學家縱觀歷史時，總認為自己所處的時代黯淡無光。曾任夏特大教堂主教的英國哲學家索爾茲伯里的約翰說過：「我們是站在巨人肩膀上的侏儒」；但布魯尼認為，佛羅倫斯的共和體制重振了古希臘、羅馬的美德。他那埋在佛羅倫斯聖十字教堂的墳墓上（圖4-2），寫著這句墓誌銘：「歷史正在哀悼（la Storia è in lutto）」。或許因為地點在教堂內，便有人會誤會那2尊有著翅膀、抬舉著墓誌銘的塑像是天使化身，但它們其實是來自羅馬凱旋門上的勝利女神，而在祂們上方支撐著布魯尼的棺材架的，則是帝國之鷹。雖然上方的牆頂拱券內有抱子聖母像，但陵墓中的其他重要細節，完全是以古典象徵做裝飾。從這一點能看出，15世紀的佛羅倫斯已不注重中世紀的騎士精神了，「名望」才是對傑出人士的至高獎賞。

布魯尼和其友人的理想是汲取自古希臘羅馬著作。雖然人人都想指出文藝復興的創新之處，但「文藝復興根植於古典文學研究」的舊說法依然正確。

1　編注：伯里克里斯（西元前495－前429年）在波希戰爭（西元前499－前449年）後的廢墟中重建雅典，扶植文化藝術，現存的許多古希臘建築都是在他的時代所建。他還曾幫助雅典在伯羅奔尼撒戰爭初期擊敗斯巴達人。他的時代也被稱為「伯里克里斯時代」，是雅典最輝煌的時代，產生了蘇格拉底、柏拉圖等知名思想家。

圖4-2　布魯尼之墓

©sailko / Wikimedia Commons

是第一個現代人，直到開始讀他的著作才發現，他不是。佩脫拉克從沒學過希臘語，但跟他同時代的年輕後輩詩人薄伽丘（Boccaccio）就有學過，所以薄伽丘才是為佛羅倫斯人的思想注入再生新力量的全新典範。

　　布魯尼將佛羅倫斯比做雅典之前，**確實讀過**古希臘史家修昔底德（Thucydides）的作品。對佛羅倫斯而言，15世紀的前30年是學者大鳴大放的年代，新文獻出土，同時校正舊文獻的缺失。學者既是老師、是統治者，也是道德領袖。文藝復興時期，有許多以學者鑽研學問為題的畫作，而最常出現的畫中人物就是《聖經》譯者聖耶柔米（St Jerome）或聖奧古斯丁（St Augustine）這兩位融通希臘學說與基督信仰的學者。他們身處布置精美的書房，看起來怡然自得。架上堆滿了書，而文獻架在他們面前，還有天球儀幫助他們思索宇宙萬物。波提且利筆下的奧古斯丁（圖4-3）熱情且真誠，無疑正在思索著上帝。而在古典文獻中追求真理的學者們，其熱情想必也不亞於此。

　　文藝復興時期的大商人科西莫・麥第奇（Cosimo de' Medici）之所以修建聖馬可（San Marco）修道院內的圖書館，就是為了收藏這些珍貴文獻，說不定改變人類思想方向的新啟示就藏在某本館藏裡。在我們看來，這間圖書館遠離塵囂且氛圍寧靜，但館內早期的研究成果卻一點都不會與世俗脫鉤。它對人文學者來說，就跟劍橋大學物理系的卡文迪許實驗室（Cavendish Laboratory）差不多，是「人文學者的實驗室」。這些學者在圖書館的拱頂下攤開古抄本進行鑽研，而其結果如爆炸般撼動了人類的心智，進而改變了歷史的發展方向。

　　其實，中世紀承襲自古典傳統的東西，遠比我們以往想像得多。只是他們的文獻來源較為有限、版本也較不齊全，甚至詮釋角度也有些異想天開。

　　14世紀的佩脫拉克（Petrarch）堪稱是第一位真正讀懂、理解古典著作精髓之人。他是一個矛盾的人，也是一道令人誤會人文主義提前到來的虛幻曙光：他追求名望卻又喜歡孤獨、崇尚自然卻也愛議論政治、嚴守修辭的格律卻又坦於揭露自我，讓我們誤以為他

追求適切和諧的黃金比例，文藝復興究竟「復興」了什麼？

　　儘管對希臘語、拉丁語文獻的鑽研，影響了佛羅倫斯人的思想、風格與道德判斷，但對藝術的影響卻沒那麼深遠，基本上，他們都是東援引一些、西參考一點。一看巴齊小禮拜堂就曉得了，這棟建築物一點都不古典，那麼這種輕盈、簡約、前所未見的風格，究竟從何而來？我認為，這真的是布魯涅列斯基的個人發明。當然，無論是何種建築風格，都得先滿足當代需求才能生根發展，而布魯涅列斯基滿足了當時那些頭腦清晰、心智清朗的佛羅倫斯人的需求。當時的時代風氣正在改變，商場和銀行業原本嚴苛的紀律開始漸漸寬鬆，而追求更好的生活品質、充分發揮人類的才能，也變得比賺錢更重要。

　　當人們初次看見文藝復興初期最負盛名的建築──「巴齊小禮拜堂」與「聖羅倫佐教堂（San Lorenzo）的舊聖器室」，總會因為它們迷你的格局而失望。沒錯，它們確實很小，不像先前羅馬式與哥德式建築那般宏偉，因為它們不像先前那些以神為尊的建築，想藉體積或重量壓垮我們，在我們心中留下深刻印象或製造壓迫感。所有的一切，都調整到符合人類合理需求的規模，它們意在讓每個人更清楚自己的力量，了解到自己是一個具備完整道德與智能的個體。它們是對「人的尊嚴」的一種肯定。

　　時至今日，我們已不再把「人的尊嚴」這種話掛在嘴邊了。但在15世紀的佛羅倫斯，

圖4-3 《聖奧古斯丁》

《聖奧古斯丁》波提且利（*St Augustine*, Sandro Botticelli），1480年，152 x 112公分，溼壁畫，現藏於佛羅倫斯諸聖教堂。

「人的尊嚴」的意義，仍是一種振奮人心的新鮮信念。行動派人文主義學者詹諾佐・馬內蒂（Giannozzo Manetti）看遍了政治的黑暗面，卻仍以《論人的尊嚴與卓越》（*On the Dignity and Excellence of Man*）為題寫了本書。而布魯涅列斯基與其友人們想落實的正是這種理念。

　　原為穀物市場，後來成為教堂的聖彌額爾教堂（Orsanmichele），其周圍有許多由商人行會捐建，用以修飾教堂的等身大聖人雕像，

圖4-4 《聖馬克像》

《聖馬克像》多那太羅（*St Mark*，Donatello），約1411～1413年，高236公分，大理石雕刻，現藏於義大利佛羅倫斯聖彌額爾教堂。

圖4-5 《聖喬治像》

《聖喬治像》多那太羅（*St George*，Donatello），約1415～1417年，高209公分，大理石雕刻，現藏於義大利佛羅倫斯巴傑羅宮。

例如：多那太羅（Donatello）的《聖馬克像》（*St Mark*，圖4-4；米開朗基羅曾對這座雕像評論：「任誰看了都會相信這個真摯的人。」），以及多那太羅那尊神似1914年士兵的聖喬治像（圖4-5）。這些雕像呈現出人性的理想，而平凡無奇的日常活動正是由這樣的理想所主導。

對「人的尊嚴」提出最有力證言的人，是同屬這個小團體的成員——畫家馬薩喬（Masaccio）。馬薩喬在卡爾米內廣場（Carmine）的教堂中，繪製了一系列的溼壁畫。像是《納稅錢》（圖4-6）這幅畫中都是些了不起的人物，他們的品德與學養出眾，且個性明理嚴謹。不過才相差30幾歲，畫中這

些人物和貝里公爵手下那輩輕率的廷臣就有天壤之別，散發著「文明之父」身上經常可見的活力與自信，使我立刻聯想到古埃及的前4個王朝，而畫中這些人也被基督教的慈愛精神所感動。當聖彼得莊重地穿過街道時，他的影子便治癒了病患（圖4-7）。而在對面的另一幅溼壁畫，則是聖彼得與他的門徒救濟一位貧窮婦女，而這位婦女的模樣堪稱是繪畫中最具有雕塑特質的創作。

「**莊重**」（Gravitas）是道德沉重的步伐，若少了「智慧」的輕快腳步作陪，就會令人感到沉悶。緊鄰巴齊小禮拜堂的聖十字教堂建築群，同樣由布魯涅列斯基所建。我說過，

↑圖4-6 《納稅錢》

《納稅錢》馬薩喬（*The Tribute Money*, Masaccio），1426 ～ 1427年，255 x 598公分，溼壁畫，現藏於義大利佛羅倫斯卡爾米內聖母大殿。

← 圖4-7 《聖彼得的影子治癒病人》

《聖彼得的影子治癒病人》馬薩喬（*St. Peter Healing the Sick with His Shadow*，Masaccio），1426 ～ 1427年，230 x 162公分，溼壁畫，現藏於佛羅倫斯卡爾米內聖母大殿。

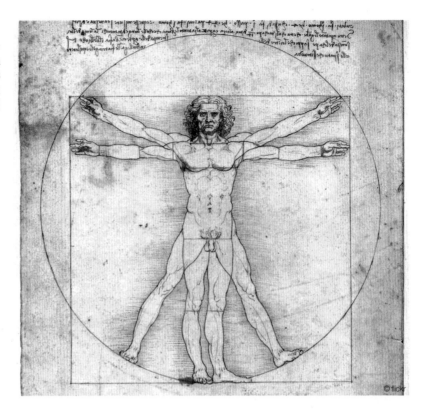

圖4-8 《維特魯威人》

《維特魯威人》達文西（*Vitruvian Man*，Leonardo da Vinci），約1490年，34.6×25.5公分，以鋼筆與墨水繪製的手稿，現藏於義大利威尼斯學院美術館。

哥德式大教堂是對神聖之光的贊歌；那麼，聖十字建築群則是歌頌人類的智慧之光，當我置身這些建築中，自然而然就能對人類抱持信心。這些早期文藝復興建築凸顯數學中「清楚、簡潔、優雅」的特質，展現建築師對數學的熱情，尤其是幾何學。當然，中世紀建築師也是根據數學來設計建物，但他們的數學看起來複雜無比，與當時的經院哲學一樣複雜。與此相對，文藝復興的建築師採用更簡潔的幾何圖形（例如方形和圓形），因為他們相信這些形狀具備構成完美的基礎特質，甚至更進一步認為人體必然也由這些幾何圖形所構成，也就是說，正是這些形狀的結合讓彼此更臻圓滿。

這種想法首見於古羅馬建築理論家維特魯威（Marcus Vitruvius Pollio）。其實，中世紀建築師也是從維特魯威的著作中汲取這種觀點（他的手稿藏於克呂尼修道院的藏書室中），只是詮釋手法不同。不可勝數的畫作和雕塑作品根據維特魯威提出的理論所作，其中最著名的就是李奧納多·達文西的作品（圖4-8）。從數學上來說，這個理論恐怕有欺騙之嫌，但若以美學的觀點來看，這幅畫確實具有某種意義。畢竟人體的對稱，以及各個部位之間的關係，多少影響了我們認為正常的比例感。若從哲學角度來談，這件作品甚至隱含某種能拯救我們的理念（前提是我們相信的話）：透過比例，我們得以調和構成人類本質的兩大部分——「肉體」與「心靈」。

「透視法」也是文明的體現：你相信命運掌握在自己手中嗎？

同樣概念也適用於繪畫中。當時的人們認為所謂的「透視法」是經過數學計算的結

圖4-9 《雅各和以掃》

《雅各和以掃》吉貝爾蒂（*Jacob and Esau*，Ghiberti），約1425～1452年，青銅雕刻，佛羅倫斯聖約翰洗禮堂（Cathedral Baptistry）大門局部。

果，才能在平面上表現出物體在空間的正確位置。透視法似乎也是布魯涅列斯基發明的，但最能展現出透視法原理的作品，則是其2位友人吉貝爾蒂（Lorenzo Ghiberti）與多那太羅的創作，這2位的淺浮雕其實也是一種繪畫形式。

吉貝爾蒂在佛羅倫斯聖若翰洗者洗禮堂（Battistero di San Giovanni）入口大門上的作品《雅各和以掃》（*Jacob and Esau*，圖4-9）中，展現了如何利用透視法營造具有音樂般的空間和諧感。而多那太羅那幅以帕多瓦的聖安東尼（St Antony of Padua）為男孩治療腿疾為題的浮雕，則表現了透視法的另一種用法，亦即藉由強化觀者對空間的注意力，進而提高情緒上的感受。佛羅倫斯人對這項發明極為自豪，他們相信古人不知道透視法（但其實古人知道），而直到1945年透視法仍是藝術家訓練中的重要一環。但透視法跟文明有何關係？我認為在於它的發明起源。藝術家認為自己能讓某人在寫實的背景中重現，計算其人的位置，將人物根據顯而易見的和諧秩序加以安排。這種信念是種象徵，顯示人們對於人在萬物中的位置，以及人對於自己命運的掌握有了新看法。

此外，透視法也跟城鎮圖像的設計有關，畢竟這種手法最有利於呈現鋪面地板和退縮的拱廊。布魯涅列斯基一開始的透視法習作，畫的就是佛羅倫斯大教堂正前方的廣場。洗禮堂位於中央，遠景則有想像中的城鎮，以及和諧的建築，是人們理想中完美的社交環境。而阿爾伯蒂在其建築名著中，曾提到公共廣場的必要性，他說：「年輕人可藉此避免因其年少自然會有的輕率與愚笨，而老年人則可在挺拔的柱廊下消磨白日的餘

圖4-10 《理想城鎮》

《理想城鎮》皮耶羅・德拉・弗朗切斯卡（*Ideal Town*，Piero della Francesca），約1480年代，67.7 x 239.4公分，油畫，現藏於義大利烏爾比諾公爵宮馬爾凱國家美術館。

熱，對彼此皆有助益。」我想，得益於阿爾伯蒂甚豐的畫家皮耶羅・德拉・弗朗切斯卡（Piero della Francesca），在繪製世上最和諧的理想城鎮時（圖4-10），心裡肯定也有相同或類似的想法。

早期的佛羅倫斯文藝復興是一種都市文化，確切來說，是中產階級的文化。人們在街道、廣場與店鋪中消磨時間。佛羅倫斯一位有德之士說：「身為一個好佛羅倫斯人，就該常待在商店裡。」這些店鋪是全然對外開放的。15世紀有一幅版畫（圖4-11），描繪人們受水星運行影響的日常活動，而畫中就有一間手工藝坊對著街道敞開，路過行人都能看到工坊內的活動，他們的競爭對手也會公然給出嚴酷批評。

文藝復興時代的藝術史學者瓦薩里（Giorgio Vasari）以他獨有的方式自問：「人在藝術上對完美的追求，為何發生在佛羅倫斯，而不是別的地方？」他的第一個答案是「批判的精神：佛羅倫斯的氛圍使心靈順其自然，不受束縛，且不滿於平庸。」佛羅倫斯匠人間不留情面直接批評的競爭方式，不僅讓工藝技術水準持續進步，也意味著聰明的贊助人與匠人之間能相互理解。

我們當代人有種心態，因為害怕顯露出自己對藝術的無知，所以假裝看懂藝術作品，而這在佛羅倫斯人眼中想必很荒唐。他們可厲害多了，自從布魯尼在1428年的發言後，許多人把他們比作雅典人，但佛羅倫斯人比雅典人更現實：雅典人愛哲學論證，但佛羅倫斯人最在乎的則是賺錢和捉弄笨蛋。然而，他們確實跟希臘人有許多共同點：他們

圖4-11 《水星》局部圖

《水星》巴喬‧巴爾迪尼（*Mercury*，Baccio Baldini），約1464年，32.4 x 21.8公分（完整尺寸），版畫，現藏於大英博物館。

很好奇、極聰敏，擁有化想法為現實的超能力。我很猶豫是否該用「美」（beauty）這個已被濫用的字，但我真的想不到別的說法了：佛羅倫斯人跟雅典人一樣愛美；若你對兩者皆有涉獵，便能從中獲得層出不窮的驚喜。我猜想，15世紀佛羅倫斯的趕集日大概與今日差不多，一樣有尖銳的高聲叫賣和辯論。不過，就在這些高聲大吼、討價還價的農民頭上，聖彌額爾教堂上有著雕刻家盧卡‧德拉‧羅比亞（Luca della Robbia）的《聖母與聖子》（*Virgin and Child*），其所展現的乳蜜是種典範。而聖十字教堂中布魯尼墓誌銘的旁邊，有多那太羅的《天使報喜》浮雕（圖4-12），這位善於刻畫性格與人性悲歡的大師，一方面喜愛表現學者的抬頭紋，一方面也有佛羅倫斯人的美感。他的聖母頭像令我

←圖4-12 《天使報喜》

《天使報喜》多那太羅（Annunciation Cavalcanti，Donatello），1433年，218 x 168公分，石雕，現藏於義大利佛羅倫斯聖十字教堂。

→圖4-13
多那太羅的《大衛像》

《大衛像》多那太羅（David，Donatello），1440年代，高158公分，銅像，現藏於義大利佛羅倫斯巴傑羅宮。

們想起西元前5世紀的雅典浮雕，而聖母之椅的形貌證明了兩者間的相似並非偶然。之後，多那太羅甚至透過青銅的《大衛像》（圖4-13），直接向古典的人體之美致敬。據說，這尊大衛的容貌是模仿古羅馬皇帝哈德良（Hadrian）鍾愛的男寵安提諾烏斯（Antinous），只不過增添了一些佛羅倫斯的風格，使其更有魅力。

法蘭德斯地區對於寫實的追求，創造出不同於佛羅倫斯的文藝復興

若想感受一下15世紀的佛羅倫斯風情，那麼曾經作為監獄與法院、現為美術館的「巴傑羅宮」（Bargello）是最佳地點。因為這裡不只收藏了佛羅倫斯人透過想像創造的偉大作品，例如前面提到的《大衛像》，還有不少佛羅倫斯的名人肖像。這些意氣風發的人物，希望能為後代子孫記錄下自己確切的模樣。14世紀也有不少與真人相像的的肖像畫，例如：但丁、佩脫拉克、法王查理五世、貝里公爵，但這些其實是例外，因為對中世紀的人而言，肖像畫的重點應該是展現畫中人物的身分地位等象徵，而非真實性。例如：為佛羅倫斯新聖母大教堂（Santa Maria Novella）

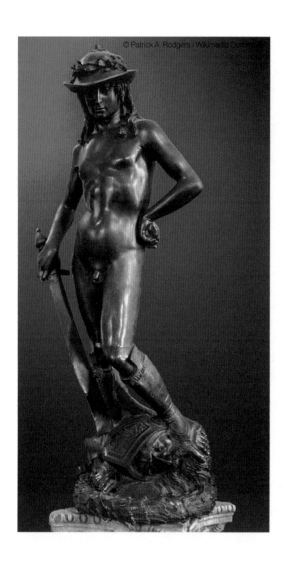

↑圖4-14　阿爾伯蒂的自畫像

《自畫像》阿爾伯蒂 (Self-portrait, Leon Battista Alberti)，約1435年，20.1 x 13.5公分，重1.65公斤，銅製浮雕，現藏於美國華盛頓國家美術館。

彩繪西班牙小禮拜堂（Spanish Chapel）的畫家，雖然為其筆下的教宗、國王、主教增添了許多生動的細節，但仍是和哥德時期一樣的刻板形象。再舉一個例子：過去人們對於大教堂興建者的生平一無所知，但布魯涅列斯基卻有朋友為他撰寫詳盡的長篇傳記，而且現今還可以看到他遺容面具的複製品。

14世紀晚期，佛羅倫斯人開始學古羅馬人製作遺容面具。而早期文藝復興的代表人物阿爾伯蒂，在2塊青銅板上為後世留下了自己的自畫像（圖4-14）。瞧瞧這張臉！看起來多麼驕傲和機警，彷彿一匹倔強、聰穎的賽馬。此外，阿爾伯蒂還寫了一本自傳，而且正如我們所料，其中毫無虛假的自謙。他告訴我們，最強壯的馬匹如何在他的胯下顫抖，以及他如何做到比別人擲得更遠、跳得更高、工作更勤奮。同時，他也敘述自己如何克服每一個弱點，實踐「有志者事竟成」的目標。而這句話，可說是早期文藝復興人的座右銘。

寫實的肖像畫，是一種運用個人面部偶然的元素，藉以呈現其內在精神的做法。這並非佛羅倫斯人的專利，甚至也不是義大利人的發明。它發明於法蘭德斯（Flanders）[2]，並

2　編注：今為比利時北部的一個荷蘭語地區。

圖 4-15 《阿諾菲尼伉儷》

《阿諾菲尼伉儷》揚‧范艾克（*Portrait of Arnolfini and his Wife*，Jan van Eyck），82.2×60公分，1434年，油畫，現藏於大英國家美術館。

©The National Gallery_Wikimedia Commons

在畫家揚‧范艾克（Jan van Eyck）的作品中臻至完美。他以旁人所不能及的冷靜眼光觀察人物表情，更以超越他人的纖細筆觸，記錄下自己的發現。其實他筆下許多肖像畫中的人物都是義大利人，例如：國際羊毛商阿諾菲尼（Arnolfini，圖4-15）、天主教主教阿爾貝加蒂（Niccolò Albergati），還有銀行家等。說不定正是在當時的社會氛圍下，這些進步新潮的敏銳人物才會同意在畫中揭露自己的個性。

范艾克對於畫中人物性格的探索，不僅止於人物表情上，而是透過畫中的背景，藉以凸顯人物性格。在為阿諾菲尼夫妻畫的雙肖像畫中，畫家充滿愛地為兩人記錄日常生活的所有細節，例如：他們為了在布魯日（Bruges）泥濘街道行走而穿的木鞋、他們的混種小狗、家中的凸面鏡，甚至是華麗的黃銅吊燈。在這幅肖像畫中，可以看到一個違

圖4-16 《喬凡尼‧切里尼》胸像

《喬凡尼‧切里尼》羅塞利諾（*Giovanni di Antonio Chellini da San Miniato*，Antonio Rossellino），1456年，大理石半身像，高51.1 × 寬57.6 × 厚29.6公分，重80公斤，現藏於英國維多利亞與亞伯特博物館。

圖4-17 《皮耶特羅‧梅里尼》胸像

《皮耶特羅‧梅里尼》梅亞諾（*Pietro Mellini*，Benedetto da Maiano），1474年，大理石半身像，高53.5 × 寬61.5公分，現藏於義大利佛羅倫斯巴傑羅宮。

反藝術史時序的奇蹟，那就是范艾克竟然能在畫中表現出猶如「自然光」真實氛圍的視覺體驗，就像17世紀荷蘭台夫特（Delft）地區的畫家維梅爾（Jan Vermeer）對光線的觀察一樣。過往佛羅倫斯人從未試過在畫中追求氛圍敏感度的真實性，與此相對，他們偏好創作雕像，而他們製作的胸像則幾乎成就了法蘭德斯式的寫實。

作品中這些佛羅倫斯名流臉上流露的自信，跟維多利亞時代相片中的人物多麼相似啊！例如安東尼奧‧羅塞利諾（Antonio Rossellino）所雕刻的喬凡尼‧切里尼（Giovanni Chellini）醫生的胸像（圖4-16），臉上有著因經驗累積的智慧所刻畫的皺紋——順帶一提，他是多那太羅的醫生，且曾救過他的命。至於貝內迪托‧達‧梅亞諾（Benedetto da Maiano）雕刻的皮耶特羅‧梅里尼（Pietro Mellini）胸像（圖4-17），則是出現在任何年代都不會感到突兀的商人面孔。阿爾伯蒂書中有段人物對

話說道：「人們最能放手自由去做的就是賺錢。我們賣的是自己的勞力，商品不過是勞力的轉化。」真的，這話的確是寫於1434年而非1850年，假如讓梅里尼穿上19世紀的衣服，看起來也毫不違和。

社會頂層的宮廷藝術，持續發揮對後世物質文明的影響力

不過，這種自由物質主義的氛圍，只出現在佛羅倫斯文藝復興過程的前半段。過了15世紀中葉，佛羅倫斯的知性生活開始往新方向發展，且與1430年代健全的市民人文主義大不相同。當時，佛羅倫斯的共和體制已空有其名，在將近30年的時間內，其統治權實際掌握在羅倫佐‧麥第奇（Lorenzo de' Medici）這位大人物手中。

他的銀行家的祖父及父親已為他開創了大好事業，但他本人實在不是這塊料，甚至還把一大部分的家產都耗光了。然而，羅倫佐

© Harris Brisbane Dick Fund, 1925 / Wikimedia Commons

↑圖4-18　羅倫佐‧麥第奇的詩集卷首插圖

羅倫佐‧麥第奇個人詩集《為舞而詩》(Canzone a ballo)的卷首插圖，1568年，現藏於美國大都會藝術博物館。

卻是位天才政治家，能清楚區分「真實權力」和「表面陷阱」差異。在他的詩集卷首插圖（圖4-18）中，畫著他人在佛羅倫斯的街道上，穿著無異於普通市民，而女孩們圍著他，唱著他寫的歌謠。這頁樸素的印刷品與貝里公爵的的奢華手抄本（圖3-11、圖3-12）相比，是多大的反差！事實上，羅倫佐本身是一位優秀的詩人，贊助其他詩人、學者與哲學家時也毫不手軟，但他對視覺藝術並無太多興趣，那些為後人所銘記的經典畫作，都是由他的堂弟洛倫齊諾（Lorenzino de' Medici）委人繪製。

波提且利筆下那些展現佛羅倫斯人極致的美感、展現其獨有形式的畫作，就是為了洛倫齊諾而畫的，例如：《春》（Spring，圖4-19）與《維納斯的誕生》（The Birth of Venus，圖4-20）。

↓圖4-19　《春》

《春》波提且利（Spring），約1480年，207 x 319公分，蛋彩畫，現藏於義大利佛羅倫斯烏菲茲美術館。

© liviioandronico2013 / Wikimedia Commons

《春》的題材出自古羅馬詩人奧維德（Ovid）的詩作，但這種古典靈感因為歷經中世紀的回想再現，而增添更多錯綜複雜的表現。異教神祇在猶如哥德掛毯的樹葉背景前擺動身軀，還真是一幅跨年代想像的非凡之作啊！然而在我們當代人的眼中，畫中人物的頭部不僅是再現古代完整、平滑的鵝蛋臉，而是對一種「美」的再發現。《維納斯的誕生》則是波提且利的另一幅寓言畫，題材取自同時代詩人波利齊亞諾（Poliziano）的詩作。一小群敏銳的佛羅倫斯人，深受希臘晚期哲學家的影響，人稱「新柏拉圖主義者」，而波利齊亞諾正是其中一員。他們志在調和希臘異教哲學與基督信仰，因此波提且利的維納斯完全不是個春心蕩漾的異教式浪蕩女，而是面容蒼白含羞，充分融入了其心中理想的

聖母形象。

「個人」之發掘始於15世紀初的佛羅倫斯，這一點無庸置疑。但在這個世紀的最後二十幾年，費拉拉（Ferrara）、曼圖亞（Mantua），以及亞平寧山脈（Apennines）東麓的小城烏爾比諾等北義小公國，對文藝復興的貢獻也不遑多讓。烏爾比諾的宮廷文化生活，堪稱是西方文明的高水準標誌之一，原因在於第一任烏爾比諾公爵費德里科·達·蒙特費爾特羅（Federigo da Montefeltro）。他不只是位極有涵養的聰明人，更是當時的常勝將軍，保護自己的領地不受周邊盜匪侵擾。此外，他也是位狂熱的藏書家，從他為了那珍貴的藏書間而繪製肖像上，可看到他捧讀手抄本的身影。但畫中的他卻全副武裝，腿上還綁著英王愛德華四世（Edward IV）送給他的

圖4-20　《維納斯的誕生》

《維納斯的誕生》波提且利（*The Birth of Venus*，Botticelli），1485年，172.5 × 278.5公分，蛋彩畫，現藏於義大利佛羅倫斯烏菲茲美術館。

↑圖4-21 《烏爾比諾公爵與他的兒子》

《烏爾比諾公爵與他的兒子》佩德羅（*Portrait of Federico da Montefeltro with His Son Guidobaldo*，Pedro Berruguete），1476～1477年，138.5 x 82.5公分，蛋彩畫，現藏於義大利馬爾凱國家美術館。

襪帶，頭盔則擱在腳邊（圖4-21）。他的宮殿原是一座要塞（圖4-22），蓋在易守難攻的岩石上，待他辛苦鞏固江山後才終於有餘力將宮殿改頭換面，使其外觀變得甜美雅致，成為世上最美麗的建築物之一。

烏爾比諾宮有自己獨到的風格。它的拱廊庭院（圖4-23）不像布魯涅列斯基的迴廊拱頂那般輕快靈動，而是予人寧靜致遠的感覺；內部廳室（圖4-24）明亮輕盈，比例極為完美，使經過的人都感到心曠神怡。說實話，我走過世界那麼多宮殿，當我在烏爾比諾宮內部走動時，這是唯一一座不讓我感到壓迫和疲憊的。妙的是，我們並不知道這座宮殿是誰設計的，只知道有一位名叫勞拉納（Laurana）的知名堡壘建築師打造了地基，但他本人在宮殿的居住區動工前就離開烏爾比諾了。因此，我們不妨說是公爵的人格特質瀰漫了整棟建物，因而創造出烏爾比諾宮自成一格的風貌。

關於這一點，我們能從他的書商（亦是他的藏書管理人）維斯帕西阿諾．達．比斯蒂奇

圖4-22 烏爾比諾宮外觀

圖4-23 烏爾比諾宮拱廊庭院

（Vespasiano da Bisticci）為公爵撰寫的生平中，獲得驗證。比斯蒂奇一再提到公爵的宅心仁厚，而他曾問公爵治國的必要條件，公爵回答：「好好做個人」。由此可見，這正是這種「以人為尊」的精神會瀰漫於此的原因，無論烏爾比諾宮的設計者到底是誰。

作為文明的一環，烏爾比諾宮的影響力並不限於15世紀。文藝復興盛期的傑出建築師布拉曼帖（Donato Bramante）是烏爾比諾人，當烏爾比諾宮落成時，他很可能就在那裡工作。另外，宮裡有位名叫喬凡尼·桑蒂（Giovanni Santi）的老好人畫家。這種以勤補拙的人在宮廷中向來受歡迎，在烏爾比諾宮也不例外。

我猜想，宮裡的貴婦需要人設計刺繡圖樣時，就會說「把親切的老桑蒂先生找來吧！」，而老桑蒂身邊就帶著他年幼俊俏的兒子拉斐爾，這位西方文明想像力的巨擘之一，就這樣在烏爾比諾宮廷中，對和諧、比例與禮儀留下最初印象。

禮儀，是烏爾比諾的另一項產物。烏爾比諾和費拉拉、曼圖亞等義大利其他諸侯國一樣，年輕人會來此接受教育。他們要熟讀經典、步伐優雅、講話柔和、比賽不能犯規、不能踢別人的脛骨。簡言之，舉止要紳士。

義大利詩人卡斯蒂廖內（Baldassare Castiglione）在第一任烏爾比諾公爵費德里科其兒子與繼承人圭多巴爾多（Guidobaldo）共同治理時，寫了《廷臣論》（Il Cortegiano），為紳士的概念賦予了經典的意義。本書影響深遠，神聖羅馬帝國皇帝查理五世（Charles V）床頭只有3本書：《聖經》、馬基維利的《君主論》，還有這本《廷臣論》。這100年來，本書建構出人們對於「有禮貌」的標準。然而，《廷臣論》不僅是一本談禮儀舉止的指導手冊，因為卡斯蒂廖內的紳士理念，是以堅實的人性價值為根據。紳士絕不能藉由炫耀來傷害他人，使其感到自卑。紳士必須從容自然，且不可以過於俗氣。最後結尾，還有一段探討「愛情」的動人演說。就像波提且利的《春》結合了中世紀的掛毯世界和異教神話，卡斯蒂廖內的《廷臣論》則是中世

© Alain Rouiller / Flickr

圖4-24　烏爾比諾宮內部廳室

© Herbert Frank_Flickr

圖4-25-1

曼圖亞侯爵貢扎加家族肖像畫

《禮堂》曼帖那（*The Court*, Andrea
Mantegna），貢扎加家族的婚禮堂
北牆壁畫，1465 ～ 1474年，現藏
於義大利曼圖亞公爵宮。

圖4-25-2 「椅子底下的狗兒」特寫

圖4-25-3 「侏儒」特寫

紀騎士精神與柏拉圖理想之愛的結合。

宮廷繪畫重點從「浮誇擺設」回歸「人物表情」，展現人文精神

　　費德里科與圭多巴爾多統治下的烏爾比諾宮廷，無疑是文明史上的高峰。與此相對，曼圖亞的宮廷文化雖然沒那麼絢爛，但也有其不可磨滅的意義。曼圖亞的宮殿缺少烏爾比諾宮那種令人神清氣爽的明亮和清晰，但宮內卻有一間廳室，最能代表義大利宮廷文

化生活的理念。

　　宮廷畫家安德烈亞・曼帖那（Andrea Mantegna）主持這間廳室的裝飾。天花板上畫著羅馬皇帝的胸像，但房間下半部的情境就沒那麼古風，畫的是真人大小的曼圖亞侯爵貢扎加（Gonzaga）一家人，而這幅作品說不定是藝術史上最早以真人大小繪製的肖像（圖4-25-1）。畫中除了貢扎加一家人之外，還有他們的狗兒（圖4-25-2）、老僕人，以及他們知名的侏儒群「收藏」（圖4-25-3）。雖然侯

© Herbert Frank_Flickr

←圖 4-26-1
《拜見新任樞機主教》

《拜見新任樞機主教》曼帖那
（*The Meeting*，Andrea Man-
tegna），貢扎加家族的婚禮堂
西牆壁畫，1465 ～ 1474 年，
現藏於義大利曼圖亞公爵宮。

↓圖 4-26-2
「男孩西吉斯蒙多
（Sigismondo）」特寫

爵夫人的正臉一本正經，但這群人之間的氣
氛其實相當自然。想吃蘋果的小女孩開口問
媽媽，但媽媽對於侯爵從執事那兒聽來的消
息更感興趣，那是他們家的兒子剛獲命為樞
機主教的好消息。

另一幅畫則是侯爵在其他幾個年紀較小的
兒子陪同下，向這位新任樞機主教致意（圖

4-26-1）。這是場多麼愜意的非正式接見啊！
其中有個年輕的孩子握著父親的手，還有個
小男孩牽著他的哥哥（圖4-26-2）。然而，即
便此時的宮廷文化還不像下個世紀的歐洲那
般令人作嘔的浮誇（最浮誇的便是法國凡爾賽
宮），但我不得不說，就連曼帖那這等大師，
也無法讓新任樞機主教看起來空靈超凡。這

提醒了我們一個顯而易見的事實，那就是「宮廷」這種社會組織，完全有賴於統治者的個性。統治烏爾比諾的費德里科‧達‧蒙特費爾特羅，是敬畏神明的人民之父；鄰國國君卻是西吉斯蒙多‧馬拉泰斯塔（Sigismondo Malatesta），人稱「里米尼之狼（the wolf of Rimini）」——他做過的壞事，連最前衛的劇場製作人都不見得敢到舞台上演出。但這2人都僱用過阿爾伯蒂，也都讓繪出《理想市鎮》的弗朗切斯卡為自己畫過肖像畫。

「政隨人轉」是文藝復興文明的一大弱點，另一個不太明顯的弱點，則是只有少數人參與其中。即便在佛羅倫斯共和國，文藝復興所觸及的人數也極為稀少，至於烏爾比諾與曼圖亞等地，更是局限於宮廷之內。這點與你我現今的平等觀念相悖，但我們也不免自問：假如全仰賴群眾的意志，這樣文明究竟能進展到何種程度？愛爾蘭詩人葉慈當年將一首詩題給「只要證明民眾想看畫作，便承諾捐款給都柏林市立美術館的一位富人」，詩中便以烏爾比諾為例：

當圭多巴爾多
於烏爾比諾多風的山丘上，
建立那所教導禮儀的文法學校
讓聰慧之人學習儀止，
他可沒有讓人跑來跑去、
學習牧羊人的想法。

宮廷文化或許不討人喜歡，然而在特定時期只有宮廷能讓人為了一己所欲進行鋪張之舉，或是單憑他們認為這件事值得做就去行動。而有時社會正是需要透過某些個人非必要的任性之舉，才能發掘自身的力量。我經常在想，今日斤斤計較成本的環境壓縮了建築師的發揮空間，而15與16世紀為了傑出

市民的婚喪儀式所搭建的木板和灰泥建築，正是建築師實踐想像的大好實驗機會。

話雖如此，每當走過極盡華美的廳室時，還是忍不住想問：「那麼田園中的生活又是如何？那些圭多巴爾多不會拿品味和禮儀問題去請教的那些牧羊人們，難道就沒有自己的文明嗎？」我想是有的。看那托斯卡尼（Tuscany）原野上的葡萄園與橄欖田，挺拔的柏樹筆直畫立，此情此景彷彿映照出永恆的秩序。從前這裡必定是整片恣意生長的森林與沼澤，然後文明的進程將此處從混沌中帶往秩序。但是關於這古老的田園文明我們卻沒有任何文字紀錄，只能從農舍本身宏偉的比例了解這似乎是義大利建築的基礎。對於生活在文藝復興時期的人而言，田野不光是耕田掘土之地，更是人間樂園。

從肖像畫到風景畫，意味人類開始反思「人定勝天」的狂妄？

歐洲第一幅成熟的風景畫，是范艾克兄弟《羔羊的祭禮》（Adoration of the Lamb，圖4-27）畫中背景的田野。前景畫滿了中世紀風格的銳利細節，但我們的雙眼卻穿過了月桂與冬青的濃綠，飄盪到悠遠處。這時人們對於自然的覺察，已跟逃離現實的渴望、美好生活的希冀聯想在一起。而到了中世紀晚期，畫家已開始畫著優雅的賓客，甚至連聖母本人都坐在花朵盛開的青草地上。

接著在16世紀初的前幾年，威尼斯畫家喬久內（Giorgio Barbarelli Giorgione）將這種人與自然的幸福交流，轉為某種更為直白的感官之樂。以往在哥德式花園被層層披衣包裹的淑女們如今一絲不掛，喬久內的《花園派對》（Fête Champêtre，圖4-28）就這麼開啟了歐洲藝術的新篇章。喬久內確實是個靈感豐沛、不按牌理出牌，擾亂歷史進程的革新者。在這

←圖4-27
《羔羊的祭禮》（局部）

《羔羊的祭禮》范艾克兄弟（Adoration of the Lamb，Hubert & Jan van Eyck），根特聖巴蒙教堂（Cathedral of Bavo）祭壇畫局部，1432年，350 x 461公分（完整作品尺寸），木板油畫，現藏於比利時根特聖巴蒙教堂。

↓圖4-28　《花園派對》

根據目前最新研究，《花園派對》並非喬久內的作品，而是其學生提香（Titian）所繪，目前羅浮宮的館藏名稱為《鄉間合奏》（Le Concert champêtre）。約介於1500～1525年，105 x 137.5公分，油畫。

圖4-29 《暴風雨》

《暴風雨》喬久內（*La Tempesta*，Giorgione），約1505年，82 x 73公分，油畫，現藏於義大利威尼斯學院美術館。

© Ismoon / Wikimedia Commons

幅畫中，他畫出了文人雅士最幸福的幻想，也就是20多年前因詩人桑納扎羅（Jocopo Sannazaro）的詩作而流行起來的阿卡迪亞（Arcadia）[3]桃花源。當然，這桃花源就只是個神話，鄉間生活根本不是這樣。現實中的野餐會有螞蟻襲擊三明治、黃蜂繞著葡萄酒杯嗡嗡轉。不過，畫作中想表達的田園風光幻想，也曾為古希臘田園詩派創始人忒奧克里托斯（Theocritus）與古羅馬詩人維吉爾帶來不少創作靈感，連中世紀人也知曉。

喬久內以異教哲學元素呈現田園之美：陽光與陰影美妙的對比，婆娑的樹葉，泉水潺潺，配上魯特琴的樂聲……這一切都是感官之樂，少不了古代雕塑形式與韻律的填充。這種桃花源既是對古代，也是對佛羅倫斯共和國人文主義者的致敬，更是對「人」的再發現。只不過訴諸的並非人的知性本質，而是感官天性。

人類的官能之樂以及這些感受的平衡，似乎在這場花園派對中達到完美。但是歷史上那些看似登峰造極的完美時刻，其實都暗示著危險將至，喬久內本人也在名為《暴風雨》（*La Tempesta*，圖4-29）的神祕畫作中揭露這點。人間發生了什麼事？畫中哺餵嬰兒的半裸女子、天邊的閃電、斷裂的柱子……這一切意味著什麼？沒人知道，從來沒人知

圖4-30 《韶光流逝》

《韶光流逝》喬久內（*Col Tempo*，Giorgione），約1502～1508年，68 x 59公分，油畫，現藏於義大利威尼斯學院美術館。

道。當時人們描述畫中人物是「士兵與吉普賽人」，無論箇中意涵為何，我們都無法從這幅畫看出對人類理性之光的半點信心。

生而為人，每個人身上背負多少恐懼與回憶，何況還有完全無法由人力掌控的自然外力。這麼說來，阿爾伯蒂「有志者事竟成」的想法，著實有些天真。鍾愛體貌之美的喬久內竟畫了一幅老婦人，名叫《韶光流逝》（*Col Tempo*，圖4-30），看得出來，婦人必然年輕貌美過。這幅畫是「新」悲觀主義最初的傑作之一，之所以說「新」，是因為他們不再向宗教尋求慰藉。至於這個新悲觀主義登峰造極的展現，則出自莎翁筆下哈姆雷特（Hamlet）之口。

我想，早期義大利文藝復興文明的地基恐怕太過狹窄。少數菁英跟芸芸大眾相差太遠，不只是知識與理解力的落差，甚至連雙方的基本信念都不一樣。因此，當前2代人文主義者辭世後，這項改革也就無以為繼，甚至出現人文價值觀背道而馳的情形。幸好，他們藉由雕塑、繪畫、建築，向後代傳達理性、簡潔、和諧比例與相信個人力量的價值。

---

3 譯注：希臘伯羅奔尼薩半島中部地區，景色優美，自古便是人們心目中田園之樂的代名詞。

第5章 文藝復興三傑的文明巔峰
藝術家中的英雄

現在，場景從佛羅倫斯轉向羅馬。我們從一座實事求是、機智聰敏、步調輕快、舉止優雅的城市，來到另一座彷彿背負大量人類希望與野心混合發酵的沉重城市、一處籠罩著帝國榮光的荒野 —— 徒留一位古皇帝馬克·奧里略（Marcus Aurelius）的身影，在此沐浴了數世紀的陽光。城市的規模已經改變了。我人站在梵蒂岡的庭院內，布拉曼帖所建的美景宮（Belvedere，圖5-1）坐落在庭院的一端。這座宮殿受到充分陽光照耀，教宗能在此享受這座古城的美景。美景宮因其外型而有「巨無霸壁龕」（il nicchione）的外號，但這可不是用來擺放真人大小的雕像，它的野心不止於此。這座建築的外觀告訴我們一場重大的變革，此役在1500年前後戰勝了文藝復興的文明。從此這個世界再也不屬於自由積極的人，而是屬於巨人及英雄。

壁龕內擺了一枚青銅製的松果，其大小足以容納一個人（圖5-2）。這枚松果來自更早、更古老的偉人世界，很可能是古羅馬皇帝哈德良陵墓的尖頂飾（finial）。但在中世紀時，人們認為這枚松果是標誌古代雙輪戰車在競技場中的折返點，而由於古代很多信奉基督的異教徒在競技場中殉道，教廷才會選擇在此興建基督教的總部。這裡的建築風格龐大卻含糊不清，不像佛羅倫斯這般靈巧與明確。不過羅馬也不是那麼虛無縹緲，畢竟這裡有古代的巨型遺跡（圖5-3），而且想必當年的數量一定比現今羅馬留存得更多。儘管3個世紀以來，大家把這些古蹟當成採石場，破壞建築並取走石材，而且我們也早已拓展了眼界和對規模的想像，但這些建築遺跡仍大得出奇。

中世紀人們被這種巨大的建築規模壓得喘不過氣，認定這些建築是魔鬼的傑作，不然

↑圖5-1　梵蒂岡美景宮的外觀
↓圖5-2　巨大青銅松果

就是把它們視為崇山峻嶺般的自然現象，人們只是在「建築物」內搭起陋室，以便利用山谷地形或懸崖作為遮蔽。此時的羅馬是屬於牧牛者和野山羊的城市，除了幾座防禦用的塔樓，什麼建設都沒有；而那幾個古老家族在這幾座塔樓上進行毫無意義、永無休止的長期鬥爭，直到今時今日都還沒停。但到了1500年，羅馬人也開始認知到這些建築其實都是人造的。文藝復興的締造者們精神抖擻、智慧過人，充滿活力與自信，不只沒被古人的功業與遺跡壓垮，甚至打算吸收它、追上它、宰制它。他們準備創造自己的巨人與英雄。

圖5-3　羅馬浴場的遺跡

圖5-4　教宗思道四世

《思道四世任命普拉提納為梵蒂岡圖書館館長》美洛佐・達・弗利（*Sixtus IV appoints Bartolomeo Platina Prefect of the Vatican Library*，Melozzo da Forlì），約1477年，370 x 315公分，由壁畫轉繪至畫布，現藏於梵蒂岡博物館。

得天獨厚的政教中樞背景，造就壯闊超凡的「羅馬式文藝復興」

我之所以將場景轉到羅馬，亦有其政治因素。經歷了多年的流放與顛沛流離，宗教的最高領導者——教宗，終於回到其世俗權力的寶座。事實上，在世人認為教宗權力式微的期間，一群才華出眾的能人成為教宗，並運用自身的跨國人脈、了不起的文官體制以及不斷增加的財富，來為文明付出貢獻。

尼閣五世（Nicholas V）是建築師詩人阿爾伯蒂與許多人文主義者的朋友，他也是首位見證「教廷羅馬」重返「多神教羅馬」古典輝煌的教宗。而庇護二世（Pius II）是詩人，熱愛自然和各種形式的美，他為了從土耳其人手中拯救基督教世界而犧牲自身性命。就連在義大利畫家美洛佐・達・弗利（Melozzo da Forlì）所繪的壁畫中（圖5-4），那位看起來凶殘狡猾的思道四世（Sixtus IV）也成立了梵蒂岡圖書館，並任命著名的人文主義者普拉提納（Platina）為首任館長。在同一幅壁畫中，

圖5-5 舊聖彼得大教堂內部（17世紀溼壁畫）
《舊聖彼得大教堂》加利亞蒂（Old St. Peter's Basilica，Filippo Gagliardi），1648年，溼壁畫，現藏於義大利羅馬山上聖瑪爾定聖殿。

我們首次見到朱利亞諾‧德拉‧羅韋雷（Giuliano della Rovere）的面容——這位年輕有為的樞機主教，注定讓文藝復興盛期走向英雄的方向，對比教廷國務處那些呆頭鵝，他就像一頭雄獅啊！等到他成為教宗儒略二世（Julius II）後，他的雅量與意志力更是鼓舞了3位天才：布拉曼帖、米開朗基羅與拉斐爾。若沒有他，米開朗基羅就不會去畫西斯汀禮拜堂的天花板，拉斐爾也不會去裝飾教宗的居所，如此一來，2件以視覺同時展現「精神力量」及「人文主義哲學」的最偉大之作，根本不會誕生。

此外，儒略二世這位氣宇非凡的人物更構思了一項既大膽又揮霍的計畫。時至今日，想起這個計畫還是會讓我有些惴惴不安：他決定拆毀舊的彼得大教堂（Old St. Peter's Basil-ica，圖5-5）。

聖彼得大教堂是西方世界最大、最古老的教堂，也是最為人崇敬的所在，因其矗立之處據信是聖彼得殉道的地方。儒略二世決定拆除舊教堂，在原址興建更宏偉的新教堂。他對於新教堂的想法受到文藝復興的2種理念所影響：其一，必須以「完美」的形狀，也就是「矩形」與「圓形」為基本設計；其二，規模與風格必須超越古代輝煌的遺跡。於是他請來布拉曼帖設計新教堂，但儒略二世並未將新教堂的興建計畫推進太遠。藝術領域的重大運動有如革命，頂多只能延續15年左右，當初始的烈焰消失後，大家寧可守著溫暖的餘熱。從1503年到1513年，儒略二世只當了10年的教宗，直到他過世將近1世紀之後，新的聖彼得大教堂才落成完工，且建物風格也與原先的設計理念大不相同。無論如何，當儒略二世決定拆除舊教堂時，就已經朝著融合基督教和古代世界的方向，邁開引人注目的第一步。

「古代啊！」15世紀的佛羅倫斯人，早已對過去的希臘與羅馬文明投以熱切的目光。他們以滿腔熱情追尋古代作者並閱讀其著作、用拉丁文寫信給彼此，而他們最自豪

圖5-6 《凱撒的凱旋‧執壺者》

〈執壺者〉曼帖那（*The Vase-Bearers*, Andrea Mantegna），出自《凱薩的凱旋》（*The Triumph of Caesar*）系列，約1484～1492年，269.5×280公分，蛋彩畫，現藏於英國倫敦漢普頓宮。

© Wikimedia Commons

的事情，就是能寫出如古羅馬政治家西塞羅（Cicero）那樣的散文。但是，縱使他們腦海裡滿是古代文學，他們的想像力卻仍完完全全屬於哥德式的。當然，多那太羅與吉貝爾蒂的創作確實從古雕塑中汲取了不少靈感，然而，資質平庸的畫家筆下所描繪的古代文學場景，卻還是讓人物穿上與自己同時代的服裝，且舉手投足仍是纖細柔美的講究姿態，絲毫沒意識到古代藝術中的身體重量與流暢韻律。最妙的是，那些人文學者明明下足苦功研究古羅馬史學家李維（Livy）等人的著作，卻居然能接受描繪凱撒大帝（Julius Caesar）遇刺的畫中，那些人物都是15世紀紈褲子弟的打扮。由此可見，只要文字與圖像之間還存在這種可笑的落差，人們便無法運用他們的想像力來學習古典文化。

我認為，曼帖那在1480年前後為曼圖亞宮所繪製的一系列裝飾畫《凱撒的凱旋》（*Tri-*

umph of Caesar，圖5-6），是第一次將這種對於古代的想像或多或少以精準的視覺形式展現出來，同時這也是第一件浪漫考古之作。曼帖那在古羅馬城鎮的遺跡中熱情地翻找，為每一個花瓶、號角的形狀尋找實物根據。他將古文物知識，視為一種感受古羅馬文明的動力和紀律之方式。

不過，真正吸納古代藝術精髓為己所用，在重新創造下使其表現得更加生氣蓬勃、充滿張力的藝術家，則是米開朗基羅。他在1496年前往羅馬，感佩於沿途的所見所聞，於是仿製希臘羅馬的雕塑，甚至把其中一件（如今已佚失）當成真正的古物賣出，這可說是藝術史上第一個留下紀錄的仿冒品。1501年，米開朗基羅返回佛羅倫斯。我說過，文藝復興盛期追求巨大及英雄的精神是屬於羅馬的，但這種精神在佛羅倫斯亦有其先聲。

米開朗基羅：將人性與靈魂自大理石中解放，刻畫藐視命運的英雄氣概

1494年，統治佛羅倫斯60年的麥第奇家族被趕下台。佛羅倫斯人在道明會修士薩佛納羅拉（Girolamo Savonarola）的影響下，建立了共和體制。這個共和體制有著清教徒般之高尚情操，是那些前馬克思主義的革命家從古希臘作家普魯塔克（Plutarch）與古羅馬史學家李維的作品中挖掘的。為了使他們的成就留下實質的具體象徵，共和國委託製作了各種以英勇愛國為主題的藝術品，其中一件就是以打敗殘暴巨人歌利亞的大衛為藍本的巨型雕像。負責這件作品的，正是剛從羅馬返回，被羅馬的一切震撼不已的年輕人：米開朗基羅。

米開朗基羅這尊大理石英雄，和麥第奇家族的優雅遺作——維洛奇奧（Andrea del Verrocchio）短小精悍的《大衛像》，中間只相隔了25年，我們卻可從中看見人類精神的轉捩點。維洛奇奧的《大衛像》（*Daivd*，圖5-7）輕盈靈敏、面帶微笑，而且衣冠楚楚。米開朗基羅的《大衛像》（*Daivd*，圖5-8-1、圖5-8-2）則高聳挺拔、目空一切，而且赤身裸體。相同的發展，也可以在莫札特與貝多芬之間的音樂發現。

單看米開朗基羅《大衛像》的身體，可能會覺得肌肉線條異常緊繃、逼真，彷彿古代創作；但當我們仔細端詳雕像的頭部，才會意識到這座雕像擁有一股古代創作從未有過的精神力量，我稱之為「**英雄氣概**」。今日多數人對於「文明」的看法中，並不包含這種特質。「英雄氣概」包含了藐視便利，以及犧牲那些對於所謂「文明生活」有所貢獻的滿足和享樂，是幸福快樂的敵人；然而，你我也都承認，輕視物質上的障礙，甚至挑戰命運這

圖5-7　維洛奇奧的《大衛像》

《大衛像》維洛奇奧（*Daivd*，Andrea del Verrocchio），1473～1475年，高125公分，青銅像，現藏於義大利佛羅倫斯巴傑羅宮。

←圖5-8-1　米開朗基羅的《大衛像》

《大衛像》米開朗基羅（David，Michelangelo），
1501～1504年，高517公分，大理石雕像，現
藏於義大利佛羅倫斯學院美術館。

↓圖5-8-2　米開朗基羅的《大衛像》臉部特寫

種不可知的力量，是人類的最高成就。**既然
「文明」最終取決於人類如何將其思想和精
神的力量發揮到極致，那麼，我們就必須把
米開朗基羅的出現，視為西方歷史上的最偉
大的事件之一。**

　　時值人們對於共和政體的狂熱，新民主制
度的高峰就發生在當地的市政廳中，而米開
朗基羅受託繪製此處大廳的壁畫裝飾。委託
人希望這些裝飾壁畫能承載代表佛羅倫斯歷
史的幾段英雄事蹟，然而米開朗基羅的選題
卻不太體面，是一群佛羅倫斯士兵遭人奇
襲。之所以選擇這個主題，不過是因為這讓
他有機會藉由正在洗澡的士兵來描繪裸體。
實際上，他的進度只畫到全尺寸的素描草
圖，而且後來也丟失了，卻仍產生巨大的影
響，這點我們可以從現有倖存的相關研究中

（圖5-9）獲得答案。

　　這件作品是第一個對於人體的權威性聲
明。人體，在哥德時代被認為羞於見人、必
須加以掩蓋，卻受到阿爾伯蒂的大力讚揚
（請見第4章p.84的引文詩作），此時更被認為
能作為表現崇高情操、生命能量的一種手
段，以及如同上帝般的完美。這種理念對於
未來400年的人類心靈產生無法計算的影
響，我想，至少在畢卡索的《亞維農的少女》
（Demoiselles d'Avignon）問世前都是如此。當然，
追本溯源，這是古希臘時代的理想，而米開
朗基羅之所以會如此創作，是因為他一開始
就是直接受到古遺跡的啟發。但他師古的時
間並不長。我所謂的「貝多芬元素」，亦即
《大衛像》頭部雕刻所蘊藏的那股精神，很
快就延伸到脖子以下的其他身體部位。

←圖5-9 《舉旗男人之背部》（草圖習作）

《舉旗男人之背部》米開朗基羅（*Male Back With a Flag*，Michelangelo），為《卡西納戰役》（*Battle of Cascina*）的草圖習作，約1504年，19.6×27公分，炭筆素描，現藏於奧地利維也納阿爾貝蒂娜博物館。

↓圖5-10 《反抗的奴隸》

《反抗的奴隸》米開朗基羅（*Rebellious Slave*，Michelangelo），1513年，高215公分，大理石雕像，現藏於法國羅浮宮。

　　說到這裡，我們又要回到羅馬和那位令人敬畏的教宗。儒略二世的雄心壯志不僅止於掌握天主教會。他除了立志成為教宗，還計畫在他的新神殿內建造自哈德良時代以來，規模勝過所有統治者的壯觀陵墓。這種傲氣的展現叫人吃驚，我想當時的米開朗基羅肯定也有相同的性格特徵。然而，這座陵墓為何未曾動工？這個問題就不需要我多說了。兩人大吵一架，畢竟一山難容二虎。至於這座陵墓原本打算蓋成什麼模樣，對我們來說其實並不重要；重要的是，有幾尊為這座陵墓所製作的雕像流傳至今，為歐洲精神增添新風貌。這種風貌既非古典，亦非印度、中國等偉大文明曾想像過的。雖然完成度最高的2尊雕像確實是師法古代，但米開朗基羅把主角從運動員轉為俘虜，其一（圖5-10）奮力掙脫，興許是想從那必然的死亡中掙脫？其二（圖5-11）則愉悅地逆來順受，「幾乎要愛上安逸的死亡」。

　　實際上，創作時米開朗基羅心中有一個榜樣，即一尊古希臘雕像：神話人物尼俄伯

（Niobe）垂死的兒子。這2座雕像是以圓雕（又稱「立雕」，意指從雕像的各個角度皆可觀賞）手法雕塑，其他有些雕像似乎和這2座屬於同一系列，但都沒完成（圖5-12）。這些未完成的身軀從大理石中浮現，伴隨貝多芬《第九號交響曲》（Ninth Symphony）那種預告般的隆隆聲，接著又沉回大理石內。這種粗糙不平的大理石像有點像林布蘭（Rembrandt van Rijn）畫中的陰影，使人專注於張力最強的細節上。實際上，它的感覺也像是監禁著這些人像，儘管雕像上沒有枷鎖與桎梏的痕跡，但世人一向認為他們表現的是囚犯。至於那2尊已經完成的俘虜像，則讓人感覺它們表現了米開朗基羅長久以來最深層的思考：靈魂為了從物質中解放自我而奮鬥。

↑ 圖5-11 《垂死的奴隸》
《垂死的奴隸》米開朗基羅（*Dying Slave*，Michelangelo），1513～1515年，高227.7公分，大理石雕像，現藏於法國羅浮宮。

→ 圖5-12 《甦醒的奴隸》
《甦醒的奴隸》米開朗基羅（*Awakening Slave*，Michelangelo），1520～1523年，高267公分，大理石雕像，現藏於義大利佛羅倫斯學院美術館。

創作即思想，藝術家如何藉由教宗委託案，展現個人哲思軌跡？

人們有時不免納悶，既然文藝復興時期的義大利人充滿智慧和好奇心，為什麼沒在思想史上留下更多貢獻？答案是，當時最深刻的思想並非用文字表達，而是視覺意象。最顯而易見且令人讚嘆的2個例子，就在羅馬城中的同一棟建築物內，兩者相距不到100公尺，且正好是在同一年完成的，那就是：米開朗基羅的西斯汀禮拜堂穹頂畫，以及拉斐爾的簽字廳（Stanza della Segnatura）溼壁畫。

這兩項成就都歸功於教宗儒略二世。然而，數世紀以來研究米開朗基羅的著作都批評儒略二世不顧其個人意願，強行把他從陵墓工程中帶走，再強迫他畫西斯汀禮拜堂的穹頂畫，即便米開朗基羅曾表明自己討厭畫畫。但我認為此舉是神來之筆。

陵墓設計原本規畫了將近40尊大理石人像，且其個頭比真人更高大。米開朗基羅怎麼可能完成？雖然我們知道他的雕刻速度比其他石匠都快，但就算米開朗基羅有這般英勇的活力，陵墓也得耗費20年才能完成，

而在這段漫長的時間內，他的思想會不斷地改變和成長。後來，米開朗基羅選擇在西斯汀禮拜堂的穹頂上描繪各種「主題」，並非專注於單一人像，這個決定解放了他的創作方向，使他得以拓展自身對於人類關係與命運的思考。

那麼，這些作品是不是**他**的思想呢？雖然在文藝復興時期，大多數哲思畫的主題靈感都源自於詩人和神學家，不過米開朗基羅在一封信上曾提到，教宗告訴他可以隨心創作。因此我認為，穹頂上的題材多半是他自己的構思，或取材於神學的創作，因此這些穹頂畫才會如此難以詮釋。每位研究米開朗基羅的人都各有說法，卻沒有一個足以使人信服。不過，有一點是肯定：西斯汀禮拜堂的穹頂畫，熱情且明確地肯定了人類「身、心、靈」的合一。

你能從「身」的角度來欣賞，就像19世紀的評論家一樣從所謂的「運動員」看起（圖5-13-1、圖5-13-2）[1]；或者也能從「心」的角度出發，看先知與女祭司（Prophets and Sibyls）如何化身為知識能量的具體形象（圖5-14-1、圖

1　編注：或稱「ignudo」（義大利文），分布於《創世紀》壁畫四角的擁有健美身材的裸男像。

圖5-13-1、圖5-13-2
《創世紀》壁畫周圍的裸男像

圖5-14-1 《約珥像》

《約珥像》米開朗基羅（*Joel*，Michelangelo），約1509年，355×420公分，溼壁畫，現藏於梵蒂岡西斯汀禮拜堂。

圖5-14-2 《伊莉泰雅像》

《伊莉泰雅像》米開朗基羅（*Erithraea*, Michelangelo），1508～1512年，210×300公分，溼壁畫，現藏於梵蒂岡西斯汀禮拜堂。

5-14-2）[2]。不過，一旦望向《創世紀》（*Genesis*）的一系列故事，我想你就會感悟到米開朗基羅主要關注的，還是「靈」的層面。

在《聖經》中，《創世紀》的敘事順序始於神創造世界，終於諾亞（Noah）酩酊大醉。但米開朗基羅卻強迫我們倒著讀這個故事，而實際上，當時他也是反著畫的。一走進禮拜堂，我們頭頂上的人像就是諾亞，「身」占據了所有的注意力。至於房間的另一端，在祭壇的頂上，則是全能的上帝把「光」與「暗」分開（圖5-15），至此，「身」已經轉化為「靈」的象徵，即便畫中的頭部明顯像是人，面目卻已模糊。而在這2個場景之間上演的，就是這個故事的核心〈創造亞當〉（圖5-16）。

藝術作品鮮少能氣勢磅礡又平易近人，而〈創造亞當〉不僅兩者兼備，甚至能使那些平常對藝術作品沒什麼感觸的人亦有所感。人們初見〈創造亞當〉的當下，便能了解它所闡述的故事並且留下深刻印象，但若是端

詳愈久，愈能從中看出深意。人類，有著前所未見的雍容華美體態，以古代神話中河神與酒神的姿勢斜倚在地上——他是屬於大地的，沒有起身離開的打算。他伸出手來，幾乎要碰觸到上帝的指尖，似乎有股電流在他們的手指之間流竄；與此同時，上帝在這副光榮的血肉之軀內，注入了人的靈魂。我們或許可以把這整片穹頂畫詮釋成一首以「創造」為題的詩——「創造」這股如神般的神聖天賦，是文藝復興人心中經常掛念的。在全能的上帝背後，在祂斗篷的陰影底下，是夏娃的身影。此時，她已出現在造物者的計畫中，且在此刻就已讓人察覺她是個潛在的麻煩根源。

上帝賦予亞當生命之後（壁畫的敘事順序仍與《聖經》故事相反），才輪到全能的神早先那些開天闢地的創世場景。此處畫面隨著故事演進及場景變換，一幕接著一幕，有著逐漸步入高潮的漸強節奏感。首先〈神分水陸〉（圖5-17），上帝將水與大地分開。「神的靈

↑圖5-16 《創世紀》之〈創造亞當〉

〈創造亞當〉米開朗基羅（The Creation of Adam，Michelangelo），約1511年，230 × 480公分，溼壁畫，現藏於梵蒂岡西斯汀禮拜堂。

↓圖5-15 《創世紀》之〈分開光與暗〉

〈分開光與暗〉米開朗基羅（Separation of Light from Darkness，Michelangelo）， 約1511年，180 × 260公分，溼壁畫，現藏於梵蒂岡西斯汀禮拜堂。

↓圖5-17 《創世紀》之〈神分水陸〉

〈神分水陸〉米開朗基羅（Separation of the Earth from the Waters，Michelangelo）， 約1511年，155 × 270公分，溼壁畫，現藏於梵蒂岡西斯汀禮拜堂。

運行在水面上。」我不曉得這句話何以讓人感到平靜，但確實如此，而米開朗基羅也透過一種安穩的動作與祝福的手勢，傳達出這種平靜。

下一幕〈創造日月及植物〉（圖5-18），在此上帝並非採取祝福或召喚，而是命令，彷彿處理這些火一般的元素必須用上祂所有的權威與速度，才能讓祂迅速脫身，前往下一幕創造行星。最後，我們回到了「光」與「暗」的分開（圖5-15）。對我而言，在「有限」的人類為了畫出「無限」能量的諸多嘗試中，就數這一幅最具有說服力，甚至也可以說是最寫實的，其畫面就和行星繞行軌道的照片幾乎一模一樣。

米開朗基羅的先知洞察力，讓人感覺他屬於每一個時代，尤其是偉大的浪漫主義時期，而至今我們仍是浪漫主義枯竭敗盡後的繼承人。米開朗基羅其帶點浪漫主義的特質，是他與同時代優秀競爭對手，最大區別。

2　編注：西斯汀禮拜堂天花板四周的12尊人像壁畫。

↑圖5-18 《創世紀》之〈創造日月及植物〉

〈創造日月及植物〉米開朗基羅（*The Creation of the Sun, Moon, and Plants*，Michelangelo），約1511年，280 × 570 公分，溼壁畫，現藏於梵蒂岡西斯汀禮拜堂。

拉斐爾：以和諧之美將古典精神推向高峰，卻也讓美感凌駕於事實呈現

拉斐爾與米開朗基羅活躍於同一個時代。拉斐爾吸收並結合當時最優秀的靈魂們所感受到、思考出的一切。他是極致的和諧主義者（harmoniser），這也是他的作品為什麼不合現代人口味的原因。但若我們試圖描述歐洲文明時，拉斐爾絕對有著舉足輕重的地位。拉斐爾在教宗居所中，以視覺形象表達思想之集大成，就像中世紀偉大神學家的總結般，包羅萬象。

我們可以合理推測：拉斐爾的同鄉布拉曼帖，是引介拉斐爾為教宗效力的推手，畢竟布拉曼帖與儒略二世似乎關係相當密切。儒略二世光看一眼拉斐爾畫的素描，便知道上帝又給他帶來一位天才了。話雖如此，要重用一位僅嘗試畫過一次壁畫，還無法證明有能力以圖像妥善處理偉大思想主題的27歲年輕人，還是太出格了。因此便委託拉斐爾

裝飾教宗的居所，也就是教宗日常生活、冥想和拿捏主意的重要處所。

簽字廳預計是要做為教宗的私人藏書間使用。拉斐爾知道烏爾比諾宮藏書間的做法，是將詩人、哲學家和神學家的肖像，畫在陳列他們著作的書架上方。

他參考這個點子，又做了更進一步的嘗試，不只在書架上方畫上對應的作者肖像，更讓這些人物間彼此連結，使他們與自己所屬的學科有所關聯。想必有飽學之士為拉斐爾提供了建議，畢竟教廷中學養深厚的人也占了大約三分之一，只不過這群非凡學者沒有組成委員會罷了。

要把哪些人畫在同一群，可是得經過深思熟慮的。以《雅典學院》（*School of Athens*，圖5-19-1）的2位重點人物為例：理想主義者柏拉圖居左，他的手往上指，指向神聖的啟迪，在他右側（畫面左側）的都是訴諸於直覺與情感的哲學家，他們更靠近阿波羅神像，順著再過去就是畫著《帕那蘇斯山》（*Parnas-*

©Wikimedia Commons

圖5-19-4 「赫拉克利特」特寫（以米開朗基羅為藍本）

圖5-19-3 「歐幾里得」特寫（以布拉曼帖為藍本）

圖5-19-2 「拉斐爾」的自畫像特寫

↑圖5-19-1
《雅典學院》

《雅典學院》拉斐爾
（School of Athens，
Raphael），1509年，
500×770公分，溼壁
畫，現藏於梵蒂岡教宗
宮簽字廳。

圖5-20 《聖禮的爭辯》

《聖禮的爭辯》拉斐爾（*Disputation of Holy Sacrament*，Raphael），1509 ～ 1510年，
500 × 770公分，溼壁畫，現藏於梵蒂岡教宗宮簽字廳。

©Erzalibillas / Wikimedia Commons

sus）的那面牆。居右者則是理智的亞里斯多
德，舉起中庸的手勢[3]，而在他身邊的人，
都是邏輯、文法與幾何學等理性活動的代表
人物。

　　有趣的是，拉斐爾居然在人群中畫了自畫
像（圖5-19-2），就在李奧納多・達文西旁邊。
在他們下方有一位幾何學家（圖5-19-3），我
猜那是歐幾里得（Euclid），而且肯定是以布
拉曼帖的長相為藍本。布拉曼帖確實很適合
出現在這幅畫中，因為這棟薈萃人類理性之
最的建築物，代表的正是布拉曼帖對於新聖
彼得大教堂的夢想藍圖。拉斐爾後來也成為

一名建築師，而且表現非常出色，但1510
年的他還無法實際建築出這般令人終身難忘
的藝術空間。設計新聖彼得大教堂的是布拉
曼帖，但使其名聲更響亮的卻是拉斐爾。

　　拉斐爾和每位大藝術家一樣，都會借鑑他
人，而他融會貫通的能力又比多數人更厲
害。我們能隱約察覺到，他是從希臘化時代
的雕塑汲取雕像姿勢的靈感，但廳裡的每一
尊人像，卻也都有著純粹的拉斐爾風格，唯
獨一人除外（圖5-19-4）。前景有位悶悶不樂
的哲學家獨坐在階梯上，他並未出現在與這
幅壁畫等大的草稿上（這幅素描至今猶存，堪稱

圖5-21 《帕那蘇斯山》

《帕那蘇斯山》拉斐爾（*Parnassus*，Raphael），1509～1510年，
底部寬670公分，溼壁畫，現藏於梵蒂岡教宗宮簽字廳。

奇蹟[4]）。我們看得出此人來自何方：西斯汀的穹頂。當時米開朗基羅還在處理西斯汀穹頂畫時，不准任何人進入禮拜堂，但布拉曼帖手上有鑰匙，有天趁著米開朗基羅不在，就帶著拉斐爾進去了。誰管他啊？大藝術家就是這樣隨心所欲。

人類的理性根植於大地，在《雅典學院》對面的牆上，神聖的智慧則漂浮在試圖解釋它的哲學家、神學家和教父們頭上的天空（圖5-20）。就和《雅典學院》一樣，這2群暢所欲言、追求天啟真理的人們，其位置是按照彼此間的關係，以及廳內的整體哲思主題做

安排。假如文明的核心在於掌握當代最優秀的原創思想，這2面牆就代表文明的巔峰。

至於第3面牆的溼壁畫《帕那蘇斯山》（圖5-21），則透露了拉斐爾性格的另一面。米開朗基羅對異性沒有興趣，李奧納多則認為女人只是生孩子的機器，但拉斐爾跟每個威尼斯人一樣愛女人。他的繆思女神表現出一

---

3 編注：原文為「holding out a moderating hand」，描述畫中輕抬手臂於腹前的姿勢，同時「moderate」一詞也呼應了亞里斯多德「中庸之道」的學說。

4 編注：現藏於義大利米蘭盎博羅削圖書館畫廊（Pinacoteca Ambrosiana）。

種官能的詩意，這樣的手法和他的理性抽象概念一樣文明，毫不遜色。

梵蒂岡的這幾個房間尚未完成，儒略二世便在1513年辭世，而他的繼任者良十世（Leo X）顯然缺乏他的雄才大略。米開朗基羅返回佛羅倫斯，拉斐爾則留在羅馬，過度消耗自己的執行力，甚至是耗損了他無與倫比的創造力。於是他把草稿與建築計畫交給一群優秀的年輕人，和他們一起把內容化為壁畫與建築裝飾，例如：簽字廳的其餘部分、法爾內西納別墅（Farnesina）的月牙拱（lunette）、梵蒂岡涼廊（Loggie）、瑪達瑪莊園（Villa Madama），以及為樞機主教比比耶納（Bibiena）所建的一處非常異教風的浴場。更別說《聖容顯現》（*The Transfiguration*，圖5-22）這幅預示17世紀學院派風格的作品，想必是拉斐爾親自動手畫的。3年之內，拉斐爾做了半世紀的工作量，其中有許多拓展歐洲人想像力的傑作，例如文藝復興時期最完美重現希臘羅馬神話的偉大作品——法爾內西納別墅內的《嘉拉提亞的凱旋》（*Galatea*，圖5-23）。不過才15年的時間，藝術家處理古代異教題材的彆扭手法已臻至成熟，人物姿態不再膽怯生硬。文藝復興詩人開始以拉丁文（而且是非常優美的拉丁文）寫詩時，有許多古範本可以參考；與此相對，拉斐爾要發揮多麼非比尋常的想像力，才能從殘損石棺的破片中，復原出與佚失的古代巨作極為相似的場景。

儘管拉斐爾對歐洲人心靈的影響力可說是無與倫比，但他這幾年間在其他領域的成就卻有待商榷，我們能從他為西斯汀教堂設計圖樣的掛氈畫（圖5-24）中清楚看見問題所在。這些掛氈畫重現了使徒的生平。這些使徒都是窮人，聽眾都是普羅大眾，拉斐爾一視同仁，讓他們同等俊美高貴。或許藉由欣賞這類超凡創作、短暫脫離日常瑣事的做法

真能有益身心，但這種只以衣冠楚楚、英俊魁偉的人物來呈現《聖經》故事或歷史大事的做法，已經化為一種傳統，且延續到19世紀中葉。有足夠主見與之抗衡的畫家實在少之又少，在一流畫家中恐怕只有林布蘭和卡拉瓦喬（Michelangelo Nerisi da Caravaggio）這兩人。

這種傳統，即所謂「恢弘風格」（grand manner）的要素之一，使歐洲人的心靈逐漸走向麻痺。它削弱我們對於真理的追求，甚至使道德責任感淪喪，導致後來極其駭人的反動。

達文西：追根究柢、不拘於古典的怪才

1513年秋，儒略二世過世後不久，梵蒂岡美景宮又迎來另一位巨擘：李奧納多‧達文西（Leonardo da Vinci）。歷史學者老說他是典型文藝復興時代的人物，這種說法並不正確。若真要說達文西屬於哪個時代，答案最接近的是17世紀晚期，但他其實不屬於任何時代、任何分類，而且當人們對他認識愈多，就愈覺得撲朔迷離。當然，達文西身上肯定有些文藝復興的特色，例如喜愛那些優美的動作。但他身上也預示了16世紀早期的那種驕矜自大，例如他為米蘭公爵法蘭切斯科‧斯福爾扎（Francesco Sforza）塑模的紀念碑，馬匹雕像有26英尺高（相當於8公尺）；他制定阿諾河（River Arno）改道方案，就算動用現代科技也無法完成。當然，他也擁有超凡的天賦，凡是吸引他注意力的事物，他都能記下並去蕪存菁。

但是，主導這一切天賦的熱情卻非屬於文藝復興時期的特色，其來自於**好奇心**。他是史上最愛打破砂鍋問到底的人。看見什麼，他都要問其然，問其所以然。「山上怎麼會有海裡的貝殼？法蘭德斯的水閘怎麼蓋的？

圖 5-22 《聖容顯現》

《聖容顯現》拉斐爾（*The Transfiguration*，Raphael），
1516 ～ 1520 年，410 × 279 公分，木板油畫，現藏於
梵蒂岡博物館。

圖 5-23 《嘉拉提亞的凱旋》

《嘉拉提亞的凱旋》拉斐爾（*Galatea*, Raphael），1511
年，295 × 225 公分，溼壁畫，現藏於義大利羅馬法爾
內西納別墅。

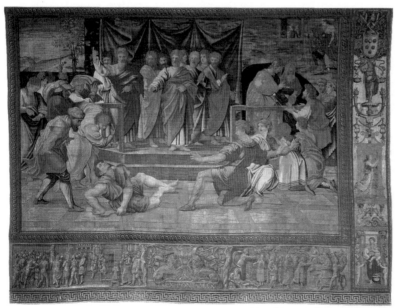

© Web Gallery of Art / Wikimedia Commons

圖 5-24 拉斐爾的掛氈畫

《亞拿尼亞說謊而猝死》
拉 斐 爾（*Death of Ananias*,
Raphael），1515 ～ 1516
年，343 × 530 公分，掛氈
畫，現藏於英國倫敦 V&A
博物館。

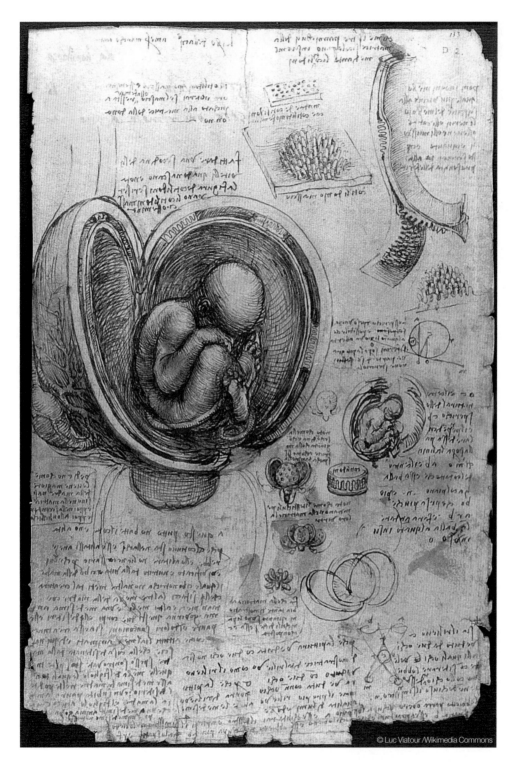

↑ 圖 5-25 《子宮裡的胎兒》

《子宮裡的胎兒》達文西（*The fetus in the womb*,
Leonardo Da Vinci），約 1511 年，30.4 × 22 公分，
素描，現藏於英國溫莎古堡皇家圖書館。

→ 圖 5-26 《大洪水》

《大洪水》達文西（*A deluge*，Leonardo Da
Vinci），約 1517 ～ 1518 年，15.8 × 21 公分，
素描，現藏於英國溫莎古堡皇家圖書館。

鳥如何飛翔？牆上那些裂縫的由來？風如何起，雲如何湧？甲水流如何讓乙水流偏向？」他會找出原因，並寫下來；如果是肉眼可見，那就畫出來。畫好了之後再畫一遍，同樣的問題一而再、再而三地問……幸好達文西也有無窮的精神來支撐他的好奇心。若要閱讀達文西筆記本內成千上萬的字句，讀者絕對會因為他那股精力而感到筋疲力竭。他不接受簡短的答案，也不放過任何東西──他反覆思考、重述，和腦中的對手辯論。

　　而在所有問題當中，達文西格外窮追不捨的問題與人有關：不是阿爾伯蒂召喚出來的「擁有智慧、理性和記憶，如同不朽的神」的人類，而是從機械構造的角度審視人類：人如何走路？他勾勒出10種描繪腳掌的方法，每種都能揭露腳掌肌理的不同環節；心臟如何推動血液？打哈欠、打噴嚏是怎麼回事？胎兒如何在子宮裡長大？還有，人為什麼會老死？達文西在佛羅倫斯一處療養院找到一位人瑞，欣喜地等他駕鶴西歸，這樣自己就能好好觀察他的血管……達文西對於每個問題都要剖析再剖析，且每次剖析都要無比精確（圖5-25）。

　　最後達文西找到了什麼解答？他發現：人，儘管是一台了不起的機器，卻根本比不上不朽的神。人不只殘忍迷信，面對大自然的力量更是不堪一擊。米開朗基羅極度藐視命運，而達文西這位智慧的大英雄，在面對大自然神祕莫測、無法控制的力量時，其姿態也幾乎一樣英勇。就在羅馬，就在拉斐爾讚頌人類如神般智慧的同時，李奧納多畫了世界被大水淹沒的一系列素描畫（圖5-26）。他描繪這場災難的方式，透露出「享受」與「反抗」的矛盾情感。他一方面是耐心等候的水文觀察家，另一方面則像朝洪水吶喊的李爾王（King Lear）：

吹呀，狂風！
脹破你的臉頰！拚命吹嘛！
你給我吹！
你們這些瀑布與暴風，噴啊
噴到淹沒我們的尖塔，
淹死風向雞！

　　現在我們對天災人禍已經見怪不怪，天天都在電視上看到。但這些非凡的素描卻來自一位文藝復興的通才，他根本就是先知。燦爛文藝復興的倒數之際，人類在其中卻到達前無古人、後無來者的高度。人文主義者的智慧之美，多了一股英雄精神的特質。自文藝復興時代以降的那幾年，似乎不存在人類心智無法駕馭和協調的事物。

© Maltaper / Wikimedia Commons

第6章

宗教改革與思想傳播

訴諸真理與務實的北方文藝復興

米開朗基羅、拉斐爾與達文西所代表的人類成就耀眼巔峰,只維持不到20年的時間,緊跟著是一段動盪不安的時代(威尼斯除外),且這些紛爭多半以災難收尾。這是自中世紀的「大融解」以來,文明價值首次遭到質疑和蔑視,而且過去數年文藝復興所建立的「人性的發掘」、「人類創造力的肯定」,以及「人與周圍環境之間的和諧關係」等信念,似乎都被一掃而光。

然而,這是一個不可避免的過程。歐洲在經歷了充滿困惑、殘暴的16世紀之後,人類發展出一種新的「能力」,並藉此拓展了思考和表現的力量。

如何從15世紀的教堂雕塑裝飾,看見延續至今的日耳曼精神?

在德國符茲堡(Würzburg)城堡內有個房間,裡頭擺放了蒂爾曼‧里門施奈德(Tilman Riemenschneider)的雕塑。在眾多哥德式晚期雕刻家之中,里門施奈德可說是最傑出的一位。15世紀的德國,無論是教會、地主、漢薩同盟(Hanseatic League)[1]的商人都十分有錢,因此北起今日挪威的卑爾根(Bergen),南至德國的巴伐利亞地區,雕刻家都忙著製作精巧的大型神龕、祭壇與雕像。在瑞典斯德哥爾摩大教堂的這座古老教堂內,有一組馳名遠近的《聖喬治屠龍像》(*St. George and the Dragon*,圖6-1),便是哥德晚期工匠運用自身狂想與幾乎令人發狂的手藝,所展現的超凡實例。

里門施奈德的雕像清楚呈現15世紀末北方人的性格(圖6-2)。首先,他們極為虔誠,而這種虔誠的展現與我們從……嗯,比方說在拉斐爾的老師,畫家佩魯吉諾(Perugino)作品中,看到的那種約定俗成的虔誠模樣大

圖6-1 《聖喬治屠龍像》

《聖喬治屠龍像》里門施奈德（*St. George and the Dragon*，Riemenschneider），約1490年，高2.28 × 寬3.5 公尺，鍍金橡木像（加上毛髮、鹿角、金屬、石頭、寶石等裝飾），現藏於瑞典斯德哥爾摩大教堂。

不同。其次，他們嚴肅看待生命。這些北方人當然都是堅定不移的天主教徒，但不受時下流行的「行善說」或其他各種外在形式和儀式所騙。他們相信真理，並且想要直接獲知真理。

當時，教宗的使節常在日耳曼各地遊走，但這些使節的言談卻令北方人無法相信羅馬教廷對於真理有著與他們相同的渴望。他們就跟粗野又骨瘦如柴的鄉下人一樣對於目標堅守不移，想必當中有不少實事求是之輩，參與過整個15世紀為了改革教會而召開的無數場會議。這讓我想起以前參加聯合國會議的經驗。會議上，這些人會花上大把時間談論議事規則，為了結果不出所料的國內消費情況發表一篇篇演說。沒錯，嚴肅的北方人想要更「實質」的東西。

截至目前為止，北方人的這些性格都沒問題。但這些面孔中，卻透露出一種更危險的性格：**一種歇斯底里的性情**。15世紀在許多方面都是個「復興」的世紀，天主教會的外圍出現不少宗教改革運動。事實上，這波浪潮始於14世紀晚期，當時基督教思想家揚·胡斯（John Huss）的追隨者，差點成功消滅波西米亞（Bohemia）[2] 的宮廷文明。即便在義大利，道明會修士薩佛納羅拉也說服他的信眾，點一把火把他們所謂的「虛榮」給燒掉，連波提且利的畫作也不放過——這真是為了宗教信仰所付出的沉重代價。然而，日耳曼人比他們更容易激動。

1　編注：12～13世紀，神聖羅馬帝國部分城市與德國騎士團所轄城市之間，所組織的商業與政治城市聯盟，主要成員集中在今日德國北部。

2　編注：主要位於今日的捷克地區。

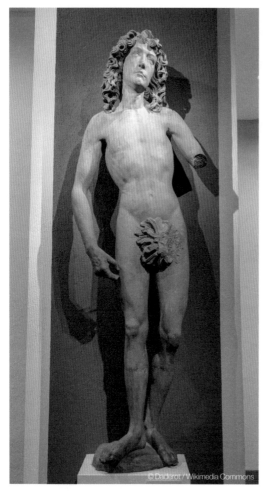

圖6-2 《亞當像》
《亞當像》里門施奈德（*Adam*，Riemenschneider），約1493年，高189公分，砂岩像，現藏於德國符茲堡美因法蘭克博物館。

圖6-3 《奧斯華・克雷勒》肖像
《奧斯華・克雷勒》杜勒（*Portrait of Oswald Krell*，Dürer），1499年，49.7 × 38.9公分，木板油畫，現藏於德國慕尼黑舊繪畫陳列館。

圖6-4 《紅衣主教肖像》
《紅衣主教肖像》拉斐爾（*Portrait of a Cardinal*，Raphael），1510 ～ 1511年，79 × 61公分，現藏於西班牙馬德里普拉多美術館。

雖然「比較」有時會流於過度簡化，但我覺得如果把日耳曼最有名的肖像之一，杜勒的奧斯華・克雷勒（Oswald Krell）肖像畫（圖6-3），拿來與拉斐爾畫的紅衣主教肖像（圖6-4）相比，應該是滿公允的。

拉斐爾畫中的紅衣主教不僅無比文雅，而且穩重自持。與此相對，奧斯華・克雷勒則近乎於歇斯底里的邊緣：那雙瞪大的眼睛、那副「吾日三省吾身」的模樣，杜勒透過模特兒的忸怩姿態，精妙傳達出那種「日耳曼

式」的不自在，充分顯現出日耳曼人喜歡把世界搞得雞犬不寧的特性。不過在1490年代，這些破壞性的民族性格尚未展現出來，當時仍是個四海一家的年代，日耳曼畫家往往在義大利工作，例如杜勒就來到了威尼斯。而到了1498年，一位窮困的學者來到英國牛津（Oxford）。此人注定要成為北方文明代言人和當時最偉大的國際主義者——他就是伊拉斯莫斯。

相較義大利的浮誇恭維，英格蘭的虔誠樸拙反而流露改革曙光

伊拉斯莫斯來自荷蘭的鹿特丹（Rotterdam），但他此後再也沒有回到荷蘭生活。部分是因為他曾待過那裡的修道院，對修道院生活恨之入骨，另一部分則是因為（他本人一再強調）荷蘭人喜歡酗酒，而他嬌貴的腸胃只能接受一種特別的勃艮第紅酒。他終其一生四處漂泊，既是為了躲避瘟疫（16世紀初瘟疫盛行，迫使封建制度下的自由人們，不停為了求生而遷徙），也是因為只要他在某地停留太久，就會感到坐立難安。

不過，伊拉斯莫斯早年似乎滿喜歡英國的，讓這個國家第一次在我們的文明考察中短暫登台。有鑑於15世紀英國那種野蠻、失序的狀態，牛津和劍橋（Cambridge）能有眾多學院存在根本是奇蹟。我個人猜測，當時歡迎伊拉斯莫斯的牛津有著為數不多（真的不太多）的虔誠信徒與開明之人。當然嘍，相較於佛羅倫斯甚至是帕多瓦，此地的學術氣氛肯定還很淳樸且不夠成熟。不過在1500年前後，這種「天真」確實有其價值，而跟天真沾不上邊的伊拉斯莫斯也很清楚這點。

伊拉斯莫斯看夠了宗教界的種種陋習，知道教會必須改革，不只是制度組織上，就連傳教方式也得有所改變。這位偉大的歐洲文

圖6-5 《伊拉斯莫斯的肖像》

《伊拉斯莫斯的肖像》小霍爾班（*Portrait d'Érasme écrivant*，Hans Holbein the Younger），1528年，43 × 33公分，油畫，現藏於法國羅浮宮。

化大儒，也曾受困於這類牽扯形式與既得利益的問題中，因此他明瞭相較於佛羅倫斯地區解讀《聖經》時使用華美詞藻與恭維的態度，英國人文主義先驅柯立特（John Colet）等人要求民眾把《聖經》當成史實解讀的主張，還更有改革的希望。

柯立特有許多值得伊拉斯莫斯敬佩的原因，但柯立特及其友人何必如此敬重這位貧窮又體弱多病，還有一副壞脾氣的鹿特丹年輕學者？依我看，伊拉斯莫斯顯然很有知性魅力。他的魅力流瀉於筆端，且在同儕之中肯定所向披靡。很幸運地，我們可以透過「看得見」的證據來證明伊拉斯莫斯的文字魅力，因為他跟當時最偉大的德國肖像畫家小漢斯·霍爾班（Hans Holbein the Younger）是好友。小霍爾班為伊拉斯莫斯作畫時（圖6-5），

圖6-6 《湯瑪斯・摩爾爵士一家的習作》

《湯瑪斯・摩爾爵士一家的習作》小霍爾班（*Study for the Family Portrait of Sir Thomas More*，
Hans Holbein the Younger），約1527年，38.9 × 52.4公分，現藏於瑞士巴塞爾藝術博物館。

伊拉斯莫斯早已成名，且上了年紀。但這些肖像畫實在入木三分，因此我們能藉此想像出他不同年紀時的模樣。

伊拉斯莫斯和所有人文主義者一樣，或者跟所有「文明人」一樣，非常重視友誼，因此他極力邀請年輕又才華洋溢的小霍爾班為其英國友人們繪製肖像。於是小霍爾班在1526年來到倫敦，且被引介到湯瑪斯・摩爾爵士（Sir Thomas More）的社交圈。這位20多年前伊拉斯莫斯所愛慕的對象，如今已是英國的大法官（Lord Chancellor），此外，摩爾也是《烏托邦》（*Utopia*）一書的作者。他在書中所推崇的各種希奇古怪的理想，直到1890年代仍被英國社會主義團體費邊社（Fabians）

奉為圭臬。

小霍爾班曾為摩爾爵士及其家人畫了一張大尺寸的群像畫。唉，雖然這幅畫本身毀於祝融，所幸素描草稿（圖6-6）卻流傳至今，而且成為許多人像研究的鑽研對象。伊拉斯莫斯曾說過，摩爾一家好比柏拉圖的學院。他們沒有死板的書呆樣，而是機敏聰明，跟任何時代的知識分子擁有相同的氣質。湯瑪斯・摩爾本人是高風亮節的理想主義者，看重實際行動的現世配不上他，使他不免在仕途中迷失自我。文明的崛起與衰落，就好比摩爾個人的榮枯興衰，是多麼曇花一現。身為《烏托邦》的作者本該飛黃騰達，摩爾原本應該當上王室首席大臣（儘管非出於本人自

↑ 圖6-7 《樞機主教沃蘭》肖像

《樞機主教沃蘭》小霍爾班（*Portrait of William Warham, Archbishop of Canterbury*，Hans Holbein the Younger），1527年，82×67公分，油畫，現藏於法國羅浮宮。

→ 圖6-8　小霍爾班為妻兒繪製的肖像

《藝術家的家人》小霍爾班（*The Artist's Family*，Hans Holbein the Younger），1526～1528年，34.5×26公分，油畫，現藏於瑞士巴塞爾藝術博物館。

願），卻成為英王理查三世（Richard III）死後到英王亨利八世（Henry VIII）弄法殺人的這段歷史中最有名的受害者，最終橫死斷頭台。

小霍爾班也畫過伊拉斯莫斯在英國社交圈中的其他幾位朋友，我不得不說，其中有些人，像是樞機主教沃蘭（Warham，圖6-7）與費雪（Fisher），一看就知道他們心中不抱任何幻想，深知文明在亨利八世的宮廷中轉瞬即逝。畫中人看起來垂頭喪氣，現實中他們也深受挫敗。

小霍爾班回到瑞士之後，才找到一些較為平靜的臉龐。這世上難道有其他畫作比他在巴塞爾（Basle）為妻子與孩子畫的肖像，更能傳達家庭生活的親密感嗎（圖6-8）？難怪維多利亞時代的人們最喜歡這幅畫。此外，同樣深受該時代人喜愛的，還有小霍爾班的傑作《達姆斯塔特聖母像》（*Darmstadt Madonna*，又名 *Madonna of Burgomaster Meyer*，圖6-9），這幅聖母像在19世紀被視為北方文藝復興最偉大的作品。但我想如今世人會比較偏愛格呂內瓦爾德（Matthias Grünewald）的《伊森海姆祭壇畫》（*Isenheim Altar*，圖6-10），畫中的悲劇感使我們的雙脣在吐出「文明」一詞時，只能支支吾吾。不過，如果你想看的是敬畏上帝的社會，那就得往小霍爾班的畫裡去找：當你站在現藏於德國達姆斯塔特（Darmstadt）的聖母像原畫前，能感受到一股超脫於穩定物質需求的奉獻精神漸漸滲入體內。

圖6-9 《達姆斯塔特聖母像》

《達姆斯塔特聖母像》小霍爾班（*Darmstadt Madonna*，Hans Holbein the Younger），1525～1528年，146.5×102公分，木版油畫，現藏於德國施韋比施哈爾約翰尼特大教堂。

圖6-10 《伊森海姆祭壇畫》

《伊森海姆祭壇畫》格呂內瓦爾德（*Isenheim Altarpiece*，Matthias Grünewald），約1512～1516年，376 × 534公分，油畫，現藏於法國阿爾薩斯科爾馬菩提樹下博物館。

印刷術神助攻，伊拉斯莫斯的諷刺書寫風行全歐

1506年，伊拉斯莫斯前往義大利。當教宗儒略二世跟米開朗基羅大吵一架，鬧得人盡皆知時，伊拉斯莫斯剛好人在波隆那（Bologna）；當拉斐爾開始裝飾教宗居所時，他人也在羅馬，但這些事似乎都沒能讓他留下印象。伊拉斯莫斯一心想著要讓威尼斯知名印刷商兼精美普及本（popular editions）先驅阿爾杜斯·馬努提烏斯（Aldus Manutius）出版自己的著作。

在本書的最後一章，我會談談人類如何透過視覺影像開拓自己的精神，但在這一章我主要是談人們如何透過「文字」拓展心靈，因為印刷術的發明，使這件事有了可能。

19世紀時，世人多半認為印刷術是文明史的關鍵。是嗎？但5世紀的希臘、12世紀的夏特和15世紀初的佛羅倫斯都沒有印刷術，不也發展得很好？誰敢說我們比當時的人更文明呢？但持平而論，我認為印刷術還是利大於弊。收藏在比利時安特衛普（Antwerp）普朗坦－莫雷圖斯印刷博物館（Plantin-Moretus House）的早期印刷機，的確，感覺像是一種文明的工具（圖6-11）。而印刷術之所以帶來疑慮，恐怕是後來的發展所造成。

當然啦，印刷術發明的時間遠早於伊拉斯

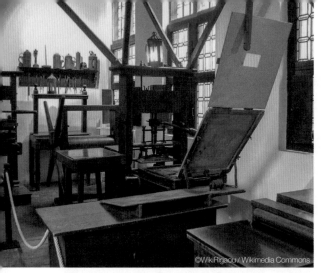

圖6-11　普朗坦－莫雷圖斯印刷博物館所收藏的早期印刷機

莫斯的時代。早在1455年，古騰堡（Gutenberg）的《聖經》便已付梓，但早期的印刷書不僅厚重、奢華且昂貴。當時印刷商仍視手抄本的抄寫員為競爭對手，因此許多印刷商仿效手抄本，使用羊皮紙印刷並附上插圖。而那些天主教神父與傳教士花了將近30年的時間，才意識到他們自己手中早已把持一種所向披靡的新工具，就像政治人物花了20年才承認電視的價值。

第一個把印刷術優點發揮到極限的人，就是伊拉斯莫斯。印刷術成就了他，也差點毀了他，因為在某種程度上，他可說是第一位記者。他具備各種成為記者所需的資格：他的文風清晰優雅（當然是用拉丁文書寫，這也意味著他寫的東西可以被廣泛閱讀流傳，儘管不見得人人都讀得懂）、善用不同的角度詮釋相同的事情，而且寫作題材廣泛。他印行了無數的小冊子、文集和入門書，才沒過幾年，想要一抒胸臆的人全都依樣畫葫蘆。

記者生涯之初，伊拉斯莫斯就創作了一部傑作——《愚人頌》（Praise of Folly）。撰寫此書時，他和友人湯瑪斯・摩爾待在一起，他說這本書他寫了一個星期，而我敢說此言不假。伊拉斯莫斯的筆鋒出奇流暢，只要他全

力以赴，必定能在這麼短的時間內完成一本書。後人常把本書與伏爾泰的《憨第德》（Candide）相提並論，認為兩者有異曲同工之妙。對一位聰明人來說，所謂「人類」和「人類的制度」，實在是蠢得令人難以忍受，而他壓抑已久的不耐煩與惱怒，總會有按捺不住的時刻。伊拉斯莫斯的《愚人頌》就如同水壩潰堤，把一切統統沖走：教宗、國王、修士（當然！）、學者、戰爭、神學等，一個也不放過。

本書其中一頁的頁緣有小霍爾班的插畫，畫的是伊拉斯莫斯坐在案前（圖6-12-1）。伊拉斯莫斯在插圖旁寫下注解，挖苦自己若真有那麼英俊瀟灑，就不會沒老婆了。以上當然是個玩笑話，不過有時伊拉斯莫斯言辭諷刺的鋒銳程度，真令人懷疑當時那些上位者們怎能嚥下去。當伊拉斯莫斯挖苦哲學家「振振有辭地談論無數世界的創造、打量日月星辰，一派游刃有餘彷彿創造的奧祕曾擁抱他們；這些人及其推測，逗得大自然樂不可支」時，和達文西之間還真有幾分趣味的相似之處（圖6-12-2）。一般來說，「譏諷」是負面行為，但對文明史而言，一旦從眾與自滿的泥淖將自由意志給蒙蔽時，「譏諷」就具有正向的價值和意義。這是史上首次，歐洲各地數以千計的讀者，有機會來一場明快爽朗的腦力激盪，讓大家動動腦筋，引發自我思考的能力，對每件事提出質問。

然而，讓伊拉斯莫斯在短短10年名滿歐洲的原因，倒不是他的機智與譏諷，而是他對於務實、虔誠、追求真理的訴求，而里門施奈德的使徒雕像（圖6-13）堪稱這種精神具象化的最佳寫照。完成《愚人頌》之後，伊拉斯莫斯投身於神學問題，從希臘語的原本譯出《新約聖經》，否則直到當時人們還只有通俗拉丁語譯本可讀，且上頭有不少錯誤。

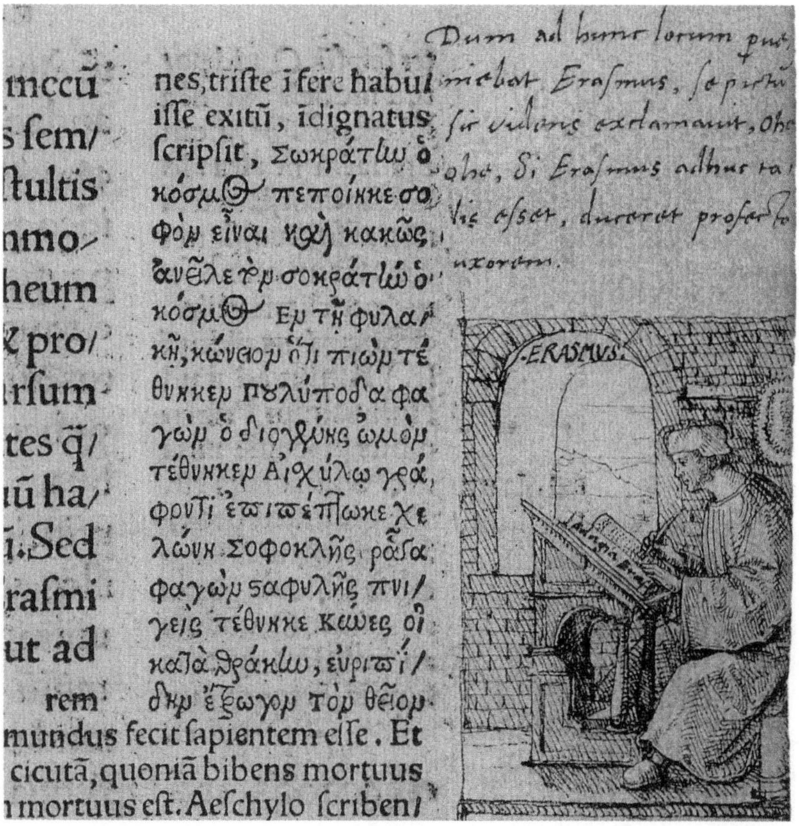

←圖6-12-1
《愚人頌》內頁插畫
〈寫字桌邊的學者〉

〈寫字桌邊的學者〉小霍爾班（*A Scholar at his Writing Desk*，Hans Holbein the Younger），出自伊拉斯莫斯所著的《愚人頌》（*Praise of Folly*）的書中插畫，1515年，現藏於瑞士巴塞爾藝術博物館。

↓圖6-12-2
《愚人頌》內頁插畫
〈愚人走下講臺〉

〈愚人走下講臺〉小霍爾班（*Folly Descends from the Pulpit*，Hans Holbein the Younger），出自伊拉斯莫斯所著的《愚人頌》（*Praise of Folly*）的書中插畫，1515年，現藏於瑞士巴塞爾藝術博物館。

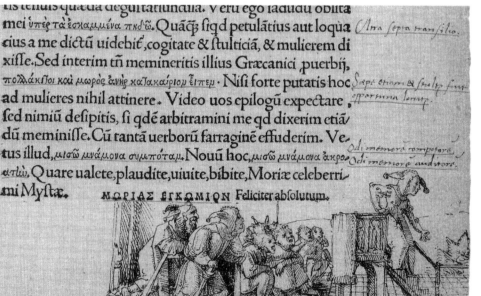

圖6-13 「耶穌與十二門徒」的木雕

《聖血祭壇裝飾（中央鑲版）》里門施奈德（*Holy Blood Altar* [central panel]，Riemenschneider），
1500 ～ 1505年，木雕，現藏於德國羅騰堡聖雅各教堂。

對於成千上萬認真的信徒（不光是北方人，還有西班牙人）而言，伊拉斯莫斯似乎為他們的所有困惑都提供了合理的解答。憑藉自己的學問、智慧，以及清晰的文筆，伊拉斯莫斯把真相告訴了他們。

「杜勒版畫」的世界觀，傳達濃縮版的日耳曼精神

伊拉斯莫斯透過文字散播啟蒙知識與資訊，與此同時，印刷藝術的另一項發展也正滋養著人們的想像力，那就「木版畫」。過去幾百年來，目不識丁的信徒早已透過壁畫與彩繪玻璃花窗來學習教義，此時印刷木版畫使圖像得以大規模複製，為傳播形式開拓新路，不僅能觸及更多人，也更貼近人。

一如既往，新發明伴隨新人物出現，這次是阿爾布雷希特・杜勒（Albrecht Dürer）。他是個奇怪的人。雖然出生成長於「名歌手」（Meistersingers）的紐倫堡（Nuremberg）[3]，父親卻是匈牙利人，而且杜勒也不是別人期許中的那種虔誠的日耳曼匠人。首先，他過度在意他人眼光，卻又非常自負。他那幅用一頭長捲髮襯托著一張細膩臉龐的自畫像，堪稱自戀的傑作（圖6-14）。2年後，杜勒更上一

圖6-14 杜勒的《自畫像》之一

《自畫像》 杜勒（*Self-portrait*, Dürer），1498年，52 x 41公分，木板油畫，現藏於西班牙馬德里普拉多美術館。

© Web Gallery of Art / Wikimedia Commons

圖6-15 杜勒的《自畫像》之二

《自畫像》 杜勒（*Self-portrait*, Dürer），1500年，67.1 x 48.9公分，木板油畫，現藏於德國慕尼黑舊繪畫陳列館。

層樓，採用傳統上基督的姿勢，把自己畫得神似基督（圖6-15）。在我們看來這簡直是褻瀆上帝，而杜勒仰慕者的解釋更是提油救火，說他認為創造力是種神聖的特質，才會想把自己描繪成上帝，向自己的天才致敬。雖然佛羅倫斯的哲學家曾提出「藝術家有如獲得啟迪的創造者」，將之視為文藝復興靈魂的一部分，達文西也在自己談繪畫的專論中對此著墨甚多，但任誰也無法想像達文西會把自己畫成救世主。

話雖如此，杜勒確實跟達文西有共同點。比方說，杜勒也見到了大洪水消滅全人類的幻象，但他的反應不是目空一切，而是害怕祈禱。杜勒也有著和達文西一樣的好奇心，卻沒有達文西那種找出運作原理的決心。他蒐集各種希奇古怪的東西，而這些東西竟在

100年後被收藏於最早的博物館中。此外，為了一睹為快，他哪裡都願意去，甚至為了去荷蘭的澤蘭（Zeeland）看一頭擱淺的鯨魚，結果埋下日後的死因。但杜勒其實沒看到那頭鯨魚，因為在他抵達澤蘭前鯨魚就被支解了，不過他倒是看到一頭海象（圖6-16），而海象多刺的口鼻，令他樂不可支。

其他人在描繪花草動物這些自然界的事物時，都不如杜勒來得那麼細緻，但對我來說，他筆下的事物似乎少了些什麼，那就是「內在的生命」。將杜勒最著名的一幅植物

---

3 編注：典故出自華格納的歌劇《紐倫堡的名歌手》（*Die Meistersinger von Nürnberg*）。「名歌手」（Meistersinger）是中世紀德國的一種世俗歌唱音樂型態，也用以指稱這種音樂的歌唱者（多為中產階級的男性平民），紐倫堡是這種歌唱藝術的重要發展地。

圖6-16　杜勒的海象素描

《海象的頭部》杜勒（*The Head of a Walrus*，Dürer），1521年，21.1 x 31.2公分，素描，現藏於大英博物館。

圖6-17　杜勒的植物水彩畫

《草地》杜勒（*The Great Piece of Turf*, Dürer），1503年，40.8 x 31.5公分，水彩畫，現藏於維也納阿爾貝蒂娜博物館。

圖6-18　《伯利恆之星》

《伯利恆之星》達文西（*Star of Bethlehem*，Leonardo Da Vinci），約1506 ～ 1512年，19.8 x 16公分，素描，藏於英國溫莎古堡皇家圖書館。

圖6-19　《憂鬱Ⅰ》

《憂鬱Ⅰ》杜勒（*Melancholia I*, Dürer），1514年，23.8 × 18.6公分，銅版畫印刷，現藏於美國克利夫蘭美術館。

水彩畫（圖6-17）與達文西的《伯利恆之星》（*Star of Bethlehem*，圖6-18）相比，就會發現杜勒的創作意圖散漫，缺乏生機，看來就像動物標本箱背面的圖案。

　　杜勒雖然不像達文西那般努力細究大自然內在的生命力，也不覺得狂放不受控的自然有多恐怖，但他被人類心靈的奧祕深深吸引著。杜勒對於自身人格的迷戀，也是他對心理學熱烈興趣的一部分，致使他創作了西方世界最偉大的預言作品之一：那幅他取名為《憂鬱Ⅰ》（*Melancholia I*，圖6-19）的版畫。在

中世紀，「憂鬱」意味著怠惰、乏味和沮喪等情緒的綜合，這種現象在一個多數百姓都是文盲的社會中相當普遍，但是杜勒對於「憂鬱」確實有著高深的見解。畫中人物是進化到最終型態的人類，她擁有一雙可以領著她向上飛翔的翅膀。她以羅丹（Auguste Rodin）那尊《沉思者》（*Penseur*，圖12-24-2）的姿態坐著，手中還拿著圓規，象徵「科學終將勝過一切」的度量。她身邊有著各種建築活動的標誌：鋸子、刨花器、鉗子、尺、槌子、鎔鍋，以及立體幾何的2個元素：多面

體與球體。但是，她卻把這一切的輔助工具棄置一旁，消沉獨坐，想著人類努力之徒勞。她若有所思的凝視，透露出深刻的不安心理。日耳曼式的心理特質創造了杜勒，掀起了宗教改革，也帶來了心理分析。**我在開頭提到文明的敵人，就在這裡：從杜勒的先知異象中，我們又看到一種可以摧毀文明，而且是從內部搗毀的方式。**

注重臨場感的版畫大量印行，打造文盲大眾直通信仰的天梯

然而，杜勒對於他所屬的時代之所以如此重要，在於他能將那捕捉事物外相的高度本領，再與豐饒的創造力結合。他的木版與金屬雕版聖像有種絕對的說服力。隨著年紀漸長，杜勒掌握各種技法成為一代全能大師，其中以透視法為最。他不只把透視法當成像早期佛羅倫斯人那樣的腦力激盪，更進一步當成一種提升臨場感的手段。隨著他的木刻版畫印刷並擴散，一種全新看待藝術的方式便誕生了，讓藝術不再只是虛無縹緲的魔幻象徵，而是精確具體的事物。我相信許多購買他那系列《聖母生平》（*Life of the Virgin*，圖6-20）木版畫的單純老百姓，會將此當成真實紀錄。

杜勒熱中於當代的知性生活。伊拉斯莫斯譯完古代《聖經》權威聖耶柔米書信的那年，杜勒也完成一幅以這位聖人工作情形為題的版畫（圖6-21）：聖耶柔米身處一間很伊拉斯莫斯風格的書房內，這裡光線充足、乾淨又井然有序，還有很多的軟墊，一點修道院的感覺都沒有。另一幅跟伊拉斯莫斯有著顯著連結的版畫作品是《騎士、死神與惡魔》（*Knight, Death and the Devil*，圖6-22）。杜勒製作這幅版畫時，心裡肯定想著伊拉斯莫斯最廣為流傳的著作之一──《基督教騎士守

圖6-20 〈聖母誕生〉

〈聖母誕生〉杜勒（*The Birth of the Virgin*，Dürer），出自《聖母生平》（*Life of the Virgin*）系列，1503～1505年，29.8×21.1公分，木版畫印刷，現藏於美國克利夫蘭美術館。

則》（*Manual of the Christian Knight*），因為他在個人日記中提到這幅畫：「噫，鹿特丹的伊拉斯莫斯，汝欲往何處立足？基督的騎士啊，汝今諦聽，隨我主基督騎行，保守真理，爭取烈士之冠冕。」但這可不是伊拉斯莫斯會說的台詞，而畫中這位表情果斷嚴峻、身披沉重哥德式鎧甲的騎士，對身旁2個欺身而來的怪物不以為意、繼續穩步向前的模樣，也實在與伊拉斯莫斯這位才思敏捷、目光機警的學者形象相去甚遠。

15年來，杜勒對伊拉斯莫斯的喝采，不僅獲得同時代歐洲各地的呼應，至今仍可在傳統的歷史書籍中讀到這段故事。伊拉斯莫斯為什麼不救萬民於水火？想必他會回答：他

圖6-21　《聖耶柔米在書房裡》

《聖耶柔米在書房裡》杜勒（*Saint Jerome in His Study*, Dürer），1514年，25.4 × 19公分，銅版畫印刷，現藏於美國克利夫蘭美術館。

圖6-22　《騎士、死神與惡魔》

《騎士、死神與惡魔》杜勒，（*Knight, Death and Devil*, Dürer），1513年，24.8 × 10.1公分，版畫印刷，現藏於美國華盛頓國家美術館。

最不希望看到整個文明世界被粗暴地一分為二。他不認為革命能使百姓更幸福——的確，革命很少帶來幸福。杜勒完成自己的肖像畫不久之後，伊拉斯莫斯曾在一封信裡如此形容新教徒：「我看過他們聽完講道的模樣，就像被惡靈附身，每個人臉上都是不尋常的怒火與凶惡。」雖然我們眼中的伊拉斯莫斯很現代，但其實他比自己身處的時代還要古老——他的性格屬於前一個世紀，廣義來說是個人文主義者，就像教宗庇護二世。由此可見，1500年代在佛羅倫斯興起的英雄崇拜潮流並不適合他，因此伊拉斯莫斯居然能擁有這麼龐大的追隨者，而他（或者說他的觀點）差一點就成功了，這才令人難以置信。

顯然，即便在危機四伏的年代，仍有許多人盼望寬容、盼望理性、盼望簡單的生活，其實也就是盼望文明。但是，面對強烈情感與生物性衝動席捲而來，他們卻是無力抗禦。因此，當英雄精神首見於米開朗基羅的創作將近20年之後，這股精神也透過馬丁・路德（Martin Luther）的言詞與行動，出現在日耳曼了。

路德的宗教「改革」究竟是出於對文明的渴求，還是原始的破壞衝動？

不論從哪個角度看，路德都是英雄人物。經歷了人文主義者的猶疑，經歷了伊拉斯莫斯的躊躇遁逃之後，能聽到路德說：「這是

我的立場」，實在讓人鬆了一口氣。如今我們仍能看到這股熾烈精神的模樣，因為德國威登堡（Wittenberg）的在地畫家老盧卡斯·克拉納赫（Lucas Cranach the Elder）是路德最信賴的友人之一，兩人的友誼遠比伊拉斯莫斯與小霍爾班之間更為親密。

他們是彼此孩子的教父，多年來老克拉納赫還以畫像為路德記錄他的種種變化：從內心充滿強烈掙扎的修士，到有著粗野鄉下人的下巴，和如同米開朗基羅那樣額頭的大神學家（圖6-23），再到還俗為平信徒、與一位優秀聰慧的修女結婚時的模樣（而且老克拉納赫是證婚人）；甚至連路德喬裝打扮，逃到威登堡的樣子都透過畫作記錄下來。從這些畫像中可以看出，路德是個容易令人留下深刻印象的人物，也是執著認真的日耳曼人翹首盼望的領導人。

但路德也為文明招致了不幸的後果——因為他不只化解了人們的疑惑，給人們的信念賦予勇氣，卻也釋放了我先前提到的「潛伏的暴戾」與「歇斯底里」，除此之外還有一項跟文明背道而馳的北方性格——那就是早從生活在遠古森林時，歐洲北方人似乎始終對於「理性」與「禮儀」懷抱著原始動物性的敵意與排斥。老克拉納赫為路德之父畫的肖像（圖6-24），看起來就像個從泥土裡長出來的老山洞巨人王[4]，雖然，他的確是從土裡出來的，因為他是一位礦工。

英國知名科幻小說家H·G·威爾斯（H. G. Wells）曾把人區分為「順從的群體」與「有主見的群體」，他認為最早那些創造出文明的原鄉（例如：埃及、美索不達米亞等穩定社會）屬於前者，至於後者則是北方不安於室的游牧民族之起源。這種說法或許沒錯，到目前為止這種概括都是對的。我們所說的「宗教改革」基本上是一場庶民運動。伊拉斯莫斯先

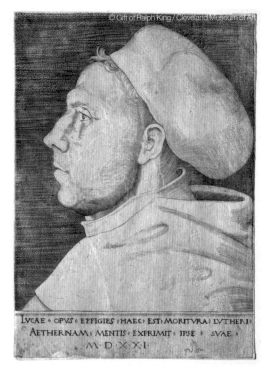

© Gift of Ralph King / Cleveland Museum of Art

LVCAE · OPVS · EFFIGIES · HAEC · EST · MORITVRA · LVTHERI
AETHERNAM · MENTIS · EXPRIMIT · IPSE · SVAE ·
M · D · X · X · I ·

圖6-23 《馬丁·路德》肖像

《馬丁·路德》老克拉納赫（*Martin Luther*，Lucas Cranach the Elder），版畫印刷，現藏於美國克利夫蘭美術館。

前那封信除了提到橫眉豎目的新教徒魚貫走出教堂，信的結尾還補充說明：除了一名老人，其他人全都沒有脫帽。伊拉斯莫斯反對宗教中的形式與儀式，但他並不反對社會禮節；說來奇怪，路德竟然也同意這一點。發生在1520年代，人稱「日耳曼農民起義」（Peasants' Revolt）的那場大規模動亂[5]令他心驚膽顫，竭力要求他的貴族贊助者以最猛烈的手段加以弭平。路德不贊成破壞，甚至連破壞聖像都不贊成。但他的追隨者並不贊同過去的那套規矩，這些對他們來說比難以忍受的奴役更痛苦。新教由此化為一股破壞力，對於那些熱愛聖像的人來說更是一場十足的災難。

我們都知道有多少今人視之為藝術品的聖像毀於其中。破壞者甚至深入最不起眼的教

圖6-24 《路德之父》肖像

《路德之父》老克拉納赫（*Hans Luther*，Lucas Cranach the Elder），1527年，19.6 × 18.2公分，版畫印刷，現藏於奧地利維也納阿爾貝蒂娜博物館。

區教堂，砸爛教堂內每一樣漂亮的東西，不只是聖像，還有聖水盆雕飾、祭壇壁──只要搆得到都砸，反正破壞這些又花不了多少時間。全英國不論大小教堂，只要是從那時期留存至今的，都留下了這場破壞造成的痕跡。例如位在英國劍橋郡的伊利聖母禮拜堂（Lady Chapel at Ely），裡頭每一面玻璃都砸碎了，美麗的聖母生平連環雕像也一同遭殃，每一尊雕像的頭部都被打掉──這是一場徹底的破壞。我猜他們這種摧毀一切美麗事物、摧毀一切超出未進化人類所能了解的智慧結晶的本能，主要並非受到宗教原因驅使，因為這些他們無法理解的價值光是存在，便足以激怒他們。但這一切在所難免。若不想讓文明如古埃及社會那樣枯萎或石化，就必須從更深處汲取生命力──比滋養

文藝復興知識與藝術成就的源頭還要深。新的文明終將誕生，但不是圖像的文明，而是文字的文明。

沒有文字，便不可能有思想。路德把文字帶給了自己的同胞。伊拉斯莫斯只用拉丁文寫作，路德則是將《聖經》譯為德語（就我能力所及的範圍來判斷，那是相當優雅的德語），讓百姓不只有機會能「自己」閱讀聖典，還有了思想與信仰的憑藉。再加上當時現有的印刷技術，使文字印刷品得以廣為流傳。

蒙田：透過「自省」探索真理的避世者

《聖經》的多國語言翻譯版本（如：喀爾文[Jean Calvin]翻譯的法文版、丁道爾[William Tyndale]與科弗代爾[Miles Coverdale]翻譯的英文版）對西方人心靈發展至關重要。我之所以有所保留，說「心靈」而非「文明」，是因為《聖經》的翻譯工作同樣是民族主義的重要發展，而我先前說過（以後也會不厭其煩地一說再說），文明向上發展的每一步，幾乎都發生在包容多元的國際主義時代。

無論新教長期影響為何，「立即性」的影響實在非常糟糕，不只對藝術有害，也對生活有害。北方出現一大票在鄉間打家劫舍恃強凌弱的大孩子，隨便都有理由痛打人。他們的身影經常出現在16世紀日耳曼藝術中（圖6-25），不僅意氣風發，顯然也頗受人讚賞，張狂的個性展露無遺。

在日耳曼農民起義的30年前，杜勒曾製作一系列木版畫來描繪天啟末日的情境（圖

4　譯注：山洞巨人（troll）是斯堪地那維亞民俗傳說中的生物，生活在山區岩石與洞窟間。

5　譯注：1524年，日耳曼地區對封建領主與教會重稅感到不滿的農民揭竿起義，希望取消農奴制、開放山林自由，並改革教會。農民起義遭到嚴厲鎮壓，並未成功，而許多宗教改革領袖也都反對農民起義。

6-26），它可以說是表現出杜勒天性中屬於哥德式的那一面，畢竟末日向來是中世紀的熱門主題。此外，我們也能把這部作品視為預言，因為杜勒筆下的景象和即將籠罩西歐的恐怖有著駭人的高相似度，雙方皆自稱為傳達天譴的使者。火雨從天而降，落在國王、教宗、修士與窮人身上，逃過一劫者卻又淪為仇殺之刃的刀下魂。

在這些所謂的宗教戰爭中，宗教固然是政治野心的託辭，但宗教也是觸發情緒的燃料。一想到宗教戰爭持續了120年，期間還發生聖巴爾多祿茂節（St Bartholomew's Day）這類令人反感作嘔的事件[6]，就讓人不寒而慄。難怪當時的藝術會拋棄文藝復興時代的高雅以及高遠志向，投入「矯飾主義」（Mannerism）的懷抱。近年來這種藝術風格再度捲土重來，矯飾主義者將「尋歡作樂」奉為圭臬，而人們總是難以抵抗這類讓人墮落的誘惑。

那麼，若身為一個思想開明的聰明人，在16世紀中葉還能怎麼辦？答案是：明哲保身、單獨行事、處事外圓內方。宗教戰爭為歐洲文明帶來一種中國歷朝歷代都不陌生的人物：逸隱之士。從前，佩脫拉克與伊拉斯莫斯為帝王將相出謀獻策，而他們的後繼者，16世紀中葉最偉大的人文主義者，則退隱至塔中（是真的塔，不是陳腔濫調的「象牙塔」）——此人就是米歇爾・德・蒙田（Michel de Montaigne）。蒙田擔任波爾多市長時盡心盡力，但他拒絕往權力核心再進一步。他對於宗教改革釋放出的宗教信念沒有半點幻想。「人類為了成為天使，」，他說，「把自己化為野獸。」

1533年，蒙田生於南法。他的母親是猶太裔新教徒，父親則是極有文化素養又財富過人的天主教徒。但蒙田不只跟這2個教派保持距離，甚至懷疑整個基督宗教。他說：「我

© Kunstmuseum Basel

圖6-25 「瑞士傭兵」的素描像

《站立的士兵》烏爾斯・葛拉夫（*Standing Warrior*, Urs Graf），1514年，21.7 × 16.1公分，素描，現藏於瑞士塞爾藝術博物館。

願意一手拿著蠟燭照亮大天使聖米迦勒，另一隻手也拿著蠟燭給他的龍[7]。」他的散文和修士之間的口誅筆伐一樣，充滿了各種引文，只不過內容並非來自《聖經》，而是引自希臘與羅馬作家，顯然蒙田對於希羅時代的作品更熟悉。但是比起他對經典的解讀能力，他「抽離」的能力更無人能及。世上只有2種情感能撥動他的心弦：一是對父親的

6　譯注：1572年，法國王太后凱薩琳・德・麥第奇（Catherine de' Medici）以促成宗教和解為由，安排王女瑪格麗特（Margaret）與新教領袖納瓦爾的亨利（Henry of Navarre，未來的法王亨利四世）聯姻，但為了參加婚禮而群集於巴黎的新教領袖與教徒們卻在婚禮後數日遭到屠殺。由於事件起於聖巴爾多祿茂節前夜，因此稱為「聖巴爾多祿茂節大屠殺」。

7　編注：聖米迦勒曾與惡龍纏鬥，最後戰勝。龍在西方寓言中被視為邪惡的象徵。

圖6-26 《天啟四騎士》

《天啟四騎士》杜勒（*The Four Horsemen*，Dürer），約1498年，40 × 28.8公分，
木版畫印刷，現藏於美國克利夫蘭美術館。

愛，一是他與法國作家拉波哀西（La Boétie）之間的親密友誼（堪比19世紀英國詩人丁尼生與歷史學家哈蘭[Arthur Hallam]的偉大友情[8]），因此，在父親與拉波哀西皆辭世之後，蒙田便退隱於世。從此，他只為一件事情投注心力：說出真理。但是蒙田認為的「真理」，跟嚴肅認真的人想從柯利特的講道詞、伊拉斯莫斯的《新約聖經》譯文中找到的那種真理，可大不相同。蒙田認為的「真理」，一定得省思每個問題的另一面，無論就傳統標準而言那種檢視角度有多麼驚世駭俗。

蒙田發現，真理需要證據辨明，但是他能毫不害臊且毫無顧忌檢證的對象只有一個，那就是「他自己」。以往，自省是一種痛苦悔罪的方式，但對蒙田來說，自省是種樂趣。他還說：「除非我能傳達這些自省，否則每種樂趣都索然無味。」為了做到這一點，他發明了隨筆（essay）這種體裁，成為300年來，從哲學家培根（Sir Francis Bacon）到評論家赫茲利特（William Hazlitt）等人文主義者採用的交流方式。

這些挖掘自我的自省做法，確實標誌了文藝復興時代英雄崇拜的結束，就如同蒙田所說：「我們興許是坐在世界之巔，卻也是坐在自己的尾巴上。」然而，奇怪的是那些位居高位者並不討厭蒙田，反而希望有他為伴。假如他再活久一點，他的朋友法王亨利四世（Henry IV）說不定會逼他去當宰相。但我相信他寧可留在自家的塔樓中。

莎士比亞：將心中的懷疑與執著，化為舞台上的殷切表現

16世紀晚期的宗教戰爭，使得當時歐洲最文明開化的人們選擇成為與世隔絕的避世者。然而在1570年之後，反而有一個國家的人民不必擔心內戰或突如其來的復仇（除非主角不巧是耶穌會士）──那就是英格蘭。但是伊莉莎白一世所統轄的英國，稱得上文明嗎？我想，這點值得討論一下。

毫無疑問，當時的英國沒辦法像⋯⋯比方說18世紀的法國，提供一種可複製的文明模式。當時的英國野蠻殘忍，不講道德，沒有秩序，可是如果文明的必備條件是思想的能量、心智的自由，對美的感性和對不朽的渴求，那麼這個擁有劇作家馬羅（Christopher Marlowe）、桂冠詩人史賓賽（Edmund Spenser），以及作曲家道蘭（John Dowland）與拜爾德（William Byrd）的年代，就是一種文明。此外，這個年代也創造了夢幻般的建築，如小莫頓莊園（Little Moreton Hall，圖6-27）這座由玻璃、石材打造，擁有以黑與白構築的華麗外表的宅邸。此處雖然沒有城壕，易攻難守，但這種環境設計能讓人與自然或他者自在相處。這樣的建築理念，正是我們現代建築一直想重振的特點。

以上我描述的這個時代，正是莎士比亞生長的時代背景。當然，我無法將莎士比亞的介紹壓縮成獨白般的長度，但我又不能略過他不提，畢竟我認為文明之所以為文明的前幾項要件，就是要能催生出這種等級的天才。莎士比亞跳脫說教的窠臼，以自由的心靈、強大的自我認同，照亮我上述的那一段歷史並做出總結。他的成熟劇作，堪稱是蒙田真誠理智的詩意實踐。事實上，我們知道翻譯家弗洛里奧（John Florio）於17世紀初將蒙田的著作翻譯成英文，對莎士比亞有著深遠的影響。但是莎士比亞的懷疑主義不僅更徹底，也更不輕易與人妥協。莎士比亞不同於蒙田的抽離，而有著一股熱烈的投入；不像隨筆的興之所至，而是一種舞台上的迫切傳達：

圖6-27 小莫頓莊園

© Francis C. Franklin / Wikimedia Commons

你這流氓教吏，停住你那殘忍的手！
你憑什麼鞭打那個妓女？
抽你自己的背吧；
你自己心裡和她苟且，
卻拿這當理由鞭打她……
誰都沒有犯過，沒有——
我說沒有就是沒有……[9]

明日，明日，復明日
日復一日躡手躡腳
直到歷史的最後一個音節，
我們的每一個昨日，
都在給蠢人照亮
通往煙滅的路途。
滅了吧，滅了吧，短促的燭光；
人生不過是個行走的影子，
一個悲慘的戲子，
在舞台上趾高氣揚，
接著便無聲無息。人生是個故事，
說的人是傻瓜，話音滿是喧譁潑怒，
卻意味不明。[10]

　　這根本就是蒙田所言——只有一點點不同。此外，莎士比亞肯定是第一位，說不定也是最後一位沒有宗教信仰的卓絕詩人，他甚至沒有人文主義者對人的那股信念。哈姆雷特的獨白根本站在阿爾伯蒂豪言的對立面：

　　人是多麼了不起的傑作！思想多麼高貴，能力多麼無窮，舉手投足多麼豐富優美，行動有如天使，悟性有如神祇——世間之至美，生靈之典範！可對我來說，泥土的精華又如何？人不能使我快樂……

　　在莎士比亞之後，還有其他傑出的悲觀論者，像是義大利詩人萊奧帕爾迪（Count Giacomo Leopardi）、法國詩人波特萊爾（Charles Baudelaire），但對於「人生毫無意義」的感悟，哪有人能比莎士比亞的體會更深切呢？

　　基督教世界在這次宗教改革後不久便悲劇性地分裂了，但誰能預料到事態竟會演變至此？然而，我認為人類的心靈在透視生命虛空之後，反而能獲得一種新的偉大情操

8　編注：丁尼生與哈蘭在就讀劍橋大學期間成為畢生摯友，在哈蘭死後17年間，丁尼生寫下以《悼念A. H. H.》為題的輓詩，後來在1850年結集出版，被譽為19世紀最偉大的詩集之一。

9　編注：出自莎士比亞《李爾王》（King Lear）第4幕第6景。

10　編注：出自莎士比亞《馬克白》（Macbeth）。

第7章

重返天主教榮耀的巴洛克時代

崇高與服從

我又回到了羅馬，站在古老聖母大殿（Santa Maria Maggiore）的台階上。羅馬地獄般的車流繞著大殿轉，但大殿內部還有5世紀巴西利卡式（basilica）[1]的古老柱體（圖7-1-1），上方的《舊約聖經》故事馬賽克鑲嵌則堪稱現存最古老的《聖經》插圖（圖7-1-2）。由於舊的聖彼得大教堂已經拆除，拉特朗聖若望大殿（Basilica di San Giovanni in Laterano）遺跡也早已覆上灰泥[2]，如今羅馬城內只剩此處，保留了讓人印象深刻的早期基督教遺址，見證蠻族尚未征服羅馬時的光景。羅馬教會曾經在此輝煌，也再度重返榮耀。

天主教改革期的迷信社會，是否寫下「文明」新定義？

爬上聖母大殿的屋頂，就能看到筆直大道延伸數英里，每條道路各自通往一座知名教堂的廣場，像是：拉特朗聖若望大殿、山上天主聖三堂（Trinità dei Monti）、耶路撒冷聖十字聖殿（Santa Croce in Gerusalemme）。廣場內設有埃及方尖碑，既象徵著最早的文明，也象徵羅馬是在神的意旨下取代埃及。這座教宗的羅馬城直到本世紀都還保留歷來最壯麗宏偉的城市規畫。不得不讚嘆，如此成就竟是在羅馬城遭到徹底羞辱、教廷威信掃地[3]，甚至連羅馬城都差點從地圖上消失的50年後就達成了。這城市遭到燒殺擄掠時，北方的異教徒正在虎視眈眈，土耳其人也朝著維也納步步進逼。有遠見的知識分子（像是1940年的法國知識界）想必會認為羅馬教廷的唯一出路就是面對事實，接受西班牙來自美洲黃金的供養。

不過事情並未如此發展。羅馬與羅馬教廷奪回許多失土，且對我們來說更重要的是，這再度集結成一股強大的精神力量。但這是

↑圖7-1-1　聖母大殿內部

↓圖7-1-2　聖母大殿半圓形後殿的馬賽克鑲嵌

一股文明教化的力量嗎？在英國，我們傾向認為「不是」。一代又一代的自由主義與新教歷史學者制約了我們，讓我們認為「以順服、壓抑與迷信為基礎的社會，稱不上真正的文明」。但只要具備些許歷史感或哲學的客觀，任誰也不能對這些偉大的理念、對聖潔的熱忱信仰、對人類向上帝奉獻的才智視而不見——這一切洋溢在巴洛克式的羅馬城內，如影隨形地跟著每個行人。無論怎麼說，羅馬跟「野蠻」或「粗鄙」都掛不上邊。此外，「天主教改革」（Catholic Revival）是一場庶民運動，讓一般人得以憑藉儀式、圖像與象徵，來滿足內心最深處的衝動，使心靈獲得平靜。而我也相信大家一定會同意，在

1　編注：早期基督教參照古羅馬時期公共建築的巴西利卡風格形式，建造多數教堂。

2　編注：最早興建於4世紀，但後來遭遇地震與火災，歷經多次重建。

3　譯注：1527年，神聖羅馬皇帝查理五世的部分軍隊在義大利與教宗國作戰並獲勝。由於沒有得到應有的薪餉，部隊叛變後朝羅馬進軍，將羅馬城洗劫一空。

© Alonso de Mendoza / Wikimedia Commons

圖7-2-1　《最後的審判》

《最後的審判》米開朗基羅（*Last Judgement*，Michelangelo），1536～1541年，
1370×1220公分，溼壁畫，現藏於梵蒂岡西斯汀禮拜堂。

看過梵蒂岡的羅馬城之前，先別急著為「文明」一詞下定義。

有些人認為，文藝復興已經耗盡了義大利人的天才，但這種說法實在錯得太離譜。1527年之後，義大利人經歷一場信心危機，而這也在所難免。史學家也許會說，這年發生的「羅馬之劫」帶來的象徵意義大於歷史意義，但是象徵有時比事實更能滋養想像力。總之，對於親眼所見的人來說，羅馬遭劫是貨真價實的劫難。

教宗克勉七世（Clement VII）委託米開朗基羅繪製《最後的審判》（Last Judgement，圖7-2-1），作為讓羅馬遭劫的贖罪。假如把《最後的審判》的下半部（圖7-2-2、圖7-2-3），與拉斐爾《聖禮的爭辯》（圖5-20）畫中的人群，或是與他自己早期的〈創造亞當〉（圖5-16）相比，就能看出基督教想像世界的某部分出現了劇烈轉變。

米開朗基羅原先不願承攬《最後的審判》的繪製工作，但在克勉七世的繼任者，出身自法爾內塞（Farnese）家族[4]的保祿三世（Paul III）說服下，終於點頭答應了，只不過此時的委託目的已與原本大相逕庭。這幅畫不再是贖罪之舉或將惡夢具體化的嘗試，而是首次闡述教會力量最偉大的主張，也諭知異端與分裂教會者將遭逢什麼命運。

這幅畫在一段嚴峻的時期中誕生，當時天主教會採用新教徒般的拘謹精神處理內部問題。但奇怪的是，這段時期居然始於保祿三世，畢竟從各個角度來看，他都是最後一位信奉人文主義的教宗。他誕生於腐敗之搖籃中，之所以能成為樞機主教也全賴他的妹妹，人稱「美人」的茱莉婭・法爾內塞（Giulia Farnese）當了時任教宗歷山六世（Alexander VI）的情婦。

無論如何，就文化觀點及其深厚的同情心來看，教宗保祿三世是屬於文藝復興時代的人。初見他的外觀或許會以為他是個狡猾的老狐狸，但若你看的是威尼斯畫派畫家提香

4　編注：文藝復興時期義大利最具影響力的家族之一。

圖7-2-2
「將被拖下地獄的人」局部特寫　　圖7-2-3　「地獄角落」局部特寫

圖7-3 《教宗保祿三世》肖像

《保祿三世》提香（*Pope Paul III*, Titian），1545～1546年，106×85公分，油畫，現藏於義大利那不勒斯卡波迪蒙美術館。

（Titian）在那不勒斯（Naples）為他繪製的肖像（這可說是史上最好的肖像畫之一，圖7-3），便會覺得畫中人物是位睿智的長者，而且看得愈久，愈能感受到其中的深刻雋永。此外，保祿三世採取2項對策，成功抵擋來勢洶洶的宗教改革：其一，正式認可耶穌會成立；其二，召開特利騰大公會議（Council of Trent），改革教會。

米開朗基羅完全無法拒絕他的請求。他不只完成了《最後的審判》，還在保祿小堂（Pauline Chapel）畫了那幅神祕、令人敬畏的溼壁畫（圖7-4-1）。圖中，從聖保祿的面容可以發現他原本處於失明狀態（圖7-4-2），而他的神情顯露出在神力幫助下復明過程的痛苦。事實上，他的面容是米開朗基羅本人理想化的自畫像，也因此更令人動容。1546年，米開朗基羅從保祿三世手中接下了聖彼

得大教堂工程監造一職。就這樣，米開朗基羅憑藉他的天才與長壽，成了文藝復興與反宗教改革時代之間的精神聯繫。

聖彼得大教堂震撼人心的關鍵：奠基於雕塑之美的知性設計

中世紀與文藝復興時期建築師的作品，為何會比我們當代的建物更優秀？其中一個原因，在於這些建築師都是藝術家，而非單純的建築師。

哥德式大教堂的大石匠從大門雕刻做起，而文藝復興時期，布魯涅列斯基以雕刻家出道、布拉曼帖則是畫家出身；拉斐爾、佩魯奇（Baldassare Peruzzi）[5]與朱利歐・羅馬諾（Giulio Romano）全都是中年轉行當建築師的畫家。17世紀羅馬數一數二的建築師當中，皮埃特羅・達・科爾托納（Pietro da Cortona）原是畫家，貝尼尼（Gianlorenzo Bernini）則是雕刻家。他們的作品因此具有可塑的創造力、拿捏比例的敏銳度，以及從解剖學獲知的人體知識為根柢的建築設計藍圖。與此相比，豐富的鋼材抗張強度知識，以及近現代建築的其他必要條件，不見得能創造出以上這些建築特點。

在所有斜槓建築師中，就數米開朗基羅最敢冒險，最能跳脫古典主義與功能需求的局限。這句話並不是說米開朗基羅不切實際，畢竟他曾為佛羅倫斯的防禦工事繪製草圖（圖7-5），從這張圖不僅能看出他的設計符合軍事需求，同時具有抽象藝術的美感。或許也只有米開朗基羅有那種精力，能將聖彼得大教堂初步構想的千頭萬緒融為一體，畢竟在他之前，已有4位了不起的建築師投入

5　編注：巴爾達薩雷・佩魯奇的2個兒子也都是畫家兼建築師。

© Sailko / Wikimedia Commons

↑圖7-4-1　《聖保祿的皈依》

《聖保祿的皈依》米開朗基羅（*Conversion of St Paul, Michelangelo*），1542 ～ 1545年，625 × 661公分，溼壁畫，現藏於梵蒂岡教宗宮保利那禮拜堂。

↓ 圖7-4-2　「聖保祿」的特寫

↓圖7-5　《佛羅倫斯的防禦工事設計草圖》

《佛羅倫斯防禦工事設計草圖》米開朗基羅（*Study for the Fortifications of Florence*, Michelangelo），約1525年，41 × 57 公分，鉛筆與粉筆畫，現藏於義大利佛羅倫斯米開朗基羅故居紀念館。

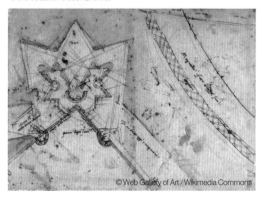

© Web Gallery of Art / Wikimedia Commons

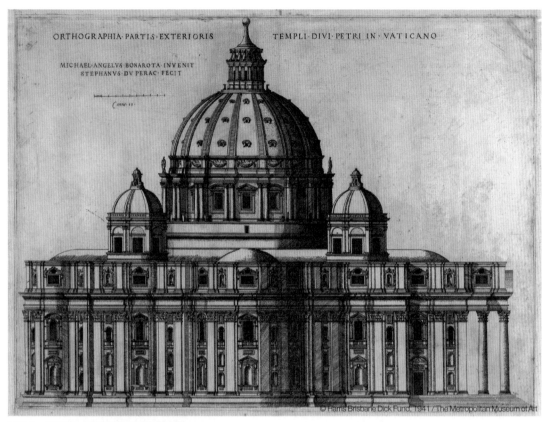

圖7-6　聖彼得大教堂原設計圓頂草圖」

《米開朗基羅為聖彼德大教堂設計的圓頂》（*Speculum Romanae Magnificentiae: Elevation Showing the Exterior of Saint Peter's Basilica from the South as Conceived by Michelagelo*），1558～1561年，33.8×46.1公分，米開朗基羅設計，杜佩拉（Etienne DuPérac）繪製，現藏於美國大都會藝術博物館。

此工作，並建好中央墩柱與周圍的牆面，但米開朗基羅卻能在此打上他個人的獨特印記。

聖彼得大教堂的設計圖（圖7-6）是他所有設計中最具雕塑特色的作品，圖中這龐大簡潔的物件彷彿沒有手足的軀幹雕像(torso)，長了眼睛骨碌骨碌地環顧四周；至於這個圓頂，數世紀以來的藝評家與藝術愛好者，皆無法自拔於米開朗基羅靈感的展現，為那充滿生命力的宏偉弧拱心醉神迷。它說不定是世上最莊嚴的拱頂，放眼城內，輕輕鬆鬆就令羅馬的其他穹頂俯首稱臣。然而，所有證據皆指出目前這個拱頂（圖7-7）並非米開朗基羅最終的意圖。米開朗基羅原先是希望圓拱能更接近球體，少一點尖頂。但在米開朗基羅死後接手的賈科莫‧德拉‧波爾塔（Giacomo della Porta）改變了他的設計。無妨，我們還是可以繼續讚嘆聖彼得大教堂之美，然後再多談一點波爾塔。

其實，波爾塔是16世紀羅馬為數不多的優秀建築師之一。負責教宗思道五世（Sixtus V）浮誇計畫的那些人，如多梅尼科‧豐塔納（Domenico Fontana）等人，都是平庸的設計師。這段時間藝術的活力雖然恢復了，但仰賴的居然不是個別藝術家的天分，而是贊助人的想像力與熱忱。畫家的情況就更糟糕了。說

圖7-7　聖彼得大教堂現有圓頂

實在的，每當我想讓自己對今日畫壇現狀樂觀一點，我就會回頭想想16世紀這50年間的羅馬，想想那些軟弱、矯飾、自滿、一成不變的繪畫創作。

這是個守成的時期，而非開創的年代。同時這也是個禁慾的年代，最具代表性的人物就是樞機主教聖嘉祿‧鮑榮茂（St Carlo Borromeo），達尼耶萊‧克雷斯比（Daniele Crespi）為他畫的肖像再現了那傳奇的禁慾苦修生活（圖7-8）。然而，在這個建物沉重、畫作充滿冗贅的時期，居然出現一位偉大的音樂家帕勒斯特利納（Giovanni Pierluigi da Palestrina）——這就是文明發展難以預料的本質。

帕勒斯特利納先後在拉特朗聖若望大殿與聖彼得大教堂擔任唱詩班指揮，因為他的音

圖7-8　《聖嘉祿的晚餐》

《聖嘉祿的晚餐》達尼耶萊‧克雷斯比（Supper of St. Carlo Borromeo, Daniele Crespi），1620～1625年，190×265公分，油畫，現藏於義大利米蘭受難聖母堂。

樂被認為符合特利騰大公會議的儀式原則。聖嘉祿‧鮑榮茂專門負責審查聖彼得大教堂中演出的音樂，但奉行苦修生活的他，似乎並不反對帕勒斯特利納的音樂中所洋溢的愉悅感性之美。俄國作曲家蕭士塔高維奇（Dmitri Dmitriyevich Shostakovich）在1930年代所遭受的蘇共的非難與限制，似乎沒有降臨到帕勒斯特利納頭上。

聖彼得大教堂圓頂上最後一塊砌石的奠基工程在1590年完成，幾個月後思道五世就過世了。漫長的禁慾與守成即將來到尾聲，而在這10年間還誕生了3位傑出藝術家：貝尼尼、博羅米尼（Francesco Borromini），以及皮埃特羅‧達‧科爾托納。他們將讓世人看見天主教會的光榮勝利。

拘謹壓抑的天主教會，如何藉由崇高的存在引導信眾邁向文明？

所謂的光榮勝利是如何成就的？在英國，大多數人從小被灌輸認為天主教會的成就是靠異端裁判、《禁書目錄》和耶穌會達成的。可是我並不相信1620到1660年間在羅馬的這波創造力大爆發是負面因素的結果，但我得承認，這些年間的文明確實奠基於今日英國與美國所不待見的特定前提上。當然，第一個大前提就是對權威的信念：天主教會的絕對權威。這種信念延伸到社會各階層，但對於現代人來說，我們自幼耳濡目染學會不該服從這種權威。

當時的偉大藝術家除了一個例外，其他人居然都是虔誠又循規蹈矩的基督徒，真教人難以置信。義大利畫家古耶奇諾（Guercino）早上幾乎都在禱告，貝尼尼經常避靜實踐耶穌會創始人聖依納爵‧羅耀拉（St Ignatius Loyola）的靈修練習，法蘭德斯畫家魯本斯（Peter Paul Rubens）則是每早結束望彌撒後才開始工作。而那個唯一的例外就是卡拉瓦喬，他就像現代戲劇的主角，只不過恰好很會畫畫而已。

這種循規蹈矩的盲從態度並非建立在對異端審判的恐懼，而是根據一項非常簡單的信念：上一代的偉大聖人們從信仰中得到啟發，為此，人們理當皈依信仰，過著規律的生活。

16世紀中葉，羅馬教廷經歷了一段不下於12世紀的聖人崇拜期。此時有神祕主義大詩人聖十字若望（St John of the Cross）；具有遠見，放下武器轉為研究人心的聖依納爵‧羅耀拉；曾在祈禱時經歷狂喜的神祕經驗，但仍保有理智常識的偉大女修道院長——亞維拉的聖德蘭（St Teresa of Avila，亦稱為「聖女大德蘭」）；束身自修的管理人才聖嘉祿‧鮑榮茂。不得不說，看到如此大量的偉大精神領袖在短短半世紀內出現的景況，即便不是虔誠的天主教徒也會感到敬佩。1622年3月12日，羅耀拉、聖德蘭、斐理伯‧內利（Filippo Neri）與方濟‧沙勿略（Francis Xavier）全在同一天封聖；這天，彷彿也是重生的羅馬接受洗禮。

然而，我並不認為這些事件之所以值得在文明史上記一筆，該歸功於它對藝術家或哲學家的影響。正好相反，同一時期，我認為北方的整體氛圍自由得多，使當地的知性生活得以更健全發展。**天主教會最偉大的成就，其實在於藉由宗教將平凡無知者變得比較文明、富有人性，並懂得克制最原始的欲望和衝動。**

就以聖母崇拜為例吧！12世紀初期，聖母一度成為文明的至高保護者。她教會粗暴無情的野蠻人學習溫柔與憐憫的美德。中世紀的大教堂是她在人間的居所，到了文藝復興時期，她依然是那位天上母后，但也成為

圖7-9　《聖母與聖子》

《聖母與聖子》貝里尼（*Madonna col Bambino*，Giovanni Bellini），約 1485 ～ 1487年，84.3 × 65.5 公分，油畫，現藏於義大利貝加莫卡拉拉美術學院。

全人類的母親，人人都能從她身上感受到溫暖、慈愛與親切（圖7-9）。現在我們想像一下這些想法單純的善男信女，他們也許是西班牙農民，也許是義大利畫家，當他們聽到北方的異端居然侮辱聖母、褻瀆她的聖所、拉倒她的聖像，甚至將之斬首時，會作何感想？他們內心深處肯定不只感到震驚與憤慨，還會感到自己的情感遭受傷害。或許，他們想得並沒錯。

在埃及、印度或中國，那些安定人心又易於理解，讓信徒全心全意投入的世界宗教[6]，賦予女性神祇和男性神祇相同的地位，也絕不會認真看待無法同時囊括兩者的哲學思想。這些都是 H・G・威爾斯所說的「順從的群體」。至於以色列、伊斯蘭、新教北方等具侵略性的游牧社會，亦即他所謂的「有主見的群體」，這些族群構想出來的神祇都是男性。而且很奇特的是，這些只信奉男性神祇的宗教不會創造偶像崇拜，甚至大部分還會明文禁止；反觀這世上偉大的宗教藝術，都與女性原則（female principle）密不可分。

6　編注：國際上最廣泛傳播的宗教，可畫分佛教、印度教、基督教、伊斯蘭教、猶太教。

圖7-10 《朗基努斯像》

《朗基努斯像》貝尼尼（*Saint Longinus*，Bernini），
1631～1638年，高450公分，大理石像，現藏於梵蒂
岡聖彼得大教堂。

圖7-11 《聖彼得倒受釘刑》

《聖彼得倒受釘刑》魯本斯（*Crucifixion of St Peter*，
Rubens），1638年，現藏於德國科隆聖彼得教堂。

當然，一般天主教徒向聖母祈禱時，完全不
會意識到這一點，他或她也不會對「聖母無
染原罪」（Immaculate Conception）的教義問題
感興趣。他只知道，異端想從自己身邊奪走
那位和藹慈悲又親切的聖母，奪走那位會為
自己代禱，一如自己那位會替孩子向嚴厲主
人求情的慈母。

我們再以另一種只能被疏導而不該受壓抑
的人性本能衝動來舉例，那就是「告解的衝
動」。歷史學家非常想觀測這種告解的需求
為何會再現，甚至是——或者該說「尤其
是」——為何連逃到美國的「朝聖先輩」
（Pilgrim Fathers）[7]也不可避免。現代的告解者
若想吐露心聲，就必須深入內心的迷宮，免

不了繞錯幾個彎、在不同觀點間躊躇不定；
而從前那種由神聖權威要求信徒所做的告
解，只要遵循簡單的儀式，就能讓人從中獲
得安慰。現代人的告解是種崇高的目標，但
也帶來駭人的責任——難怪在所有職業中，
就數心理分析師的自殺率最高。古老的儀式
說不定還是有值得稱道之處，因為多數情況
下「告解」的行為本身就有作用，並不必試
圖去「療癒」。

巴洛克藝術通俗的情感渲染力，成為反制宗教改革的強大武器

「天主教復興運動」（Catholic Restoration）的
領袖們做出了明智的決定：他們非但不因新

教的反對而遷就，甚至要彰顯新教徒最強烈反對的那些教義。然而，我們不得不承認，羅馬教廷提出「反對宗教改革」的某些主張其實挺合乎邏輯的。例如：路德拒斥教宗的權威，他們就更加強烈主張首任羅馬主教聖彼得是由上帝指派的，是基督在人世間的代言人。

再舉一個例子：自伊拉斯莫斯以降，北方的知識分子談起聖髑都是挖苦，羅馬教廷就更加強調聖髑的重要性——因此聖彼得大教堂那四根墩柱（pier）本身，就是巨大無比的聖髑匣。其中之一裝著刺穿我主身側的長矛之殘片，墩柱前更放了貝尼尼雕刻的朗基努斯（Longinus）[8]雕像（圖7-10），其以光芒萬丈的啟迪姿態望著上方。這種對聖髑的敬奉跟聖人崇拜有關，宗教改革人士對聖人崇拜的譴責自然不下於聖髑，因此羅馬教廷就讓聖人的形象更加栩栩如生，尤其是他們受的苦與他們的狂喜，更要以格外生動的模樣記錄下來（圖7-11）。

天主教會透過上述手段，以富有想像力的方式表現出人心深處的悸動。此外，這種生動的表達中還有一股強大的力量，那就是對於人體的大方展現——這遠觀是地中海文明的一環，近觀則是異教的文藝復興時代留下的遺產。而提香的畫風及其對後世的藝術影響，正好與天主教會的手段，不謀而合：他畫的《聖母升天》（Assumption of the Virgin，圖7-12）是一幅領先時代近百年的巴洛克式畫作；創作這幅畫時，也正是提香對崇尚自然和快樂的異教精神最嚮往的時候。早在16世紀初，提香便把自己不可動搖的創作權威，投注於這種嚴肅教條與官能藝術的結合之中。等到特利騰大公會議第一波禁慾苦行的影響力消逝後，提香的畫作便啟發了魯本斯與貝尼尼（前者曾臨摹過提香的畫作，水準相當

精湛）。

在魯本斯與貝尼尼的作品中，肉體與魂靈之間的衝突都以瑰麗的方式化解了。實在難以想像，還有什麼能比貝尼尼在教宗伍朋八世（Urban VIII，或稱「烏爾比諾八世」）陵墓上雕

7　譯注：指從17世紀初開始，為了躲避宗教迫害而輾轉遷居至歐陸，最後乘坐五月花號（Mayflower）到北美洲建立殖民地的英格蘭清教徒。

8　譯注：根據《若望福音》紀載，耶穌死在十字架上後，有一名士兵用長矛刺了耶穌身側肋骨，流出血水。福音書上並無記載此士兵之名，但後世傳說他叫朗基努斯。

© Directmedia / Wikimedia Commons

圖7-12　《聖母升天》

《聖母升天》提香（Assumption of the Virgin，Titian），1516～1518年，668×344公分，木板油畫，現藏於義大利威尼斯聖方濟會榮耀聖母教堂。

↑圖7-13 《仁愛像》

《仁愛像》貝尼尼（*Charity*，Bernini），1633年，高102公分，大理石胸像，現藏於義大利羅馬巴貝里尼宮。

↑圖7-14 《基督與懺悔的罪人》

《基督與懺悔的罪人》魯本斯（*Christ and the Repentant Sinners*，Rubens），1616～1617年，147.2×130.1公分，木板油畫，現藏於德國慕尼黑舊繪畫陳列館。

刻的那尊《仁愛像》（*Charity*，圖7-13），具備更能撫慰人心的身體展現呢？而魯本斯以極端反新教的主題《基督與懺悔的罪人》（*Christ and the Repentant Sinners*，或稱為 *Christ and the Penitent Sinners*，圖7-14）來創作，卻在畫中那位悔罪的抹大拉馬利亞身上，甚至基督本人身上，成就了一種高貴的情慾，與不容置疑的信仰完美融合。

由上述情形來看，所謂的「巴洛克」藝術，其實是一種通俗的藝術。巴洛克藝術不同於文藝復興時期，並非以知性的手段（例如：幾何學、透視法、古典知識）來觸動一小群人文主義者的心，而是透過情感盡可能觸動更多受眾。

巴洛克藝術的題材通常很費解，因為多半是來自某些神學家的構思，但是藝術家傳達意涵的手法卻很通俗，甚至令人想到電影。卡拉瓦喬就是這個時代第一位，整體來說也是最偉大的那位義大利畫家。他拿來實驗的那種光影效果，創造出一種戲劇性的光影衝擊，在1920年代的藝術電影中相當流行（圖7-15）。後來的巴洛克藝術家，特別喜歡採用動人的特寫，像是微啟的雙脣和晶亮的淚珠。

巨大的特寫、不停的畫面移動、光影的變換……這些手法全都在電影中再現。然而，巴洛克藝術家更加厲害之處，在於他們的創作媒材是青銅與大理石，而非賽璐珞底片。這種類比也許有點輕率，畢竟無論多麼愛好電影的人，也很難不去承認電影大多庸俗且時效短暫，但是貝尼尼的作品卻蘊含理想且永恆。

圖7-15 《聖馬太蒙召》

《聖馬太蒙召》卡拉瓦喬（*The Calling of St Matthew*，Caravaggio），1599～1600年，322×340公分，油畫，現藏於義大利羅馬法蘭西聖路吉教堂。

　　貝尼尼確實是一位非常偉大的藝術家，縱使他的作品似乎缺少米開朗基羅那種令人肅然起敬的嚴謹與全神貫注，卻在他的世代發揮了比米開朗基羅更強大的說服力與影響力。貝尼尼不只為巴洛克時代的羅馬定調，甚至讓歐洲各國的藝術家群起效尤，帶動國際風潮——這就如同當年的哥德藝術，也是文藝復興從未達到的境界。

巴洛克雕刻大師貝尼尼，將天主教會欲展現的宏偉崇高推向頂峰

　　貝尼尼是個早熟的天才。16歲時，羅馬顯

→圖7-16　貝尼尼的《大衛像》

《大衛像》貝尼尼（David, Bernini），1623～1624年，高170公分，大理石像，現藏於義大利羅馬波格賽美術館。

↓圖7-17　《阿波羅與達芙妮》

《阿波羅與達芙妮》貝尼尼（Apollo and Daphne，Bernini），1622～1625年，高243公分，大理石像，現藏於義大利羅馬波格賽美術館。

↘圖7-18　樞機主教波格賽的胸像

《希波奧內‧波格賽》貝尼尼（Scipione Borghese，Bernini），1632年，高78公分，大理石胸像，現藏於義大利羅馬波格賽美術館。

赫的波格賽（Borghese）家族便已收購他的雕塑；20歲時，就被委託為波格賽家族出身的教宗保祿五世（Paul V）繪製肖像。接下來的3年內，貝尼尼雕刻大理石的技術愈來愈精湛，可說傲視群倫，超越古今。他的雕刻《大衛像》（圖7-16）有別於米開朗基羅《大衛像》（圖5-8）的靜止，而是捕捉扭身的一瞬間；臉上神情之強烈，差點就過了頭。其實，貝尼尼的大衛像是少年貝尼尼看著鏡子刻出自己的樣貌，而且據說為他執鏡的人，就是他的贊助人，樞機主教希皮奧內·波格賽（Scipione Borghese）[9]。

除此之外，《阿波羅與達芙妮》（Apollo and Daphne，圖7-17）這件作品更了不起。貝尼尼在這件作品中，將大理石雕塑得更加輕盈流暢，完美呈現出達芙妮變成一棵月桂樹，向父親呼喊救命的「瞬間」：她的手指已經開始變成樹葉了。阿波羅才剛意識到他即將失去達芙妮，而如果他能往下看，會看到達芙妮美麗的雙腿正化為樹幹、腳趾頭已化為樹根和卷鬚。

這些技藝精湛的作品，都是受波格賽家族委託而作。這個家族當時敢委託如此年輕的藝術家創作，可說是慧眼識英雄。事實上，早在1620年起，富有的羅馬家族（其實就是歷屆教宗出身的家族）便開始競相作為贊助人與收藏家，常爆發人才與作品的爭奪戰。這讓人不禁想起20世紀初，弗里克（Henry Clay Frick）、摩根（J.P. Morgan）與華特斯（Henry Walters）這3位美國大收藏家之間的競爭，差別只在於那些羅馬贊助者搶的是「活人的」藝術創作，而不只是經過鑑定的「古典名作」。名門大族網羅這些畫家，並且像現代運動員一樣要簽約，而實際上，這些畫家也真的可以獲得報酬，這是文藝復興時期從未有過的現象。

一如既往，每當一段禁慾苦行時期過去，一下子獲得放鬆的寬裕生活就會激發豐沛的創造力。若我們端詳貝尼尼為那位最富裕的樞機希皮奧內·波格賽所作的胸像（圖7-18），便能從雕像神情看出1620年代的生活已經徹底放鬆了。在這些教宗輩出的名門望族中，有個家族的光芒硬是蓋過其他人，那就是巴貝里尼（Barberini）家族。這都多虧了馬費奧·巴貝里尼（Maffeo Barberini），在1623年成為教宗伍朋八世。

伍朋八世不僅是個貨真價實的藝術愛好者，還設法擔任教宗長達20年（當時各界希望教宗一屆任期約5年就好，如此一來才能換一批新人謀取利益）。據說伍朋八世就任後，最早接見的第一批人之中也包括貝尼尼，當時伍朋八世對他說：「騎士，您見到教宗馬費奧·巴貝里尼，固然是您的榮幸，但在吾任教宗期內，能與騎士貝尼尼您同屬一個時代，於我來說更是萬分榮幸。」那年，貝尼尼25歲，隔年他就成為聖彼得大教堂的建築師，製作那件令人不敢置信的鬼斧神工之作：聖餐桌頂上的青銅華蓋（baldacchino，圖7-19）。沒錯，只要對青銅鑄造略知一二的人，都知道這頂華蓋有多麼不可思議，因為製作上不僅涉及各種工程難題，而且當時青銅十分稀缺。伍朋八世解決缺料的方式相當激進，就是把羅馬最古老的名建築「萬神殿」（Pantheon）的屋頂給拆了。此舉催生出一句名言：「蠻族不敢做的事情，巴貝里尼卻做到了。」[10]

貝尼尼的創新不僅具備大膽又豐富，其完美的技藝更是面面俱到。更令人讚嘆的是，貝尼尼的腦海中似乎早已預料聖彼得大教堂

---

9 編注：希皮奧內是保祿五世的姪子。
10 譯注：義大利語的「蠻族」（Barbari）與「巴貝里尼」（Barberini）發音相近。

圖7-19　聖彼得大教堂的青銅華蓋

貝尼尼（Bernini），1624～1633年，高28.7公尺，青銅雕塑（部分鍍金），現藏於梵蒂岡聖彼得大教堂。

© Jebulon / Wikimedia Commons

將來的整體走向。因為他在1642年所畫的設計圖，居然與40多年後的建築風格發展和諧一致！

貝尼尼或許是史上唯一一位有能力在如此漫長的時間內，完成一項龐大設計的藝術家；而且最後成品呈現和諧一貫的視覺效果，其他如此大格局的建物根本做不到。1600年前來羅馬朝聖的人，一看到聖彼得大教堂的圓頂，精神肯定會大為振奮，但對於大教堂其他部分的印象卻是支離破碎、模糊不清。那麼現在想像一下，貝尼尼完工之後，朝聖者會有什麼樣的體驗：首先，他會走過聖天使橋（Ponte Sant' Angelo），橋上的天使大理石像出自貝尼尼的工作坊。接著，一路往聖彼得廣場前進，廣場的一切都經過計算，為的是要讓朝聖者籠罩在崇高偉大的震懾感下（圖7-20）。宏偉的柱廊張開雙臂擁抱朝聖者，而經過教堂的入口「國王樓梯」（Scala Regia）時，如果把頭探進去，就能看到貝尼尼雕塑的《君士坦丁的改宗》（*Conversion*

↑圖7-20 聖彼得大教堂廣場

of Constantine，圖7-21）。據說君士坦丁是第一位信仰基督教的皇帝，並將羅馬城正式獻給教宗。

　　等到朝聖者繼續爬上聖彼得大教堂的台階，經過恢弘的立面後，一種和諧融洽的感受瞬間油然而生（圖7-22），因為室內所有裝飾都風格一致。即便這些裝飾不是同時完工，但基本上都是由貝尼尼構思設計，才能保有一致風格；也正因如此，我們的目光才能毫無阻礙地穿過青銅華蓋，看到聖彼得的寶座（throne of St Peter），甚至連同寶座上那些輕盈雀躍、層層堆疊如浪濤的主教像、天使像與小天使像都一覽無遺，讓你我再也感受不到俗世的束縛，一起加入這個想像世界，就像欣賞芭蕾舞一樣，欣喜若狂地拒斥萬有引力。

　　但提到「芭蕾舞」，讓我想起貝尼尼其實

↓圖7-21　貝尼尼《君士坦丁的改宗》

《君士坦丁的改宗》貝尼尼（Conversion of Constantine，Bernini），1654～1670年，大理石雕像，現藏於梵蒂岡聖彼得大教堂。

圖7-22　聖彼得大教堂內部

也是當代最偉大的布景設計師，而這絕非偶然。英國作家約翰‧伊夫林（John Evelyn）記錄了他在1644年造訪羅馬當地歌劇院的情形：「在那裡，貝尼尼畫布景、刻雕像、發明機關、創作音樂、撰寫喜劇劇本，還蓋了這棟劇場。」此外，其他人的日記中也提到貝尼尼製作的舞台效果讓前排觀眾奪門而出，就怕被水淹到或被火燒著，可見他創造的幻覺是多麼逼真了得。當然，現在這些創作全都消失了，不過從貝尼尼為納沃納廣場（Piazza Navona）所做的設計（圖7-23-1），我們不難想像出當年舞台效果的實況。

這一切就像一場讓人忘記呼吸的精采表演：一座埃及的方尖碑立在鏤空的石塊上，彷彿芭蕾舞伶般輕盈；4座巨大的雕像包圍著方尖碑，分別象徵世上的4大河流：多瑙河、尼羅河、恆河與位在南美洲的拉布拉他河——你也可以把這些雕像想成4大陸，或是自伊甸園流出的4條河[11]。這種將所有象徵攬在一起的大雜燴，就是17世紀人們的思維方式。現代人雖然不會如此思考，但還是可以享受貝尼尼的創造力所蘊含的氣勢。我說「創造力」，是因為當時他的作品其實是由一小群技藝精湛的助手完成的。據說，整座噴泉唯一出自貝尼尼本人之手的雕塑，是那尊從水濂洞後頭驚喜現身，象徵多瑙河的那匹馬。順帶一提，這尊雕像是照著一匹名為「都活山」（Monte d'Oro）的馬兒形象來雕塑（圖7-23-2）。

11　編注：幼發拉底河、底格里斯河、基訓河、比遜河。

↑圖7-23-2　駿馬雕像「都活山」局部特寫

圖7-23-1　納沃納廣場的「四河
噴水池」(Fiumi Fountain)

圖7-24
《聖女大德蘭的狂喜》

《聖女大德蘭的狂喜》貝尼尼
（*Ecstasy of St Teresa*，Ber-
nini），1647 ～ 1652年，高
350公分，大理石像，現藏於
義大利羅馬勝利聖母教堂。

　　貝尼尼作品中的戲劇元素，還有另一個崇高的實例，那就是勝利聖母教堂（Santa Maria della Vittoria）中的科爾納洛小禮拜堂（Cornaro Chapel）。首先，貝尼尼在禮拜堂兩側再現了威尼斯貴族科爾納洛（Cornaro）家族的成員，彷彿他們坐在包廂裡等著舞台布幕升起。至於劇碼本身，呈現的方式就像在一座小小的舞台上，準備將聚光燈落在主人翁身上。但從此刻起，我們得先把戲劇的類比擺一邊去，因為我們眼前所見的《聖女大德蘭的狂喜》（*Ecstasy of St Teresa*，圖7-24），是歐洲最撼動人心深處的藝術作品之一。

　　貝尼尼擁有想像他人感受的天秉，以及深入他人情緒的能耐，想必這些天賦也在他修持「羅耀拉靈修法」之後更加登峰造極。在《聖女大德蘭的狂喜》這件作品中，貝尼尼把自己的天賦用來傳達最為罕見，也最為珍貴的情緒狀態：宗教狂喜。貝尼尼精準勾勒出聖德蘭在自傳中的某個段落──她描述自己生命中的超凡瞬間，描述一位天使，用燃燒著火焰的金箭矢反覆穿刺她的心臟：「強烈劇痛讓我忍不住高聲尖叫，但同時卻也感

到無比的甘美,讓我不禁希望痛苦永久延續下去。這是上帝對靈魂最甜美的愛撫。」對於這種深沉感受、官能的投入與非凡手法拿捏的結合,最貼近的類比也許不在視覺藝術,而在音樂之中,例如:與貝尼尼同時代但年紀稍長的傑出作曲家,蒙特威爾第(Claudio Monteverdi)的作品中。

窮奢極欲的巴洛克藝術,過頭了就脫離人性

我想,沒有人能指控我輕視天主教改革,或是說我輕視這場改革中最偉大的視覺創作者吉安・羅倫佐・貝尼尼。那麼,可否容我以這句「我對文明史上的這段篇章充滿疑慮」來作結?

我的疑慮可以總結成「幻覺」與「剝削」這兩個詞。當然,每種藝術多少都有幻覺的成分在內。為了滿足我們想像中的若干渴望,藝術轉化了我們的真實經驗。但幻覺的程度有深有淺,取決於藝術家有意將人們引導到何種的程度、產生多少移情作用。

貝尼尼的藝術創作具有著非常強烈的渲染力。只要我們了解歷史上人們對於聖德蘭的印象,是她擁有一張毫不畏懼、理性冷靜的素樸面孔,再將此拿來跟科爾納洛小禮拜堂那位失神愉悅的美人對照,就會發現兩者間是多麼驚人的落差。看到這種情況,我們很難不認為富足的巴洛克藝術雖然奮力逃離先前為了對抗新教而起的戒律和禁慾生活,最後卻從現實逃進了幻覺的世界。由此可見,藝術創造了自己前進的勢頭,可是一旦開始前進就只能邁向愈來愈激情的道路,眼前別無他途。當我們走進耶穌堂(Church of the Gesù)、聖依納爵堂(Church of St Ignazio)或是巴貝里尼宮(Palazzo Barberini,圖7-25),在我們頭頂上演的那些空中芭蕾就是失控暴衝的結果。就像塞子被拔掉一樣,噴射而出的想像力能量嘶嘶作響、衝上雲霄,過不久就會蒸發。

此外,來談談我其他的疑慮——出於私利的剝削。16世紀以前當然就有剝削,但規模從來沒有如此龐大。中世紀的大型建設通常有普羅大眾參與,而即便在文藝復興時代,王宮也算政府機構所在,也是當地人引以為傲的對象。但是教宗家族的高樓廣廈,表現的不過是一己的貪婪與虛榮。

法爾內塞家、波格賽家、巴貝里尼家、盧多維西(Ludovisi)家,這些貪婪的暴發戶在自己掌權的短短幾年競相興建最大、最華麗的交誼廳。有不少偉大的藝術作品是因為他們的委託案而誕生,這讓我們也不得不佩服他們的厚顏勇氣,至少他們並不吝嗇,也不遮掩,不像現代的某些富豪。但他們對文明的貢獻,也就局限在視覺上的絢麗罷了。追求恢弘無疑是人類的一種本能,可是一旦過了頭,就脫離人性了。

我很好奇,在如上述這般宏偉的廳堂內,是否真能孕育有助於人類精神進步的思想?或許有個例外,那就是大英博物館的閱覽室吧!

圖7-25　巴貝里尼宮的穹頂溼壁畫

第 **8** 章

荷蘭風俗畫與17世紀科學革命

經驗之光

今天這個下午3點吹拂著西北風的晴天午後，我們站在荷蘭哈倫（Haarlem）廣場所看到的景象，簡直跟貝克海德（Gerrit Berckheyde）畫中的景色一模一樣（圖8-1）。畫中建築對照現實建物幾乎沒有改變，其中的空間感也不會讓人感到異樣，對於光線的觀察更是精準無比，一切真實到彷彿我們可以直接走進畫中，毫無違和。不過，很多你我現今視為理所當然的事物，其實皆源自於思想上的變革。這一回，是一場用「經驗、實驗、觀察」來取代「神聖權威」的革命。

我人現在之所以來到荷蘭，不只是因為荷蘭繪畫堪稱這種心態轉變的最佳視覺展現，也是因為荷蘭在經濟和知識方面，都是第一個獲益於這種思想轉變的國度。畢竟一旦問題的出發點從「這是上帝的旨意嗎？」，換成「有效嗎？」，甚或是「有賺嗎？」，就會得出一套全新的答案。

這套問題邏輯下最早獲得的新答案之一，就是與其試圖壓制和自己不同的意見，不如加以容忍還比較有利可圖。這種結論早該在宗教改革時期出現才是，實際上，這論點在伊拉斯莫斯的著作中已經顯現端倪，而他正好是個荷蘭人。唉，偏偏人們都相信自己的意見有神聖權威在背後撐腰，新教徒因此受到的折磨，可不比天主教徒少，即便在荷蘭也不例外。直到17世紀中葉，此地的新舊教衝突依舊，彼此殘害。遲至1668年，還有2位被稱為「柯爾博」（Koerbogh）的荷蘭知識分子受害。猶太人也是，他們在阿姆斯特丹好不容易逃離了基督徒的迫害，卻開始壓迫自己人，女巫審判的案件數竟也在這個理性時代一飛沖天。這種宗教迫害的風氣彷彿某種毒藥，就連當時的新哲學也無法解救。

話雖如此，17世紀初期荷蘭的社會風氣依

圖8-1　貝克海德筆下的哈倫廣場

《哈倫大教堂與市集》貝克海德（*The Market Place and Grote Kerk at Haarlem*，Berckheyde），
1665年，61 × 85公分，油畫，現藏於奧地利維也納列支敦士登博物館。

舊極為寬容。幾乎所有顛覆思想的偉大著作，最早都是先在荷蘭印製發行，這就是證據之一。

17世紀的嶄新文明姿態：資產階級群像成為繪畫主題

究竟是什麼樣的社會，能容忍這些如同定時炸彈的煽動性思想？哈倫有一間如今改建為畫廊的老救濟院，我們能在這裡可以看到許多證據。

我們對17世紀荷蘭人的長相知之甚詳，遠甚於我們對歷史上其他社會群體的了解，唯一的例外恐怕只有西元1世紀的羅馬人。每個人都希望讓後代子孫知道自己精確的長相，即便自己只是商會團體的一分子，而以生動手法將這種渴望傳達給我們的，正是哈倫畫家弗蘭斯・哈爾斯（Frans Hals）。哈爾斯個性極為外向。我以前覺得他的作品（圖8-2）正向到令人討厭，手法又很糟糕（只有最後一幅作品例外）。但我現在很愛這些畫中那種不假思索的歡樂，至於手法，我也比以前有了更高的評價。哈爾斯的畫中人看起來並不像某種新哲學的代言人，但從17世紀初期多不勝數的荷蘭群體肖像畫中，確實有一種文

圖8-2 《哈倫市衛隊》

《哈倫市衛隊》哈爾斯（*Meeting of the Officers and Sergeants of the Calivermen Civic Guard*，Frans Hals），
1633年，207 × 337公分，油畫，現藏於荷蘭哈倫哈爾斯博物館。

圖8-3 《布商公會的理事》

《布商公會的理事》林布蘭（*The Syndics*，Rembrandt van Rijn），1662年，191.5 × 279公分，
油畫，現藏於荷蘭阿姆斯特丹國家博物館。

明的姿態浮現出來，能看出這幾個人準備好同心協力，為了公共利益展開合作。重點是，他們和今天的你我一樣，是一步一腳印的平凡人，而為他們畫像的也是普通的畫家。然而，從這種沉悶的團體肖像畫中，竟然出現了歐洲繪畫的巔峰之一：林布蘭的《布商公會的理事》（The Syndics，圖8-3）。無法想像這樣的團體肖像畫會在西班牙、17世紀的義大利，甚或威尼斯出現。而這種團體肖像畫，可說是資產階級民主制度第一個可見證據。

因為政治宣傳的關係，讓「資產階級民主制度」（Bourgeois democracy）這幾個字聽起來實在很可怕，連我都有點猶豫該不該用。話雖如此，在文明的脈絡中，它們確實有其意義。「資產階級民主制度」意味著一群個人可以集結起來，集體承擔責任；他們之所以有能力這麼做，是因為他們有餘裕；他們之所以有餘裕，是因為他們在銀行裡有錢，而我們從這幅團體肖像畫中所看到的，正是這樣的社會。他們無異於今日的地方政府委員會或醫院董事會。同時，他們代表了做事務求效果的一種實用與社會實踐的哲學理念。

荷蘭的重商主義，結合強調觀察的寫實主義，成就獨步歐洲的風俗畫

阿姆斯特丹是資產階級資本主義的第一個重鎮。自從安特衛普與漢薩同盟走下坡之後，阿姆斯特丹便成為北方的國際大港和歐洲銀行業的中心。乘著船，在阿姆斯特丹錯綜複雜的運河中穿梭，看著沿途櫛比鱗次的優雅房舍，我們不難遙想是什麼樣的經濟制度，能催生出這些體面、舒適而和諧的建築物（圖8-4-1、圖8-4-2）。

我在本書中對經濟著墨不多，主因是我不懂經濟，但多少也是因為我認為後馬克思主義歷史學家誇大了經濟的重要性。但當然，在社會發展的特定階段，流動資本確實是文明的重要推手之一，因為它能確保3種必要元素不虞匱乏：閒暇、行動力、獨立性，讓人們能把稍微多出來的財富花在更高雅的事物上，例如更精緻的門框，或者更罕見難得的鬱金香上。

請容我離題談一下鬱金香。資本主義經濟的第一次景氣循環，居然不是因為糖、鐵路或石油，而是因為鬱金香，這實在令人莞爾。鬱金香引發的景氣循環，顯示17世紀荷蘭人如何結合他們心中2股主要的熱情：科學研究與視覺享受。最早，鬱金香是在16世紀時從土耳其引進，但它之所以從此成為一場令人興奮莫名的賭局，卻是因為荷蘭萊頓（Leiden，這裡也有著世界上最古老的植物園之一）的一位植物學教授，發現了這種植物的變異特性。

1634年，荷蘭人為了這種新熱潮心醉神迷的程度，甚至可以讓收藏家用1,000磅的乳酪、4頭牛、8頭豬、12隻綿羊、1張床加1套衣服，來交換區區1株名為「總督」（Viceroy）品種的球莖。到了1637年，鬱金香市場暴跌，荷蘭經濟也為之震動。然而，荷蘭經濟還是撐過了又一個50年，期間又創造出了更加耀眼奪目的奢侈品：銀質的杯瓶、貼金箔的皮革牆面、仿中式的青花瓷，其中青花瓷的技術水準之高，甚至能外銷回中國。

上述這一切都顯示高度的物質文明，偏偏這種視覺上的自我沉溺很快就會走向賣弄，而資產階級民主制度中的賣弄，就意味著庸俗。光是從荷蘭風俗畫畫家皮特・德・霍赫（Pieter de Hooch）的畫作中，就可以看到庸俗在荷蘭正處於進行式。1660年，霍赫的畫作中是整潔的裝潢（圖8-5），空間井然有序，光線充足；10年後，他所畫的裝潢變得非常

↑圖8-4-1 17世紀阿姆斯特丹的房子（攝於20世紀初）

↓圖8-4-2 阿姆斯特丹運河旁的現代街景

↑ 圖8-5 《與兩個男人飲酒的女人》

《與兩個男人飲酒的女人》皮特‧德‧霍赫（*A Woman Drinking with Two Men*，Pieter de Hooch），推斷是1658年，73.7 × 64.6公分，油畫，現藏於大英國家美術館。

↑ 圖8-6 《打牌》

《打牌》皮特‧德‧霍赫（*The Card-players*，Pieter de Hooch），1663～1665年，67 × 77公分，油畫，現藏於法國羅浮宮。

精緻，潔白如洗的牆壁已經貼上了鑲金的西班牙皮革。人有錢了，畫中的美感卻也少了（圖8-6）。資產階級資本主義導致某種防衛性的自鳴得意與多愁善感，難怪維多利亞時代早期的畫家會模仿梅曲（Metsu）與小波爾赫（Gerard Terborch the Younger）這類荷蘭風俗畫家的畫作了。

此外，以觀察為務的哲學，促使人們將寫實主義發揮到淋漓盡致。19世紀時，保盧斯‧波特（Paulus Potter）的《公牛》（*The Bull*，圖8-7）可說是荷蘭最知名的畫作。我承認，這幅畫至今仍令我魂牽夢縈。我厭倦了現在流行的抽象畫，它們很容易流於乏味和單一重複。與此相對，波特這幅畫中異常的寫實羊頭讓我捨不得移開目光，而那頭用碩大身軀占據大片美麗風景的年輕公牛，則有一股近乎於夢魘的氣勢。對此，我也得承認，資產階級的感性與寫實主義，能創造出一種庸俗且瑣碎的風俗藝術。支持決定論（determinism）[1]的歷史學者在爬梳17世紀荷蘭的社會環境時，大概會說荷蘭人注定發展出這種風俗藝術吧！這倒不盡然，因為他們還有林布蘭（圖8-8）。

個人天才？集體社會？何者對文明的貢獻更重要？

研究文明發展史的時候，必須努力在「個人的天才」和「整體社會的道德與風氣」之間取得平衡。然而，雖然這樣說可能不太理性，但我個人還是迷信天才，因為我相信世

1　編注：決定論者認為人類的行動就如自然現象，背後都有其原因，且行動發展必然受原因的決定與制約，行動者沒有自由意志可言。

↑圖8-7 《公牛》

《公牛》保盧斯・波特（*The Bull*，Paulus Potter），1647年，339 × 235.5公分，油畫，現藏於荷蘭海牙莫瑞修斯皇家博物館。

←圖8-8 《自畫像》（當時約55歲）

《自畫像》林布蘭（*Self-portrait*，Rembrandt van Rijn），1661年，114 × 94公分，油畫，現藏於英國倫敦肯伍德宅邸。

上幾乎每一件有價值的事物，都起源於單一的個體。不過我們普遍都認為歷史上的超凡偉人必定是集其時代之大成者（如：但丁、米開朗基羅、莎士比亞、牛頓[Isaac Newton]、歌德等），因為他們太偉大、太無所不能，不可能是閉門造車。至於林布蘭，就是解答這種難題的關鍵實例。

對於歷史學者來說，少了林布蘭的荷蘭藝術與其說是不難想像，不如說是少了他更合理。在當時的荷蘭，沒人能與林布蘭相提並論，不像莎士比亞的年代還有一群前輩和同輩的詩人和劇作家可與他相互呼應。林布蘭的成功來得非常迅速，幾乎是全面壓倒性的成功，甚至長久屹立不搖。他的蝕刻版畫與手繪畫從未褪流行，甚至在接下來20年間，幾乎每一位荷蘭畫家都是他的徒弟。這些事實表明了荷蘭的精神生活需要他，同時，某種程度上也創造了他。林布蘭本質上就像一位「追求真理」和「訴諸經驗」的詩人，而人類思維上的這2項特質，早在宗教改革就發生了。這些特質也造就了最早那些《聖經》的翻譯版本，之後人們還要再等待將近一個世紀，這種對於真理與經驗的訴求才有了視覺化的展現。

至於，林布蘭與荷蘭知識分子圈最明顯的關聯，可以從他自萊頓遷居到阿姆斯特丹後

圖8-9 《鬱金香醫生的解剖學課》

《鬱金香醫生的解剖學課》林布蘭（*The Anatomy Lesson of Dr Nicolaes Tulp*，Rembrandt van Rijn），
1632年，216.5 × 169.5公分，油畫，現藏於荷蘭海牙莫瑞修斯皇家博物館。

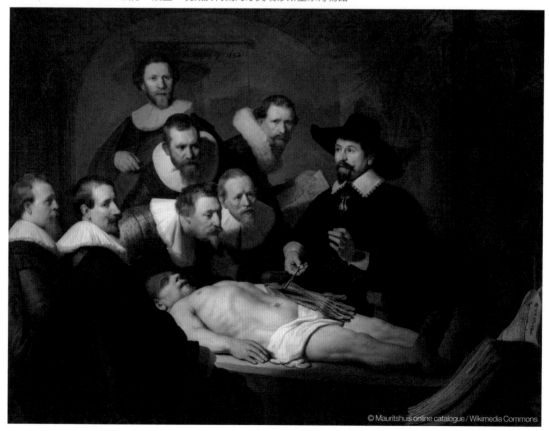

的第一個委託案看出來。這幅畫描繪的是解剖學權威鬱金香醫生（Dr Tulp，或採音譯念法為「杜爾醫生」[2]，圖8-9）授課演示的場面。圍繞在他身邊的人當然不是大學生，更不是博士生，而是外科醫師職業公會的成員。近代第一位解剖學大家，人稱維薩里（Vesalius）的安德烈・范・維塞爾（Andreas van Wessel）[3]是荷蘭人，而畫中一臉得意的鬱金香醫師，就喜歡別人稱呼自己是「維薩里再世」。但我猜他可能有江湖郎中之嫌，因為他居然建議病人一天要喝上50杯茶。不過鬱金香醫生事業有成，他的兒子甚至成為了英國的從男爵（baronet）。

不過，林布蘭並未以這類外顯或半官方的形式來參與當時知識分子的精神生活，而是透過繪製《聖經》插圖來滲透其中。林布蘭訴諸經驗的做法一定會對權威構成挑戰，而其中一種受到挑戰的權威形式，就是傳統的聖像。林布蘭對於古典傳統固然鑽研甚深，但他希望跳脫前人描繪的形象框架，以全新目光看待《聖經》中的每個事件，並力求在自身經驗中找到能與之匹配的相關素材。

林布蘭對《聖經》十分熟悉，每個故事都能倒背如流，甚至連細節都不放過。早期的《聖經》譯者為了不錯失任何一絲真理，認為自己必須學習希伯來語，而林布蘭也不遑多讓。他為此與阿姆斯特丹的猶太教徒為友，並且經常造訪他們的聚會所，藉此深入了解猶太民族的早期歷史。所以到頭來，林布蘭仍是採用自己切身的生活體驗，作為詮釋《聖經》的證據（圖8-10）。林布蘭的畫常讓人分不出他到底是將觀察到的周遭景象如實描繪，抑或是把《聖經》用圖像表達出來——或許，這2種經驗在他心中本是同根生。林布蘭用基督教的表達方式來詮釋人生，有時卻讓他畫出《聖經》中恐怕不存在

圖 8-10　林布蘭的《聖經》版畫之一

《浪子回頭》林布蘭（*Return of the Prodigal Son*，Rembrandt van Rijn），1636年，15.5 × 13.3公分，蝕刻版畫印刷，現藏於美國華盛頓國家美術館。

的題材，但他深信實情肯定如他所繪。那幅描繪基督宣揚諸罪得赦的蝕刻版畫（圖8-11-1），就是個很好的例子。

《基督布道》的構圖本身相當古典，其實這張圖的靈感源自於拉斐爾的2幅名畫，林布蘭對它們早已了然於心。但是，這一小群聽眾跟拉斐爾筆下完美的人物實在相去甚遠。形形色色的人群中，有人若有所思、有人心不在焉、有人只顧著取暖，有些人則是強打著精神（圖8-11-2）。還有前景那個小孩（圖8-11-3）對基督口中的赦免毫無興趣，一心一意只想在沙子上畫畫。我想，假如對人

2　譯注：外科醫生，本名克萊斯・皮特茨佐恩（Claes Pieterszoon），曾任阿姆斯特丹市長。事業有成的他，以鬱金香為家徽，並且把自己的姓名改為尼可萊斯・鬱金香（Nicolaes Tulp）。

3　編注：「van Wessel」是荷蘭語原文，「Vesalius」則是拉丁化的名字。對當時的歐洲學者來說，將自己的姓名拉丁化是常見的現象。

圖 8-11-1　林布蘭的《聖經》版畫之二

《基督布道》林布蘭（*Christ Preaching*，Rembrandt van Rijn），約 1652 ～ 1657 年，15.4 × 20.7 公分，蝕刻版畫印刷，現藏於美國華盛頓國家美術館。

圖 8-11-3　「畫畫小孩」特寫

圖 8-11-2　「取暖的人、強打精神的人」特寫

© Art Gallery ErgsArt / Flickr

↑圖8-12 《收到大衛王來信的拔示巴》

《收到大衛王來信的拔示巴》林布蘭（*Bethsabée au bain tenant la lettre du roi David*, Rembrandt van Rijn），1654年，142 × 142公分，油畫，現藏於法國羅浮宮。

↓圖8-13 《猶太新娘》

《猶太新娘》林布蘭（*The Jewish Bride*, Rembrandt van Rijn），約1665 ～ 1669年，121.5 × 166.5公分，油畫，現藏於荷蘭阿姆斯特丹國家博物館。

類的各種狀態及其境遇抱持同理心、接納人類的多樣性，是文明生活的一項特色，那麼林布蘭便能躋身於文明的大預言家之列。

林布蘭繪畫中的心理真實性，超越了他在世時的其他所有畫家。當然，單就繪畫技巧而言，林布蘭的作品已是傑作，他在《收到大衛王來信的拔示巴》（*Bethsabée au bain tenant la lettre du roi David*，圖8-12）中運用自己對大自然和古代浮雕的研究，成就一種四平八穩的完美設計。固然我們會從純繪畫的角度表示佩服，但最後還是不得不回歸到他勾勒的人物心理狀態。畫中，拔示巴（Bathsheba）反覆思量著以色列國王大衛王（David）的來信[4]，而她的想法、感受也透過微妙的細節與富有人性的同理心傳遞出來——若換作小說名家，或許用去好幾頁的篇幅，也不見得描述得出。總有人說，繪畫不該和文學爭鋒。也許

© Web Gallery of Art / Wikimedia Commons

吧！也許一開始的階段不應該，但反過來也可以說，除非能找得到正確的表現方式，否則文學元素就別不請自來，闖進繪畫。一旦表現形式與內容合為一體，以彼此為考量基礎來發展，就會發現這種人類帶來的啟示簡直是天賜的驚喜。

在我看來，這種特質最了不起的證明，當屬人稱《猶太新娘》（*The Jewish Bride*，圖8-13）的那幅畫。沒有人曉得這幅畫真正的名稱究竟為何，說不定是想重現《舊約聖經》的某些人物，例如以撒（Isaac）或者是利百加（Rebecca）。無論如何，這幅畫真正的主題是顯而易見的。這幅畫描繪了一種成熟的愛，其中洋溢著豐足、柔情與信任。寫實的袖子象徵著豐足，手勢傳達出柔情，表情刻畫著信任。畫中人確實展現出一種靈性光輝，是其他受到古典理念影響的畫家絕對無法企及的境界。

建立於「經驗」的知識手段，使科學與藝術產生交集

林布蘭根據人類的經驗重新詮釋《聖經》中的歷史與神話，但是他這種重新詮釋仍然是出於情感上的回應，根據的信念依然是對啟示宗教（revealed religion，教義來自於上帝）的信仰。和林布蘭同時代的其他傑出人物，則在尋找另一種不同的真理：一種必須透過知識手段來建立，而非以情感途徑獲致的真理。

想觸及這種真理，若非累積實物觀察經驗，不然就得靠數學；在這2者當中，數學對17世紀的人而言，無疑是更有魅力的解決方法。事實上，數學成為當時頂尖人物的信仰，因為他們相信數學傳達出「經驗可以透過理性來加以統合」的信念。

英國的培根是當時唯一不是數學家的哲學家。他認為自己可以憑藉卓越的悟性來格物致知，解決每一個問題。的確，培根真的很聰明！他曾經把你我最執著不放的信念加以分類（例如：未經獨立思考、視之理所當然的「種族偶像」[Idols of the Tribe]，與人云亦云、道聽塗說的「市場偶像」[Idols of the Market-Place] 等），他的作為在現代仍有其不可磨滅的價值。不過，相較於笛卡兒（René Descartes）、帕斯卡（Blaise Pascal）、斯賓諾沙（Baruch Spinoza）等法國與荷蘭的後進傑出思想家們，培根的名望就有點黯淡了。原因和他的政治立場無關，而是因為他缺少17世紀的那種主流信仰，也就是對數學的信仰。

與培根相比，笛卡兒是一位極富同情心的人。他出身軍旅，還曾寫過談論擊劍的專書，但很快就發現自己想做的事情是「思考」──這種興趣不僅極為罕見，而且不受人歡迎。某天笛卡兒的朋友早上11點去找他，發現他還躺在床上。友人問：「你在做什麼？」他回：「思考。」友人聽了就拂袖而去。為了躲避他人的干擾，笛卡兒搬去荷蘭生活。他說，阿姆斯特丹人忙著賺錢，沒空理他。但人算不如天算，老是有人打擾他，他只好不斷搬家。在荷蘭，他搬了24次家，其中有一次顯然搬到哈倫附近，因為哈爾斯畫過他的肖像畫（圖8-14）。

笛卡兒就像達文西一樣，什麼都要研究，像是胚胎、光的折射、漩渦，都是達文西感興趣的題材。笛卡兒認為，所有物質都是由漩渦構成的，漩渦的外環是一大圈曲線渦旋臂，小小的漩渦內核則不斷被中心點所吸

4　編注：根據《聖經》故事，拔示巴原為烏利亞的妻子，某日大衛王撞見正在沐浴的拔示巴，便用計殺了烏利亞，再迎娶拔示巴。後來拔示巴誕下一子，也就是未來的所羅門王。

圖8-14 《笛卡兒的肖像》

《笛卡兒的肖像》哈爾斯（*Portrait of René Descartes，Frans Hals*），1647～1648年，19×14公分，油畫，現藏於丹麥哥本哈根國立美術館。

入。無論他這話想表達什麼（說不定他正在思考柏拉圖的《蒂邁歐篇》），有一點卻很神奇：我認為笛卡兒從來沒看過達文西的漩渦素描，但他的描述卻與之不謀而合。

然而，與達文西永無止境的好奇心相比，笛卡兒則多了（甚至有點太多）法國人的有條不紊，他的所有觀察都是為了建構一套哲學體系。這個哲學體系的基礎建立在「絕對的懷疑論」上，而懷疑論起源於蒙田追根究柢的那個疑問：「我知道什麼？」只有笛卡兒得出答案：「我知道我在思考」，反過來說，就是「我思故我在。」他的根本論點在於：他有可能懷疑一切，唯有「他正在思考」這一點，卻無庸置疑。

笛卡兒希望能屏除一切成見，不受習俗與

慣例所影響，回到對事實最直接的體驗。想為笛卡兒的這種觀點搭配插圖說明嗎？不必捨近求遠，荷蘭就有。視神經傳回什麼訊息，畫家就怎樣把它源源本本地畫出來，針對這一點，沒人比台夫特的維梅爾更堅持。維梅爾的作品沒有絲毫受限於先備知識的偏見，也不會為了便宜行事而採取某種風格。看看他的《台夫特風景》（*View of Delft*，圖8-15），當中運用的風格手法之少，實在叫人震驚。這幅畫乍看就像一張彩色照片，實則其中蘊含了無限巧思。《台夫特風景》呈現的不只是荷蘭的光影，更是笛卡兒所說的「心靈的自然之光」。其實，維梅爾與笛卡兒有不少相似處。首先是他們避世、離群索居的性格，但維梅爾不會每3個月就換一間房子住，他反而很愛自己位於台夫特廣場的家，持續以此為主題作畫。維梅爾室內畫中的素淨裝潢（圖8-16），其實就來自他屋中的每一個房間。維梅爾也同樣對登門拜訪的人抱著疑心，曾經有位知名收藏家專程拜訪他，維梅爾卻告訴對方自己沒有畫作能供他一覽，但這絕非事實。因為維梅爾過世時，家中其實藏有他未出售的各時期作品。維梅爾只想要安靜度日，這樣才能享受賞鑑之樂，並透過生活的精巧平衡發現真理。

在維梅爾繪製一系列室內畫的10年前，英國作家艾薩克・華爾頓（Izaak Walton）把「寧靜致遠」（Study to be quiet）這幾個字，題寫在那本頌揚釣魚藝術和精神的《釣魚大全》（*The Compleat Angler*）的書名頁上。而在同一時期，還有2個教派應運而生：寂靜派（Quietism）與貴格派（Quaker）。

就我所知，第一位體認到笛卡兒那種需要用理性來梳理感性需求的畫家，是善於繪製教堂內部細節的嚴謹繪畫大師珊列丹（Pieter Jansz Saenredam）。他從1630年代開始，就從

© Mauritshuis / Wikimedia Commons

↑圖8-15　《台夫特風景》

《台夫特風景》維梅爾（*View of Delft*，Vermeer），約
1660〜1661年，115.7 × 96.5公分，油畫，現藏於荷
蘭海牙莫瑞修斯皇家博物館。

→圖8-16　《讀信的藍衣少婦》

《讀信的藍衣少婦》維梅爾（*Woman reading a letter*，
Vermeer），約1663年，46.5 × 39公分，油畫，現藏
於荷蘭阿姆斯特丹國家博物館。

© Crisco 1492 / Wikimedia Commons

© Wikimedia Commons

© Meidosensei / Wikimedia Commons

↑圖8-17 《哈倫大教堂內觀》

《哈倫大教堂內觀》珊列丹（*The Interior of the Grote Kerk at Haarlem*，Pieter Jansz Saenredam），1636 ～ 1637年，59.5 × 81.7公分，木板油畫，現藏於大英國家美術館。

←圖8-18 《音樂課》

《音樂課》維梅爾（*A Lady at the Virginals with a Gentleman*，Vermeer），推估約1662 ～ 1665年，74.1 × 64.6公分，油畫，現藏於英國白金漢宮。

自然中取材作畫，但往往一幅畫費時超過10年或15年，直到他能在畫中呈現出平靜和終局（finality）之感，使畫中場景（圖8-17）彷彿是貴格派教友的理想聚會場所為止。珊列丹無比精準地擺放每個細節，那些小小、黑黑的窗戶，教堂內的長凳，以及菱形的葬儀紋章（hatchments），令人聯想到印象派畫家秀拉（Georges Pierre Seurat）。

在珊列丹的某些畫作中，會發現他過於重視平衡感，致使理性成分超過了真實經驗。與此相對，維梅爾則總是設法保留一種完全寫實的錯覺。然而，維梅爾透過鏡框、窗戶和樂器所創造的抽象布局（圖8-18），卻是如此的傑出！圖中的留白與比例，是計算後的結果嗎？還是說，維梅爾是憑直覺發現了它們？問這種問題，是問不出答案的，因為維梅爾可是閃躲的天才。只能說，看著維梅爾的畫作，讓人們不禁想起近代那幾位最追求幾何的畫家中，和維梅爾一樣是荷蘭人的蒙德里安（Piet Mondrian）。

可是提到蒙德里安時，我們也該想到維梅爾還懷抱著對「光線」的熱情，這一點讓維梅爾跟現代的抽象畫截然不同，也正是這一點，使維梅爾與同時代的科學家、哲學家建立起聯繫。

以「觀察」優先的靜物畫，成為物質文明特有的藝術形式

從但丁到歌德，所有最偉大的文明代表人物都被光線迷了心竅。而到了17世紀，人們對光的謳歌更是來到了重要的階段。透鏡的發明，讓光有了新的幅度，新的力量：望遠鏡（雖然後來經過義大利物理學家伽利略〔Galilei Galileo〕的改良，但最初是在荷蘭發明的）發現了太空中的新疆域，顯微鏡則讓荷蘭科學家雷文霍克（Antoni van Leeuwenhoek）從一滴水裡發現了新世界。那麼，是誰改良了透鏡，讓這些美妙的發現得以成真？答案是斯賓諾沙。他不只是當時荷蘭最優秀的哲學家，更是全歐洲手藝最精湛的造鏡師。有了這些儀器的輔助，哲學家試圖對光的本質提出全新的解析。

笛卡兒研究折射，惠更斯（Christiaan Huygens）提出光的波動說（wave theory），而這兩人都在荷蘭。最後，牛頓提出他的光微粒說（corpuscular theory）。雖然牛頓此說並不正確，應該說，至少沒比惠更斯的波動說正確，但一直到19世紀都是學界的主流觀念。

維梅爾則是使出渾身解數，想盡辦法讓觀者感受到光的動態。他喜歡用一面白牆來描繪光線的轉移，而為了使光線的移動看起來更明確，通常維梅爾會讓光線通過一張表面略有皺摺的地圖（圖8-19）。維梅爾的畫作中至少出現過4張這種地圖，如此一來，除了能讓地圖作為光線傳送的媒介之外，也提醒了我們荷蘭是該時代最厲害的製圖專家。地圖，是商業貿易的根源，其遍布於維梅爾靜室畫的背景中，也說明了他作品特立獨行的原因。

維梅爾雖然決心精準記錄親眼所見，但他對於17世紀引以為傲的光學儀器也不盡然拒斥。我們能在他的許多畫作中，看到那種出現在後世攝影作品中的過分放大的比例，而肉眼難見的微弱光線則透過類似在老式相機觀景窗中看到的那種小顆粒來呈現。有人認為維梅爾是利用所謂「暗箱」的手法，將影像投射在白紙上；但我猜想他是在盒子中放了一塊毛玻璃，再透過透鏡，將自身所見真實地畫下來。由此可見，就知道維梅爾也是個透視法大師——在1650年代，因為當時人們對於數學的熱情，也使這種繪畫技法再度流行。

↑圖8-19　《繪畫的藝術》

《繪畫的藝術》維梅爾（*Die Malkunst*，Vermeer），1666～1668年，120×100公分，
油畫，現藏於奧地利維也納藝術史博物館。

然而，這種處理經驗的科學手法，卻在詩歌之前止步。我認為原因在於對光線的感知是種幾近神祕的狂喜——不然該怎麼解釋我們看到維梅爾畫中的白鑞壺與白鍋子時，所感受到的愉悅呢？這一方面固然和維梅爾本人具有敏銳的感受有關，但若非因為荷蘭人以觀察物件為樂，甚至創造出「靜物畫派」，達到那種我稱之為「物質精神的昇華」的程度，我想這種愉悅感也難以存在。驅策荷蘭傑出科學家的那股「精確觀察的熱情」，也同樣推動了靜物畫派美學的發展。

但是任何試圖把藝術與社會連結起來的做法，很快就會陷入錯誤的結論。所有根據視覺事實而繪的畫作中，最偉大的一幅並非出自於荷蘭重視科學的氛圍中，而是出自西班牙國王菲利普四世（Philip IV）迷信又因循守舊的宮廷，那幅維拉斯奎茲（Diego de Silvay Velázquez）所繪的《侍女》（Las Meninas）。這幅畫甚至還比維梅爾最精緻的室內畫早了約5年。我不打算對此下定論，但也不得不說，即便可以用藝術作品來說明文明的歷史，可是這不代表有了特定的社會條件，就能創造出藝術品，或是必然能藉此影響藝術品的形式呈現。

霍赫與維梅爾畫中那種能啟迪人心的整潔秩序，與林布蘭結合充分經驗與想像力的畫法，在1660年左右達到巔峰。之後，斯賓諾沙的《神學政治論》（Tractatus）在1670年付梓。這10年間，知識界的領導地位由荷蘭交棒給英國，一切變動始於1660年，那時英王查理二世（Charles II）從荷蘭海岸的席凡寧根（Scheveningen）返回英國，結束了影響英國將近15年的孤立與撙節狀態。

科學儀器的突破，照亮前所未有的視野，啟發人類駕馭不同環境的渴望

一如既往，行動上的新自由導致過往被壓抑的能量一口氣噴發。總有天才人物像船隻等待大潮般，等候著這種迸發的瞬間，而這次發生在英國。一群傑出的自然哲學家組成英國皇家學會（Royal Society），包括過去人稱化學之父的波以耳（Robert Boyle）、將顯微鏡改造得爐火純青的虎克（Robert Hooke）、預測知名彗星再訪地球的哈雷（Edmond Halley），以及時任天文學教授的年輕幾何學家克里斯多福・雷恩（Christopher Wren）。

在這些傑出的科學家中，地位最顯著的首推牛頓。歷來只有3、4個英國人能名聲遠播，跨越國界，而他就是其中之一。我沒辦法假裝自己讀過《自然哲學的數學原理》（Principia），就算真有讀過，八成會比時任皇家學會會長的山謬・佩皮斯（Samuel Pepys）更加摸不著腦袋（當時，這本書得先呈交給他，請他批准才能出版）。人們只能相信，牛頓為宇宙的結構提供了數學說明，且這項成就在300年內，似乎沒人能提出有力的反駁。

對於以觀察為要務的這個時代，以及對下一個世紀而言，這本書都被視為聖典。英國詩人波普（Alexander Pope）讀過的《自然哲學的數學原理》頁數大概不比我多，但他總結了同時代人的感受：

自然與自然律隱身於夜中。
神說，令牛頓出！於是就有了光。

當時的人們不只對光線著迷，也對繁星好奇。英國皇家天文台（Royal Observatory）根據查理二世的授權令，在格林威治（Greenwich）成立，「旨在找出不同地方的經度，並完善航海學與天文學」。本章的主軸：光線、透

圖8-20-1　英國皇家天文台八角室的入口

圖8-20-2　設置在八角室的四分儀

鏡、觀察、導航與數學，全都在天文台的八角室（Octagon Room）齊聚一堂（圖8-20-1）。於1676年完成，現收藏於大英博物館的蝕刻版畫《星空廳內的景色》（*Prospectus intra Cameram Stellatam*）也描繪了當時這個房間的內景，我簡直能一腳踏入畫中，就像我們彷彿能從貝克海德的畫（圖8-1）進入哈倫廣場。

身處這間明亮、和諧的房間裡，你可以呼吸到人文科學的氣息。裡面有英國皇家首任天文學家弗蘭斯蒂德（John Flamsteed）用來確立子午線所用的四分儀（圖8-20-2），還有他的望遠鏡（圖8-21）。這是第一個科學儀器輩出的時代，像是惠更斯的擺鐘、雷文霍克的顯微鏡。但我得承認，如果以現今的標準來說，這些儀器看起來實在不太科學：望遠鏡彷彿芭蕾舞劇所用的道具，而那些可愛的小小地球儀與太陽系儀也頗具風格，還帶有一絲人文味。

此時，藝術與科學尚未分家，這些儀器也不僅是達到目的的手段，更是一種希望的「象徵」：象徵人類能學習駕馭環境，並創造出一個更富人性與理性的社會。如此的希冀一直延續到了19世紀末。當英國詩人丁尼生聽聞有位印度教婆羅僧毀了一架顯微鏡，因為他認為顯微鏡揭露了人類不該知道的祕密時，丁尼生感到非常震驚。而我們是直到最近這60多年來才開始意識到，這些耀眼奪目的儀器代代發展後，說不定正在毀滅我們。

這間室內光線充足、捕捉太空星曜的天文台，是由克里斯多福·雷恩爵士所設計的。它建在能俯瞰到格林威治古堡的山坡上，而這棟古堡也在雷恩的改建下，轉型為英國皇家海軍醫院（圖8-22）。但我們現在看到的建物究竟有幾分出自他的設計？這很難說。這幾棟建築即將興建時，雷恩已準備把工程轉

© Kognos / Wikimedia Commons

圖8-21　弗蘭斯蒂德設計的望遠鏡

出自《不列顛星表》（*Historia Coelestis Britannica*）書籍內頁插圖，1725年。

© Daniel Case / Wikimedia Commons

圖8-22　英國皇家海軍醫院

圖8-23　英國皇家海軍醫院的彩繪大廳

圖8-24　彩繪大廳的天花板壁畫全覽

交給他在公共工程委員會（Board of Works）的2位得力助手，約翰‧凡布魯爵士（Sir John Vanbrugh）與尼可拉斯‧霍克斯穆爾（Nicholas Hawksmoor），但雷恩肯定有提供設計圖，而最終成果便是英國自中世紀以來興修過最傑出的建築單位——穩重卻不呆板，魁偉卻不會令人感到壓迫。

理性至上的科學，從此取代藝術成為文明的指標？

　　究竟什麼是「文明」？「文明」是一種心態，而當時人認為皇家海軍醫院的外觀理應如此，而院友們也理應在裝飾華麗的大廳中用餐。其實，格林威治皇家海軍醫院的彩繪大廳（Painted Hall），是英國數一數二漂亮的廳室，頂頭的天花板壁畫出自詹姆斯‧桑希爾爵士（Sir James Thornhill）的手筆（圖8-23、圖8-24），我想說不定這是英國模仿羅馬巴洛克藝術那種崇高宗教光芒最成功的一次嘗試。

　　彩繪大廳落成時，雷恩早已是英國名聲最響亮的建築師了。但他還是個年輕小夥子

© Maciek Lulko / flickr

時，人們只當他是數學家與天文學家。他為什麼會在而立之年轉換跑道成為建築師？我們不清楚。我個人認為，他是想看見自己的幾何學與機械學解方可以化為真實。為此，他必須學習建構風格的基礎，於是他買了幾本書，還跑去法國描摹當地建築，並且拜見最傑出的建築師。他甚至見到當時人在巴黎的貝尼尼，還看了貝尼尼畫的羅浮宮設計草圖。「讓我看設計圖，要扒了我的皮也行」雷恩說，「但那矜持的義大利老頭只讓我看一眼。」

回到英國後，人們就倫敦老聖保羅大教堂（St Paul's）的坍塌風險向身為工程師的他徵詢意見。雷恩提議以圓頂取代高塔，但在這份不太可靠的計畫經過討論前，倫敦大火（Fire of London）卻發生了。這場一發不可收拾的大火一路燒到1666年9月5日才結束。6天後，雷恩提交了倫敦城的重建計畫，從這一刻起，「心靈手巧的雷恩博士」才完全獻身於建築。

「心靈手巧」這個詞同時也可用來形容計畫的結果呈現。新的倫敦城有30座新教堂，

而雷恩的創造力從不令人失望，每座教堂都針對不同難題提出解決方法。

不過，等到雷恩著手處理整個大計畫的重中之重，也就是新聖保羅大教堂（圖8-25）時，其所展現的遠不只是「巧思」這麼簡單。儘管把羅馬式的立面放在哥德式的設計圖上實在很奇怪，但此時的雷恩對細節的掌握與發想已經出神入化，足以讓聖保羅大教堂成為英國古典主義的里程碑。

雷恩的建物融合了數學、測量及觀察的知識與實踐，證明了科學的哲學

圖8-25　倫敦新聖保羅大教堂

並未與建築的美學相悖，而且也不否定音樂之美——至少並不排斥英國有史以來數一數二的大作曲家，亨利·珀塞爾（Henry Purcell）。不過，科學的態度對詩歌造成什麼樣的影響呢？看到底下這首詩，我原本以為科學對詩歌無害，甚至是有益的：

　　那夜我見到了永恆，
　　彷彿純淨、無盡的光之環，
　　萬籟俱寂，明亮無比；
　　光環之下，是時時、日日、年年。
　　球體推動著光陰
　　彷彿巨影移動；陰影之中的世界
　　和她所有的隨員在其中打轉。

沃恩（Henry Vaughan）寫下這些詩句時，是在用詩意表現一股衝動，這跟吸引弗蘭斯蒂德從望遠鏡看出去的衝動是同一種。此外，

米爾頓（John Milton）稱伽利略是「拿著光學鏡片的托斯卡尼藝術家」，我相信他也是米爾頓唯一在《失樂園》（Paradise Lost）裡提到的同代人物。若沒有伽利略的發現，米爾頓的宇宙想必不會那麼輝煌。

沃恩與米爾頓直到1660年代都還在寫作，但此時「詩」的概念已經有了轉變。米爾頓顯得多少有點過時，他是姍姍來遲的英國文藝復興之倖存者，在知識層面上，他比較接近17世紀英國古典建築師伊尼戈·瓊斯（Inigo Jones），而非雷恩。1667年，《失樂園》出版，妙的是在同一年還有另一本書問世，這本可說是反詩理性主義（anti-poetic rationalism）的巔峰代表：史普拉特（Thomas Sprat）的《皇家學會史》（History of the Royal Society）。「詩，是迷信之根。」史普拉特如是說。確實，想像力的所有產物都是危險的謬誤，甚至連言詞的點綴都是一種欺騙的形式。史普拉特認為當

講求科學的哲學意識抬頭後，「萬物運行便會安靜地順著真正的軌道，也就是自然界的因果關係而行。」

我不認為所有皇家學會的會員都對想像力抱持這般敵意，畢竟多數會員仍然是虔誠的基督徒，像是牛頓其實花了（我覺得是浪費了）許多時間鑽研《聖經》，而且天球儀上頭還有著以人與動物為外形的星座，他們也依然接受彩繪大廳天花板上那種擬人的表現方法。但他們其實都明白，上述這一切都是想像之物，「真實」存在於測量與觀察的國度裡。「科學真理」與「想像力」之間的分野於焉出現，不僅扼殺了詩意的戲劇，也讓所有詩歌在接下來數百年間，染上了一絲矯揉造作之感。

失之東隅，收之桑榆。雖然詩歌消失了，但明晰通達的散文出現了。當然，即便有了散文，還是讓人悵然所失。不然我們來比較湯瑪斯·布朗（Thomas Browne）與德萊頓（John Dryden）的文字吧！布朗的文字充滿隱喻與用典，語彙之豐富堪稱是莎士比亞等級：「雖說睡神（Somnus）在荷馬（Homer）史詩中奉命激勵阿加曼儂（Agamemnon），但睡意襲來時，我怎麼感受不到這種效果。想讓我們的眼皮撐開久一點，就得動動尾端的腳掌。獵人前往美洲之前，已經把第一次的入睡留在波斯了。」

而德萊頓的文字則是另一番風情：「民治？如果你懂得『群眾』，就知道他們怎麼想的並不是關鍵；因為他們的看法有時正確、有時錯誤，群眾的判斷力簡直跟樂透沒兩樣。」

德萊頓的文字合情合理，卻缺乏文字的魔力，相較下湯瑪斯·布朗如同迷魅咒語的文字魔力還是技高一籌。不過，我們也不得不承認，德萊頓本人所謂「散文的另一種和諧」，也是一股推動文明的力量。散文是新哲學的工具，就像比利時數學家斯蒂文（Simon Stevin）的十進制是新數學的工具，這一點在法國尤其明顯。將近300年時間，法語散文都是歐洲知識界形塑、交流各種思想時所採取的形式，像是歷史、外交、定義、批判、人際關係……，唯一的例外是形上學。至於德語，則是缺乏明快具體的散文，這簡直是歐洲文明的大災難之一。

毫無疑問，訴諸理性與經驗的做法在意識昂揚的前100年迸放耀眼光芒，看起來就是人類智慧的凱旋。從笛卡兒到牛頓的時代之間，西方人創造出的那些思維工具讓自己有別於世上的其他民族。

假如你讀19世紀史學家的作品，會發現他們普遍認為歐洲文明的開端，幾乎都隨著理性與經驗的成就開始的。奇怪的是，這些19世紀中葉的作者（除了蘇格蘭評論家卡萊爾〔Thomas Carlyle〕與藝評家羅斯金）似乎都沒發現，這些宣告理性至上的哲學會造成一種新的野蠻思想。假如我從格林威治天文台的露台向外看，越過雷恩井然有序的海軍醫院，視線所及盡是工業社會的骯髒失序。創造這種市容的社會環境，其實無異於當年讓荷蘭人興建美麗城鎮、贊助畫家、刊印哲學家著作的景況，背後都具備流動資本、自由經濟體、源源不絕的商貿進出口、對干預的厭惡，以及對因果關係的信仰等條件。

每個文明看來都有其報應，不只是因為貪婪與懶散讓一開始的衝勁失去光澤，這回更出現難以逆料的因素介入，那就是「人口增長」。貪者愈貪，無知者丟失了傳統技藝，而經驗之光的光束也愈收愈窄，窄到像格林威治這樣的宏偉設計，在今人眼中成為了會計師無法接受的鋪張浪費。

第9章
追尋幸福快樂
從巴洛克過渡到洛可可的浮華

等到1700年，德語系國家終於又能暢所欲言了。宗教改革騷亂無序的餘波持續了超過百年，緊接著又是30年戰爭（Thirty Years War）帶來無止境的沮喪與恐懼，讓德語系國家這段期間在文明史上噤了聲。

不過，隨著太平盛世降臨，這群人靠著豐饒的物產與特殊的社會結構，為歐洲文明發展再添2項輝煌成就，那就是「音樂」和「建築」。當然，兩者相較下，音樂對我們更為重要。在這段詩歌幾乎一片死寂、視覺藝術頂多只是循舊的殘影，人類情感生活似乎宣告枯竭的時期裡，只有音樂能表現時人最深沉的思想與感受，一如繪畫在16世紀初扮演的角色。

音樂成了18世紀文明發展史的主角。此時的音樂具有某些特質，像是旋律的流動、複雜的對稱、裝飾音的巧思——這些特質都能反映在建築中，但建築卻無法像音樂一樣傾吐更深層的情感訴求。儘管如此，洛可可藝術在文明中仍占有一席之地。

一本正經的人總說洛可可空洞又墮落，主因在於洛可可太注重追求生活樂趣和愉悅感受。但就連美國《憲法》的起草者都認為，「追求幸福的人生」並未不妥，甚至慎重地用明文加以保障。而洛可可建築便是將這種對於幸福與愛的追求，具體視覺化的成果。不過，在我們跳進歡愉的洛可可之海前，得先回頭談談在此之前流行的束身自修的理想。

18世紀的羅馬巴洛克盛期的建築，成為歐洲各國的範本

法國主宰歐洲將近60年，這意味著嚴謹僵硬的中央威權主義抬頭，以及古典主義的盛行。凡爾賽宮將其嚴謹的古典律則和品味，

圖9-1 羅浮宮東側立面

推行至每一種藝術之上，使其成為歐洲文明的巔峰之一，法國人稱這段時期為他們的「偉大世紀」（le grand siècle）。

這個時代，催生出高乃依（Pierre Corneille）與拉辛（Jean Racine）這2位傑出劇作家。在文壇裡，我們再也找不到第2個拉辛，能對人心有如此細微的掌握，還能以犀利又恆久的文字完美傳達。

這個時代也催生出一位非凡的高貴畫家：尼古拉‧普桑。有人誇獎普桑，說他是文明的饋禮。雖然我會從更廣泛的角度來解讀這裡所說的「文明」一詞，但我明白其中的意思。普桑是一位學識淵博的畫家，他研究古雕像的姿勢和拉斐爾的圖像創意，並化為己用，而他的做法也為繪畫這門專業樹立一種心態典範：要飽讀古典文學，並將斯多噶學派（stoic）的哲學觀念，融入畫中。

建築方面，法國古典主義也成績斐然。建築史上還有誰比羅浮宮的南側立面更令人難以忘懷呢？唯一能與之抗衡的，恐怕只有羅浮宮的東側立面（圖9-1）吧？這棟建築是大都會文化所孕育的結晶，展示威權政府造就的輝煌信望——雖然對我來說這稱不上是某種理想，但它確實傳達了這種信念。

我常自問：究竟佩羅（Claude Perrault）所設計的羅浮宮立面，與同樣壯麗的羅馬建築有什麼不同？尤其當我得知貝尼尼曾提出羅浮宮的設計方案，卻未獲採納時，更覺得這是個好問題。

我想，答案在於羅馬的建築物（尤其是貝尼尼的設計）有一股法國古典主義所缺乏的溫暖感受。無論是羅馬還是貝尼尼，他們終究還是訴諸感情，其建築設計是一種為了支持天主教復興的庶民情感所賦予的抽象形式。與此相對，佩羅的羅浮宮立面則反映出威權政府的凱旋，以及17世紀最偉大的行政官——

法國政治家柯爾貝（Jean-Baptiste Colbert）——在政治、經濟，當代生活的所有面向（尤其藝術）所採取的理性解決方案。正是如此，法國古典建築才顯得有點冷漠無情。造就它的人不是工匠，而是天資聰穎的公務員；只要這些人確信，這棟建築能為他們恢弘而無所不能的政治體制代言，就會以超乎尋常的毅力完工。但是，每當有人試圖在法國以外的地方重現這種建築風格，成果總是死氣沉沉又矯揉造作，跟19世紀的市政廳一樣無聊。這說明了，法國古典主義是難以輸出的。

相對而言，羅馬的盛期巴洛克建築（圖9-2）恰好是北方歐洲國家所需要的。原因很多，但主要是因為這種風格具有高度彈性的設計空間，以及因地制宜的適應力。對羅馬巴洛克建築翹楚之一的博羅米尼來說，規則並不

↑圖9-2　聖依華堂（Sant'Ivo alla Sapienza）
↓圖9-3　博羅米尼的四泉聖嘉祿堂（San Carlo alle Quattro Fontane）（局部）

存在，他的作品至今仍讓理論派學者跌破眼鏡。我想，博羅米尼作品中那種無止境盤繞的風格，經常和晚期哥德式的渦流及螺旋元素相當貼近（圖9-3）。所以承襲這種義大利風格的日耳曼建築裝飾，乍看之下真的很難分辨出究竟是15世紀末的哥德式，還是18世紀中葉的洛可可式了。

總之，北方歐洲國家在18世紀時，講著一口流利的建築語言，也就是義大利巴洛克式的語言，就連音樂上也跟義大利關係匪淺。

巴哈音樂，讓宗教藝術再度成為偉大藝術的代名詞

大多數日耳曼作曲家作品的背後，都是義大利的國際風格，尤其是亞歷山卓·史卡拉第（Alessandro Scarlatti）的音樂，其悠長的曲線、精準的規畫、完美的細節，一切恰到好處，跟博羅米尼的建築無比類似。博羅米尼來自與瑞士接壤的義大利湖區，當地專出石雕師傅，而博羅米尼的風格也與北部日耳曼地區的匠人傳統不謀而合。這種傳統帶有維持社會秩序的功用，與法國中央官僚機構處於絕對的對立面。

許多日耳曼王公確實想要仿效凡爾賽宮，但是日耳曼巴洛克時期的藝術及音樂元素並非自宮廷萌芽，而是發源於各地城鎮與修道院中（大家都競相延攬建築師與唱詩班指揮），當地管風琴手與灰泥匠的才幹也對此付出貢獻。

巴洛克時期的日耳曼風格創造者都是工匠家庭，例如：阿札姆（Asam）家族與齊瑪曼（Zimmermann）家族，而後者姓氏正是德語的「木匠」之意。若想看當時最精緻的建築，可別去宮殿，而是該前往鄉間的朝聖教堂[1]例如十四聖徒教堂（Vierzehnheiligen）。這麼一想，難怪一個地方樂手工匠家族，會突然冒

出西歐最偉大的天才之一：約翰·塞巴斯蒂安·巴哈（Johann Sebastian Bach）。

聽到巴哈的樂音，令我想到一件很有趣、但大家談起18世紀時總會忘記的事：當時被視為傑出偉大的藝術，全都是宗教藝術。

18世紀上半葉的思潮是反宗教，和不受宗教約束的生活方式，我們將本世紀上半葉稱為「理性時代」是正確的。但在繪畫雕刻的領域中，這種被解放的理性主義又帶來了什麼？帶來一位討喜的畫家華鐸，一些雅致的家居建築以及漂亮的家具——但它們再怎麼樣也比不過巴哈的《馬太受難曲》（*St Matthew Passion*）或韓德爾（George Frederick Handel）的《彌賽亞》（*Messiah*），也比不過巴伐利亞與法蘭科尼亞（Franconia）[2]的修道院與朝聖教堂。巴哈的音樂多少是脫胎於義大利風格，這就像北方的巴洛克建築出脫於博羅米尼一樣。但是，日耳曼還有另一脈可以回溯到宗教改革時代的音樂傳統。

路德也是一位優秀的音樂家，他不只會作曲，還能用甜美的男高音唱出來（想不到吧？）。路德的宗教改革固然禁止了許多能疏導你我內心衝動的藝術，同時卻也鼓勵了教會音樂。在荷蘭與日耳曼小鎮，唱詩班與管風琴成為民眾進入屬靈情感世界唯一的途徑。

然而，法國的喀爾文教派（Calvinism）比路德更堅決要淨化基督教儀式——他們禁止並摧毀管風琴，造成的苦痛遠比破壞聖像更嚴重。管風琴在歐洲文明中扮演過各式各樣的角色。19世紀時，管風琴和撞球檯一樣，是

---

1 編注：通常是指建立在朝聖之路上，供過路信徒參拜的教堂。

2 編注：德國境內的古地區名，大致涵蓋今日德國巴伐利亞邦北部、部分巴登—符騰堡邦，以及南圖靈根邦與黑森邦。

© Richard Mortel from Riyadh，Saudi Arabia / Wikimedia Commons

圖9-4　巴洛克時期的管風琴造型

一種新興的富足象徵，到了17與18世紀時，管風琴卻是市民榮耀與市政獨立的表徵（圖9-4）。它們是當地頂尖匠人的心血，多半覆以裝飾性的雕像，而管風琴手也是地方上備受尊敬的成員。

資產階級民主制度曾為17世紀的荷蘭繪畫提供發展背景，如今它也為日耳曼音樂出了一分力，而且比起那些荷蘭鑑賞家，日耳曼人比他們更認真、更投入。巴哈就在這種充滿地方色彩的環境中長大，後來憑借他的多才多藝在日耳曼北部新教城市競爭激烈的音樂圈中脫穎而出。除了樂手工匠，我們也可以說他來自一個百年專業音樂人家族，因為甚至在某些地方，「巴哈」就是「音樂家」的同義詞。約翰·塞巴斯蒂安·巴哈的一生，就是一位盡職盡責，甚至有點頑固的地方管風琴手和唱詩班指揮，但是他的音樂卻包羅萬象。一位知名的音樂評論家這麼形容他：「他的目光及於音樂中的每一段時間、每一種存在。對他來說，事不分新舊，只要真實不虛，便一樣重要。」

然而，在巴哈音樂中，我們最珍視的倒不是巴洛克風格精雕細琢的那一面。巴哈嚴肅的臉部表情（圖9-5）同時屬於文藝復興或中世紀晚期；拿掉假髮，看起來就像杜勒，甚或是里門施奈德的作品。巴哈所寫的受難曲神劇中有幾個了不起的段落，則和喬托的溼壁畫一樣，有著莊重簡約與深刻的宗教情懷。然而，其層疊拔高的複音音樂，則具有哥德建築的特質。

北方巴洛克建築融合當代音樂之美，華麗官能享受舒展了人的感性

當我們提到巴洛克時期的日耳曼風格，是

↑圖9-5 《巴哈肖像》

《巴哈肖像》郝斯曼（*Portrait of Johann Sebastian Bach,
Elias Gottlob Haussmann*），1748年，78 × 61公分，油
畫，現藏於德國萊比錫巴哈檔案館。

→圖9-6 十四聖徒教堂內部

如何對哥德建築傳統亦步亦趨，以及如何在有限的空間中鑿斧出動人的情感，就會想到一座與巴哈音樂特質相近的建築物，就是朝聖者絡繹不絕的「十四聖徒教堂」（圖9-6）。

這座教堂的建築師只比巴哈小2歲，名叫巴爾塔薩·諾伊曼（Balthasar Neumann），雖然他的名聲在英語世界不怎麼響亮，但我認為他肯定是18世紀最偉大的建築師之一。他不像其他巴洛克時期的日耳曼風格建築師，他的主業不是雕刻師或灰泥匠，而是工程師。他以城鎮計畫與防禦工事，奠定一代宗師之名。當我們身處諾伊曼的建築中，可以立刻感受到複雜的規畫，其處理方式彷彿在解一道最繁瑣的數學難題。但視場合需要，諾伊曼也會像情感最奔放的巴伐利亞灰泥匠一樣，華麗地運用各種奇特裝飾。

巴爾塔薩·諾伊曼實在非常幸運。他那精美建築內部的裝飾繪畫，可不是出自當地某位和藹可親的穹頂畫家，而是當時最傑出的裝飾畫大師：威尼斯人喬凡尼·巴蒂斯塔·提也波洛（Giovanni Battista Tiepolo）。提也波洛在諾伊曼的另一座非凡建築作品——符茲堡總主教宮殿——交出他的大師之作，在其樓梯上方完成了範圍極大的穹頂畫傑作（圖9-7）。提也波洛在天花板上分別畫了4大洲，這種裝飾主題順理成章，取代了一度流行的

© Oktobersonne / Wikimedia Commons

圖9-7　德國符茲堡總主教宮殿內部

圖9-8 符茲堡總主教宮殿穹頂畫,「非洲」局部特寫

圖9-9 符茲堡總主教宮殿穹頂畫,「美洲」局部特寫

圖9-10 符茲堡總主教宮殿穹頂畫,「亞洲」局部特寫

基督教寓言畫。看看這些了不起的創意,參觀者想必會興高采烈地爭辯到底哪一洲最有意思:非洲有鴕鳥、駱駝與神色倨傲的黑人女子(圖9-8);美洲有著穿戴羽毛頭飾、騎在鱷魚身上的迷人姑娘(圖9-9);亞洲則有老虎和大象(圖9-10)。亞洲的背景藏了個光禿禿的山頭,上面插了3根空蕩蕩的十字架,我猜主教大概沒注意到它們,畢竟還有更多趣事等著他去觀賞。

事實上,這座符茲堡總主教宮殿比白金漢宮大了2倍,其接待層(piano nobile)的每個房間都有華麗的裝飾。人們不禁會想,究竟法蘭科尼亞教區的百姓得上繳多少什一奉獻(tithes)[3]和稅收,才能讓他們的主教領主過得如此舒坦?但我們也不得不承認,日耳曼小公侯國的統治者:主教、公爵、選帝侯(elector)們,其實多半是極有教養、聰慧非常的人物,正是他們彼此競爭的野心,使得建築與音樂得以蓬勃發展,而這樣的藝術發展,保守、不開化的英國漢諾威王朝(Hanoverians)是辦不到的。在我看來,這座總主教宮殿建造委託負責人之一的熊伯恩(Schönborn)家族是實實在在的傑出贊助家,他們理應與麥第奇家族齊名,流傳千古。

然而,要將巴哈的音樂和巴洛克的室內裝潢相比,我心中有幾分顧忌。不過,站在符茲堡總主教宮殿的台階上,道出喬治·弗雷德里克·韓德爾的大名時,我可就沒有半點猶豫了。

偉人出世常伴隨著奇特的巧合,會成雙成對、兩兩互補。這種情況在歷史上屢見不鮮,我想這不是歷史學者追求對稱的產物,而是代表某種平衡人類才能的需求。無論孰是孰非,巴哈與韓德爾這2位18世紀初的傑

3　編注:基督信徒向教會呈交十分之一的收入作為奉獻。

圖9-11 《韓爾德》雕像

《韓德爾》盧比亞克（*Handel*，Roubiliac），1738年，高135.3公分，重2138公斤，大理石像，現藏於英國倫敦維多利亞與亞伯特博物館。

出音樂家，也逃不出這種人格對比、互補的模式。他們同樣生於1685年，也都因為抄寫樂譜而把眼睛給抄到瞎掉，甚至找了同一位外科醫生動手術，結果手術都失敗了。但除此之外，巴哈與韓德爾簡直是站在天秤的兩端。

巴哈的音樂無分時代，放諸四海皆準，韓德爾則完完全全屬於他們的那個時代。巴哈一生勤儉，擔任管風琴手，生養眾多；任職劇場經理的韓德爾則是大起大落，時富時貧。法國雕刻師盧比亞克（Louis-François Roubiliac）的韓德爾雕像（圖9-11）在慷慨業主的贊助下於倫敦的沃克斯豪爾花園（Vauxhall Gardens）立了起來，而這個花園的賣點之一，就是韓德爾的音樂。

觀看雕像的神態，韓德爾以無拘無束的姿態坐著，鞋子一腳有、一腳無，毫不在意地

偷抄別人的曲調，只要自己能寫出讓人印象深刻的作品就好。年輕時的韓德爾想必很有魅力，畢竟當年他以一介無名樂手身分前往羅馬，卻很快受人提拔，樞機主教們寫好劇本請他譜曲。盧比亞克為他刻的雕像上，依然還有幾分俊美留駐於他的面容。等到中年的韓德爾移居英國，踏入歌劇製作的世界，他不再追求人見人愛。據傳，韓德爾曾把一位歌劇女主角押到窗邊，威脅她假如音再唱不準，就把她扔出窗外。終其一生，韓德爾都忠於義大利巴洛克風格，正因如此他的音樂才會跟提也波洛的裝飾如此合拍，甚至在他的歌劇中加入浪漫風格的虛構歷史題材。

更令人刮目相看的，是這位風格流暢華麗、熱愛作品裡齊唱連發的合唱作曲家，從歌劇轉向神劇（其實就是宗教版的歌劇）創作後，居然能繼續寫出偉大的宗教音樂，例如：《掃羅》（*Saul*）、《參孫》（*Samson*）、《以色列人在埃及》（*Israel in Egypt*），這些神劇不只有美妙的旋律與對位創意，更顯示出他洞察人心的敏銳度。至於《彌賽亞》更是堪比米開朗基羅的〈創造亞當〉（圖5-16），是絕少數能立刻打動人心，卻仍具有無庸置疑的崇高秩序之傑作。

我稱韓德爾是巴洛克作曲家，諾伊曼的建築則是北方巴洛克（northern Baroque）風格，不過我其實也可以稱他們的作品為「洛可可」——因為在符茲堡這個地方，這2個詞意思是重疊的。話雖如此，這兩者之間確實有差異，這種差異對文明的歷史來說，也有其意義。

無論巴洛克藝術在德意志與奧地利地區經過多少調整，本質上還是義大利的發明。巴洛克首先以宗教建築的形式出現，表現天主教會的情操之昇華；洛可可則多少算是巴黎的發明，世俗而撩撥人心。無論表面如何，

圖9-12　華鐸的女性頭部素描

《6個少女與2個少年的頭部素描》華鐸（*Six études de tête de femme et deux d'un jeune garçon*，Watteau），1717年，22.5 × 34.8公分，素描，現藏於法國羅浮宮。

洛可可都是對凡爾賽宮嚴謹沉悶的古典主義所作的回應，它的靈感來源不在古代穩定的秩序，而在貝殼、花朵、海草這些自然事物奔放的線條中，尤其是往返的雙曲線（S型曲線）。此外，洛可可雖然反對學院風格，但並非消極負面的反抗，而是象徵了感性的復甦，並肯定更自由、創新、纖細情感線條的表達方式。這一切，透過敏銳的法國洛可可畫家華鐸及其作品，更加充分地表現出來。

華鐸引領的洛可可「新感性」，是及時行樂的享受，或縱情過度的糜爛？

1684年，也就是巴哈與韓德爾出生的前一年，華鐸生於法蘭德斯城鎮瓦隆先（Valenciennes），師承魯本斯。不過，華鐸非但沒有法蘭德斯式的樂天知命，這位肺結核患者反而從內心發掘出對於曇花一現的感慨，因此

連感官之樂也要認真以對——這種想法，在此前的藝術中極為罕見。華鐸天賦上佳，能用文藝復興藝術家般的精準與風格來作畫，他也把一身絕活用於記錄自己看見美女時的心花怒放（圖9-12）。

多美的夢幻泡影啊！瞧瞧這些嬌美的可人兒是多麼開心呀！然而：

> 唉，在喜悅的殿堂之上
> 蒙面的憂鬱在此擁有她至高的聖祠。
> 得見者唯有舌頭費勁
> 令喜悅之果爆裂於他敏銳味蕾之人。[4]

論品味，沒人比華鐸更敏銳。他能品嘗出

4　編注：詩文節錄自詩人濟慈的〈憂鬱頌〉（*Ode On Melancholy*）。

©Google Art Project / Wikimedia Commons

圖9-13 《威尼斯人的節日》

《威尼斯人的節日》華鐸（*Fêtes Vénitiennes*，Watteau），1718～1719年，56.3×46.2公分，
油畫，現藏於英國愛丁堡蘇格蘭國家美術館。

《威尼斯人的節日》（Fêtes Véniti-ennes，圖9-13）中，那種在大庭廣眾跳舞時，四目相對那刻的每一絲曖昧氣息。華鐸也把自己畫入圖中，但並非同歡共舞的其中一人，而是作為畫中右側的風笛手，用他卑微而憂鬱的樂器為此情此景增色。他的朋友卡盧斯伯爵（Anne Claude de Caylus）說他「纖細敏感，有種牧羊人的特質」。華鐸以如此敏銳的目光望著這群高雅的人，但身處其中的他依舊是個格格不入的局外人。至於《丑角吉爾》（Gilles，圖9-14）中那位身穿白衣，獨自高高站在其他喜劇演員之上的高個兒，則是某種理想化的自畫像：天真軟心腸，卻依然有能力去愛，以及擁有敏銳的直覺。

早在18世紀初，華鐸就在藝術上扮演重要角色。他的傑作《塞瑟島朝聖》（Pilgrimage to Cythera，圖9-15）繪於1712年，當時法王路易十四（Louis XIV）尚在人世。這幅畫中既有莫札特（Wolfgang Amadeus Mozart）歌劇的輕快與機智，亦有人情互動的戲劇色彩，男男女女在傳說中維納斯誕生地的這座島上消磨了幾個小時，眼下得踏上歸途。畫中人之間的微妙關係，讓人想起《女人皆如此》（Così Fan Tutte）中，2對堅貞愛侶分離前夕醞釀的迷情狂戀。不過，莫札特的這齣歌劇還要等70年之後才寫成。

以華鐸為先鋒的「新感性」，主要表現在男女關係之間更微妙細膩的情感。如今「多愁善感」（sentiment）這個詞早已陷入麻煩，遭遇正如其字面意思一樣[5]，不過它在那個

圖9-14 《丑角吉爾》

《丑角吉爾》華鐸（Gilles，Watteau），1718～1719年，185×150公分，油畫，現藏於法國羅浮宮。

© Directmedia / Wikimedia Commons

時代，可是個文明的字眼。英國小說家斯特恩（Laurence Sterne）在他那篇受盡詆毀的洛可可風格散文作品《感傷旅行》（A Sentimental Journey）中，講了一個關於古希臘時代色雷斯（Thrace）地區中，最墮落的城市阿布德拉（Abdera）的神話：

　　這阿布德拉城啊，雖然德謨克利特（Democri-tus）[6]住過這裡，還用盡反諷與笑語之力想挽救之，但還是全色雷斯最可鄙，最放蕩的城

5　編注：「sentiment」在英文語境的其中一個意思，特別指涉「愚蠢、不合時宜的傷感」。

6　編注：西元前460－約西元前370，古希臘哲學家。

© Sailko / Wikimedia Commons

↑圖9-15 《塞瑟島朝聖》

《塞瑟島朝聖》華鐸（*Pèlerinage à l'île de Cythère*，Watteau），1717年，129 × 194公分，油畫，現藏於法國羅浮宮。

市。毒藥、陰謀與暗殺，誹謗、黑函與喧囂，不只白天不該去，夜晚甚至每下愈況。

現在，局勢已到谷底，卻有戲班子偶然到阿布德拉，搬演尤里比底斯（Euripides）的《安朵美達》（*Andromeda*）。觀眾如痴如醉。但在所有最能打動他們的段落中，就數人性的柔美撫觸，最能激起他們的幻想——詩人藉著珀修斯

（Perseus）[7]的愴然呼告引出了他們的想像力，「噢，邱比特（Cupid）[8]，神人共寵的王子啊！」，諸如此類。隔天，幾乎人人都在叨念著那純粹的抑揚頓挫，口中沒有別的，只有珀修斯可憫的吐露——「噢，邱比特，神人共寵的王子啊！」；阿布德拉的大街小巷，家家戶戶——「噢，邱比特！邱比特！」——每一張

嘴裡都是，彷彿一段甜美的旋律掉出的還原記號，總之呢，只剩「噢，邱比特，神人共寵的王子啊！」。烈焰一發不可收拾，全城彷彿男人的一顆心，對愛敞開。

藥商再也賣不出一丁點的毒藜蘆；刀兵匠再也沒有心思打造殺人兵器；友誼與美德相聚首，在街道上親吻致意；黃金時代再臨，擁抱

整座阿布德拉城；阿布德拉的男子個個執起自己的蘆葦笛，女子則紛紛放下華服，賢淑端坐，聽起歌來。

　　除了「愛」之外，華鐸最感興趣的是音樂。他的朋友告訴我們，他擁有最敏銳的耳朵。在華鐸所描繪的場景中，幾乎都具有音樂的特質，這可追溯至文藝復興時期威尼斯的繪畫傳統，呼應19世紀英國作家華特·裴特（Walter Pater）所說的：假如「將生命本身設想為某種聆聽」，威尼斯畫家便是畫出我們人生中的幕間插曲。我在第4章提到喬久內的《花園派對》（圖4-28），堪稱是第一幅描繪人類滿足於無所事事的畫作，因為它呈現了人與自然的完美和諧，喬久內正是華鐸的師法對象。華鐸和威尼斯人一樣，將經驗轉譯為另一種感官媒介——「色彩」，進而達到這種音樂效果。華鐸的色彩有種閃爍又多彩斑斕的特質，令人立刻想到該拿音樂做類比。但變幻歸變幻，華鐸處理每個細微處的結構（例如：他筆下魯特琴演奏者的雙手）卻有著不輸給莫札特樂句的精準和清晰。

　　華鐸死於1721年，和拉斐爾一樣享年37歲。此時，洛可可風格已開始影響裝飾與建築；再過10年，洛可可席捲全歐洲，和15世紀初期的哥德風格一樣跨越國界，此外，這2種風格都是屬於小宮廷的藝術，強調優雅而非宏大；處理宗教題材時，也是懷抱著恩寵與憐憫，而非採取肅穆的堅信態度。

　　洛可可風潮甚至遠傳至英國，只不過這個

7　編注：砍下梅杜莎的頭、以此拯救公主安朵美達的英雄人物。珀修斯與安朵美達死後，分別化為天上的英仙座與仙女座。
8　編注：古希臘羅馬神話中的愛神。

圖9-16　維斯的朝聖教堂（外觀）

© Gregorini Demetrio / Wikimedia Commons

望達到音樂的境界。

我不認為裴特會想把這句名言延伸到應用藝術（applied art）[9] 上，即便如此，此言仍是精準傳達出洛可可藝術的精妙之處，其強調節奏、協韻、質地等皆具有音樂般的感知效果，彷彿與接下來50年的音樂相互呼應。

外樸內華的朝聖教堂，反映人類身處「享樂」與「克制」的矛盾掙扎

單憑幾個小節，總是很難分辨海頓（Franz Joseph Haydn）與莫札特之間的音樂差異。不過，這2位18世紀下半葉的偉大音樂家，個性其實南轅北轍，而他們的不同之處也透過音樂表現出來。

海頓比莫札特大24歲，是鄉村出身的車輪匠之子。他打從心底愛好和平、心胸寬廣，愛鄉愛土。海頓說自己作曲是為了「讓筋疲力竭或身負重擔的人，能享有幾分鐘的慰藉與振作」。我一靠近巴伐利亞維斯（Wies）的朝聖教堂（圖9-16），馬上就想到這句話。這座教堂位在鄉里之間，但若從一段距離遠觀，簡直就像鄉間的莊園府第。進了教堂之後，映入眼簾的更是令人無法置信的華麗——宛如人間天堂。

從前，老百姓走進哥德式大教堂時，的確會把生活中的柴米油鹽拋在腦後，彷彿走進了不同的世界。但那是個讓人望而生畏的神祕世界，混雜著人們對於救贖的企盼以及對於死亡與審判的恐懼，尤其在單純的小教區中，更是將重點都擺在恐懼上。每座教區教堂的聖壇拱頂都描繪著「最後審判」，也就是俗稱「末日」的駭人景象。但在洛可可式教堂內（圖9-17），說服信徒的並非恐懼，而

愛好獵狐狸的社會以與生俱來的判斷力，阻止了洛可可在英國耀武揚威。我推測，當時英國多數的建築和裝飾工程就像多數的歌曲一樣，都是外國人的作品；但諾福克公館（Norfolk House）音樂廳的裝飾，卻是由一位名叫梅修（Mayhew）的英國人完成，而其成果只比巴黎同行們少了幾分優雅而已。

當時，幾乎所有事物的造型都以這種國際流行的式樣為絕對依據，凌駕於我們過去所說的便利性或功能主義導向的設計。沒人會覺得洛可可風格的刀柄易於握持，或者洛可可風格的湯蓋易於拿取或清洗。因為這些東西**一定要**像石頭，像貝殼，像海草，就像晚期哥德式時代的器物一定要像樹木。不過，儘管洛可可風格熱愛海中的貝殼，但其圖案卻不像哥德式那般具有描述功能。洛可可藝術家在實現自己的設計時，會讓素材順著材質本身的肌理起舞。裴特說，每種藝術都渴

9　編注：強調實用導向的藝術理念，範圍含括日用品工藝、建築，以及工業設計或服裝的圖像設計等。

圖9-18 阿美琳堡內部

圖9-19 阿美琳堡天花板裝飾之一

圖9-20 阿美琳堡牆飾特寫之二

在上帝所有行為之中，「創世」是最神祕之舉。當我凝視著齊瑪曼兄弟一手打造、洋溢著鄉村式歡愉之情的維斯朝聖教堂內部，腦海中立刻浮現了海頓的神劇《創世紀》（Creation）。當然，《創世紀》屬於歷史學者所說的古典主義音樂，而非巴洛克音樂，畢竟《創世紀》是海頓的晚期作品，完成年代遠晚於維斯教堂的興建工程。可是，我從海頓音樂裡感受到的天真喜悅，與我從啟發巴伐利亞匠人靈感的來源——或許我該稱之為「生命之舞」——所體會的感受，幾乎一模一樣。

海頓早期的作品，尤其是為小型交響樂團與弦樂創作的曲子，風格似乎確實跟作為這些樂曲演奏空間的洛可可房間完全合拍。海頓擔任埃斯特哈齊（Esterhazy）家族的宮廷樂長一職長達30年。埃斯特哈齊家是眾多開明的藝術贊助人之一，從日耳曼各國的合縱連橫中脫穎而出。夜復一夜，數十首曲子在燈光朦朧的音樂廳裡演出。熱愛田野的廷臣們在這種場合會有多麼無聊啊！但樂手還是得演奏到主教或選帝侯開心為止，而海頓本人或許也要上台吹奏長笛或拉大提琴。海頓必須滿足王公們永不饜足的胃口，他為埃斯特哈齊親王寫了超過40首四重奏、100首交響曲，以及上百首的小品。這些作品不可能水準一致，就像狄更斯（Charles Dickens）每週的小說連載品質也難免起起伏伏，但能如此多產也實在是很了不起。海頓曾言：「我的孩子有的彬彬有禮，有的粗野莽撞，但時不時會冒出個偷換來的孩子。」我們自然很想知道到底哪些曲子是海頓偷來的。

說也奇怪，明明整體洛可可風格顯然有悖於今人信念，但我們居然如此推崇洛可可音樂。許多18世紀的建築物之所以興建，純粹是為了滿足那些崇尚享樂、願意為了更好

是喜悅：上教堂就是在體驗天堂樂園的滋味。我承認，有時覺得這類教堂不是基督教的無形樂園，而是伊斯蘭信徒的樂園。真好奇，聖保羅（或是祭司以西結〔Ezekiel〕）對那些個繞著聖壇飛舞的小邱比特，會做何感想？「噢，邱比特，邱比特，神人共寵的王子啊。」老實說，若是少了肉體之愛的象徵輔助，一定很難表現精神之愛，哪怕是聖人也很難辦到。

的藝術品質而多費些功夫的人們。結果在戰爭期間，我們卻想方設法摧毀它們當中的大部分，包括德勒斯登（Dresden）的茨溫格宮（Zwinger），柏林的夏洛滕堡宮（Charlotten-burg），以及符茲堡總主教宮殿的絕大部分。

我說過，「文明」也許很難勾勒，但要認出「野蠻」則不那麼困難。我們碰巧沒有炸到慕尼黑郊區寧芬堡（Nymphenburg）的美麗宮殿群（至於慕尼黑城則是夷為平地）。這些宮殿的建築師名叫居維利埃（François de Cuvil-liés，雖然是法語姓氏，但他是法蘭德斯人），他本是巴伐利亞選帝侯馬克斯・埃曼努爾（Max Emmanuel）的宮廷侏儒，後來選帝侯發現他是個建築天才便提拔他。居維利埃的傑作阿美琳堡（Amalienburg，圖9-18）是洛可可裝飾的究極之作，堪稱銜接了華鐸與莫札特之間的橋梁（圖9-19、圖9-20）。

不過，要在阿美琳堡說出「莫札特」的大名可是有危險的，會讓人戴上有色眼鏡（而且顏色可深了），以為莫札特只是區區一位洛可可作曲家。20世紀初期有許多人就是這麼看待他，再加上那些粗製濫造的石膏胸像推波助瀾，害大家以為莫札特就是那副18世紀典型的傻瓜模樣。我還在念書時也曾買過一尊莫札特石膏像，可我一聽到《G小調弦樂五重奏》（G minor Quintet），立刻意識到我家壁爐上那尊光滑潔白的人物絕對寫不出如此樂音，於是就把石膏像扔進廢紙簍了。後來我發現了莫札特的姊夫、德國業餘畫家朗格（Joseph Lange）的莫札特肖像畫（圖9-21），雖然不算大師之作，卻傳達出這位天才人物專心致志的真摯模樣。當然，莫札特有大量作品完全符合18世紀的風格潮流，也嫻熟掌握了這種音樂形式，他在這個音樂的黃金時代是如此自在，因此根本不認為有摧毀當代那種音樂風格的必要，事實上他也是真心喜愛當時音樂中臻至完美的澄澈與精確。

我很喜歡一則有關莫札特的故事：他坐在餐桌前，整個人心不在焉，把餐巾折了又攤開，摺出愈來愈精細的圖案，此時新的作曲靈感正流經他的腦海。但是這種追求形式上的完美，恰好突顯了他身上2種跟洛可可風格相去甚遠的個性。第1種個性是一股獨特的憂鬱，令人積鬱成狂，經常出沒在天才孤獨的內心——莫札特年紀輕輕就感受到了。第2種個性則幾乎與第1種相反，是一種熱烈的興趣，既是對人類，也是對人際關係中所展現的戲劇性。我們經常在聆聽莫札特的管弦協奏曲或四重奏時，發現自己參與了一場戲劇或對話；這種效果在莫札特的歌劇中更是營造了再自然不過的氛圍。

「唱」比「說」容易？歌劇為何能跨越國界、歷久不衰？

歌劇，是西方人繼哥德式建築之後最奇特的發明之一。歌劇的出現，是任何邏輯推論都無法預料的。人們經常引用詹森博士的定義，說歌劇是「縱情而不可理喻的娛樂」，這話完全正確（只是就我所知，他從沒寫過這句話）。然而，歌劇居然會在理性的時代走向完美境界，這點乍看之下實在令人嘖嘖稱奇。不過，就像18世紀初最偉大的藝術是宗教藝術，同理可證，洛可可最偉大的藝術創造物當然也可能完全不合邏輯。

歌劇其實早在17世紀便已發明，且在卓有遠見的義大利天才音樂家蒙特威爾第手中發展成一種藝術形式。歌劇從信奉天主教的義大利往北傳播，在維也納、慕尼黑與布拉格等天主教大城蓬勃發展。憤慨的新教徒總說洛可可教堂長得像歌劇院，他們說得確實有理，只可惜說反了，是「歌劇院模仿教堂」才對。慕尼黑的居維利埃歌劇院根本就像是

一座洛可可教堂。

洛可可教堂前腳剛走，洛可可歌劇院後腳便來，這些洛可可建築完整表達了這種新世俗宗教觀，這種建築風格也延續了百年之久，即便到了後期已經顯得老氣過時。在天主教國家（不只歐洲，連南美洲也是），歌劇院經常都是城中最好、最大的建築。

歌劇的影響力經久不衰，遠勝多數時尚潮流與思維方式。到底歌劇為什麼能在西方文明史上享有如此威望？那些對劇情不熟、演出內容也聽不懂半個字的觀眾，為什麼能正襟危坐地安靜看上3個小時的表演？德國與義大利各地的小城鎮，為什麼至今仍把大把預算花在這種不可理喻的娛樂上？

當然，這一部分是因為歌劇好比足球賽，都展現出了精湛的技巧。但我認為，最主要還是因為歌劇**就是不可理喻**。伏爾泰說得好，「用說的太蠢，那就用唱的吧！」此外，那些難以啟齒的微妙感受、太露骨的想法，甚至是詭譎不可思議之事也都可以用唱的，甚至只能用唱的。莫札特的《唐‧喬凡尼》（*Don Giovanni*）一開始，男主角唐璜刺殺了騎士團長，接著這位凶手跟他的情婦、僕人與垂死的被害者，用雄偉華麗的樂聲將他們的感受全盤表達出來，此時的歌劇確實放大了人類的官能。

難怪這段配樂會如此複雜，畢竟到了今日，《唐‧喬凡尼》對我們來說也絕對稱不上簡單。唐璜是最矛盾的英雄反派，他曾將追求幸福和愛情當作一件簡單且理所當然的事，但到頭來才發現這件事不僅複雜，還足以致命。他不願為過去行為表示後悔的做法，賦予他英雄氣概，而這種氣魄與另一個文明階段的特質頗為類似。

圖9-21 《彈鋼琴的莫札特》（局部）

《彈鋼琴的莫札特》朗格（*Wolfgang Amadé Mozart at the Piano*，Joseph Lange），1789年（未完成），34.3 × 29.5公分，油畫，現藏於奧地利國際莫札特基金會。

第10章
理性的微笑
啟蒙時代的藝術精神

國國立法蘭西喜劇院（Comédie Française）的門廳內，18世紀巴黎成功劇作家的胸像在走廊上一字排開。或許在今人眼中這些人物實在很陌生，但他們確實在這100年間大幅促進了良知與人性的提升。瞧那一張張看來機智聰明的臉龐！其中才思最敏捷者，就是伏爾泰（圖10-1）。或許就某方面來說，伏爾泰也堪稱史上最聰明的人之一。他嘴角掛著笑，一種理性的微笑，這種心理狀態也許源自於法國哲學家豐特奈爾（Bernard le Bovier de Fontenelle）吧！豐特奈爾活了將近100歲，橫跨17與18世紀，連結了牛頓的世界與伏爾泰的世界。

伏爾泰擔任法國科學院（Academy of Science）的「終身書記」一職。他曾告訴別人，自己從來不邁步狂奔，也不發脾氣。他的朋友問過他會不會開懷大笑，伏爾泰回答：「沒有，我才不會發出『哈哈哈』的笑聲。」但是伏爾泰會微笑，而且不只他，18世紀法國其他傑出的作家、哲學家、劇作家與沙龍女主人也都掛著這種微笑，像是小說家克雷必倫（Claude Prosper Jolyot de Crébillon）、哲學家狄德羅（Denis Diderot）、劇作家馬里沃（Pierre Carlet de Chamblain Marivaux）、物理學家達朗貝爾（Jean le Rond d'Alembert）。

如今，這樣節制的微笑在我們看來很膚淺造作，畢竟過去50年來，我們可是過著水深火熱的生活。我們覺得人應該要更熱情、更堅定，或者像最近流行的說法，要更投入。確實，18世紀法國的文雅微笑，可能讓整個「文明」的概念蒙羞了。這是因為我們忘記在17世紀時，雖然藝術與科學的天才多如泉湧，卻依然發生毫無道理的迫害，以及殘酷程度前所未有的野蠻戰爭。到了1700年，人們開始覺得保持一點冷靜與抽離不見得是壞事。理性的微笑似乎背叛了人類深沉

圖10-1 《伏爾泰》雕像

《伏爾泰》烏東（*Voltaire*，Jean-Antoine Houdon），1779～1828年，高137公分，石膏像（外塗陶土），現藏於美國洛杉磯郡立美術館[1]。

情感中幽微難解的真實心聲，但這微笑並不影響某些堅定不移的信念，例如：對自然律（natural law，超脫人類制度，自然界本身運行的法則）、正義、贖罪的信念。

這樣也不錯。因為啟蒙運動哲學家確實推著歐洲文明往巔峰邁出幾步。理論上來說，無論如何，歐洲文明是在經歷了啟蒙運動後，得以在19世紀全面鞏固下來。直到1930年代，已經不會有人支持燒死女巫，或是燒死其他少數族群的成員，也不會同意透過刑求逼迫他人自白，或是妨礙司法公正，甚或是因為說真話而入獄。當然，戰時例外。

而這一切都得歸功於所謂的「啟蒙運動」（Enlightment），尤其是歸功於伏爾泰。

18世紀的英國業餘主義不僅培育國內通才，也滋養法國啟蒙運動先驅

理性與寬容的勝利固然是在法國贏下的，但它們始於英國。對於這個在20年間讓牛頓、洛克（John Locke）與不流血的光榮革命登台亮相的國家，法國哲學家也從不諱言表達自身的感激之情，但他們對於英國政治自由的程度不僅有高估過譽的傾向，甚至還誇大了英國文人的影響力。話雖如此，孟德斯鳩（Charles Louis de Montesquieu）與伏爾泰在1720年代造訪英國時，英國知識分子已享受了半世紀的蓬勃發展。史威夫特（Jonathan Swift）、波普、斯蒂爾（Richard Steele）與艾迪生（Joseph Addison）等文學創作者就算在報章雜誌上跟人筆戰，也不會有感到被冒犯的貴族僱用小流氓痛打他們，他們也不會因為挖苦當權者而鋃鐺入獄（《魯賓遜漂流記》的作者笛福〔Daniel Defoe〕除外）。但上述這一切都發生在伏爾泰身上，因此他才會在1726年流亡英格蘭。

當時，英格蘭正是鄉間大宅邸風行的時代。1722年，其中最堂皇的一棟宅邸才剛落成，是為了紀念那位擊敗伏爾泰祖國的馬爾博羅將軍（John Churchill Marlborough）而建的。對此，伏爾泰心裡一點疙瘩都沒有，畢竟他認為所有戰爭對於人命與力氣都是荒唐的浪費。伏爾泰一見到布倫海姆宮（圖10-2）就說「好大一堆石頭，一點魅力或品味都沒有」。我懂他的意思。對於從小看著芒薩爾（Jules Hardouin Mansart）與佩羅的建築長大的人而言，布倫海姆宮簡直沒有章法，不成體統到令人痛心疾首的地步。即便布倫海姆宮的設計中有些奔放的發想，但不盡然能順利融

1　編注：烏東所刻的伏爾泰雕像不只一座，這些雕像外貌相仿，法國國立法蘭西喜劇院、俄羅斯聖彼得堡冬宮博物館等地亦有收藏。

圖 10-2　布倫海姆宮

合，也許原因就在於建造者約翰‧凡布魯爵士雖然是位才子，但他只是個業餘愛好者，而且這個生性浪漫的城堡建築師在裝修時根本不在乎是否風雅得體。

18世紀的英國堪稱是「業餘愛好者的天堂」，我所說的這種人只要錢夠多、名望夠高，就能隨興而為，即便所為之事其實需要相當程度的專業也無所謂。這些業餘玩家的其中一項興趣就是建築。雷恩就是以才華洋溢的業餘愛好者身分出道，儘管他後來走向專業建築師之途，仍保有這種業餘愛好者的靈活自由，去解決每一項問題。但雷恩的2大傳人無論以什麼為標準來看，都是業餘人士。約翰‧凡布魯爵士寫劇本，而伯靈頓伯爵（Lord Burlington）是鑑賞家、收藏家與藝術品味的權威，總之，就是今人會嗤之以鼻的那種性格。

但是，伯靈頓伯爵雖然蓋了許多不怎麼樣建築的，還是蓋出了一小棟家居建築的傑作：契斯維克別墅（Chiswick House，圖10-3）。看看外部階梯和柱廊銜接的方式，多麼天才啊！令人不免好奇，今日的專業建築師們遇到這類問題的處理手法，能否像伯靈頓伯爵一樣巧妙。當然啦，這個柱廊的規模並不大，柱廊的背後是一棟大小與老式牧師宅相仿的建築，只不過它蓋來並非作為日常生活之用，而是用來社交、聊天、密謀、交換政治八卦，以及聽一點音樂。

說起來，這些18世紀業餘人士算是文藝復興時代「通才」理想的繼承人。典型的文藝復興通才阿爾伯蒂也是建築師，假如今人依然認為建築是一種社會性的藝術，一種讓人得以活出完整生命之藝術，說不定建築師就該從各種角度來體會生活，而不要太拘泥於

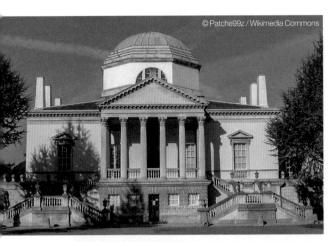
© Patche99z / Wikimedia Commons

圖10-3　契斯維克別墅

自己的專業。

　　業餘主義（amateurism）貫穿了18世紀的一切：化學、哲學、植物學與自然史。業餘精神創造出的人物，包括不屈不撓的博物學家約瑟夫・班克斯爵士（Sir Joseph Banks，他曾要求讓2名號角手上船，於他享用晚餐時奏樂，否則就拒絕參加庫克船長〔Captain James Cook〕[2]的二度出航），這些人有著新穎、自由的心態，有時難免會超出嚴格定義的專業領域分界。此外，他們都很獨立自主，對於社會來說，這一點有利也有弊。他們想必會跟我們的現代烏托邦格格不入，因為不久前我才聽到某個社會學教授上電視說：「凡是沒有禁止的事情，就必須強制推行。」當年，伏爾泰與盧梭從英國的哲學、英國的制度與英國的寬容中尋找靈感，如今那位教授的主張，絕對無法吸引那些傑出的訪客到來。

中產階級革命後，「嚴謹鄉紳」與「都市布爾喬亞」誰更能代表文明？

　　然而，任何閃亮的勛章都有它黑暗的一面。對此，我們能從霍加斯（William Hogarth）的畫作中找到生動無比的紀錄。

　　我本人並非霍加斯的畫迷，因為他的畫老是一團混亂，似乎欠缺連17世紀荷蘭二流畫家都有的空間感。但是你無法否認霍加斯在敘事上擁有絕佳的創造力。他步入中老年後，以一場選舉為主題畫了系列畫，其構圖比他之前的作品《浪子歷程》（A Rake's Progress）好得多。這些系列畫的內容（圖10-4）犀利諷刺了英國漏洞百出的政治制度，讓人不得不服。霍加斯畫了投票所、蠢蛋和奄奄一息的人在此道聽塗說，投下了他們的票。勝選者長得就像一隻抹了白粉的肥閹雞，由他的打手帶著他掃街慶祝，打手們同時還在報自己的私怨。我承認，霍加斯靠著畫中右下角那位盲人小提琴手破除了我的偏見。對於他那說教式的紀實畫而言，那位小提琴手簡直是天外飛來一筆。

　　我想，18世紀的英國在經歷了中產階級革命後，確實分化為2個天差地遠的社會了。一個，是審慎小心的鄉紳社會，而畫家戴維斯（Arthur Devis）的作品完美地記下了他們的模樣：人們待在冰冷空蕩的房間內，看來滑稽僵硬且面無表情（圖10-5）。另一個則是都市社會，關於這個社會，霍加斯為我們留下諸多紀錄，他的朋友菲爾丁（Henry Fielding）的劇作也證實了其真實性。儘管都市社會受到許多生物本能（animal spirits）[3]驅使，但無論如何都稱不上「文明」。

　　希望各位不會覺得我太隨便，就這麼拿霍加斯的版畫《摩登的午夜聚會》（A Midnight Modern Conversation，圖10-6），與同時期法國畫家德・特魯瓦（Chrétien de Troy）的《讀莫里哀》

2　編注：英國的海軍軍官，曾三度奉命出海前往太平洋，帶領船員成為首批登陸澳洲東岸和夏威夷群島的歐洲人，也創下首次歐洲船隻環繞紐西蘭航行之紀錄。

3　編注：經濟學家凱因斯（John Maynard Keynes）於1936年提出的經濟術語，意指出於本能、喜好及情緒等非理性判斷的經濟動機及行為。

© Directmedia / Wikimedia Commons

↑圖10-4 〈椅上謝票的勝選人〉

〈「選舉的幽默」系列4：椅上謝票的勝選人〉霍加斯（*The Humours of an Election IV: Chairing the Member*，William Hogarth），1754 ～ 1755年，103 × 131.8公分，油畫，現藏於英國倫敦索恩爵士博物館。

© DcoetzeeBot / Wikimedia Commons

→圖10-5 《約翰‧奧德一家》

《約翰‧奧德一家》戴維斯（*John Orde and his Family*, Devis），1754 ～ 1756年，94 × 96.2公分，油畫，現藏於美國耶魯大學英國藝術中心（保羅‧梅隆收藏）。

圖10-6 《摩登的午夜聚會》

《摩登的午夜聚會》霍加斯（*A Midnight Modern Conversation*，William Hogarth），蝕刻版畫印刷，1732 ～ 1800年，28.7 × 43.5公分，現藏於荷蘭阿姆斯特丹國家博物館。

圖10-7 《讀莫里哀》

《讀莫里哀》德・特魯瓦（*La Lecture de Molière*，De Troy），約1728年，74 × 93公分，油畫，私人收藏。

（*La Lecture de Molière*，圖 10-7）做比較。在這本書中，我一直努力跳脫「文明」一詞比較狹隘的涵義，但狹隘也有狹隘的道理：你無從否認德‧特魯瓦的畫確實反映了文明生活的情境，因為畫中甚至連家具的設計都兼顧了美麗與舒適，除此之外，霍加斯《摩登的午夜聚會》中所有人物都是男人，但德‧特魯瓦畫中的 7 個人裡，有 5 個是女人。

先前談 12 與 13 世紀時，我提到當時人們突然意識到女性的特質，可謂是文明的一大躍進，這一點擺到 18 世紀的法國也言之成理。我認為，**男性與女性之間的平衡協調，是文明絕不可少的必要條件**。在 18 世紀的法國，女性的影響力整體而言是正面的，「沙龍」（salon）這種 18 世紀的奇特組織也是由女性一手打造。大約有 40 年的時間，這種集合睿智男女的小型社交聚會，成為歐洲文明的重心。與會者來自歐洲各地，在德芳侯爵夫人（Madame Marie de Vichy de du Deffand）與喬芙蘭夫人（Madame Marie Thérèse Geoffrin）等女主人的房間內齊聚一堂。雖然論吟詩作對，這些沙龍貴客比不過義大利烏爾比諾的宮廷之士，但前者的反應卻更加聰明機敏。

主持沙龍的女士們沒有特別年輕，也沒有特別富裕。我們之所以能知道她們確切的長相，是因為佩羅諾（Jean Baptiste Perronneau）與莫里斯‧康坦‧德‧拉圖爾（Maurice-Quentin de La Tour）等法國畫家在為她們繪製肖像時都沒有加以美化，而是以洞察力忠實表現她們心靈的細微之處（圖 10-8）。唯有在高度文明的社會中，女士們才會偏好這種寫實勝於華麗粉飾的肖像。

這些女士是如何經營她們的沙龍？答案是靠著她們的善解人意、圓滑的處事手腕，以及讓賓客放鬆的氛圍。對於詩人與哲學家來

© Directmedia / Wikimedia Commons

圖 10-8　《索甘維爾夫人》

《索甘維爾夫人》佩隆諾（*Madame de Sorquainville, Perronneau*），1749 年，101 × 81 公分，油畫，現藏於法國羅浮宮。

說，孤獨當然不可或缺，但某些能帶來生命力的思想必得從交談中誕生，而這樣的熱絡交談只會發生在其中沒有高傲自負之輩的一小群人之間。這樣的環境不可能存在於宮廷，而巴黎沙龍之所以能成功，多半也是因為法國宮廷與行政重心都不在巴黎，而是在凡爾賽宮。巴黎跟凡爾賽宮是 2 個世界，廷臣向來都把凡爾賽宮稱為「我們這個地方」（ce pays-ci）。時至今日，我走進凡爾賽宮遼闊、冷漠的前庭時，內心還是夾雜著驚慌與疲憊，彷彿我第一天上學。

但持平而論，即便法國的思想盛世在 18 世紀已經開始衰退，凡爾賽宮這個封閉的社會還是出現了若干傑出的建築與設計。例如：建築師昂熱—雅克‧加百列（Ange-Jacques Gabriel）為法王路易十五（Louis XV）所建的小特里亞農宮（Petit Trianon，圖 10-9），已經臻於

圖10-9　小特里亞農宮

完美。當然,「完美」這個詞隱含著有限的目標,但也意味著為理想而奮鬥。小特里亞農宮美麗的立面在在表現出得體、自制與精準,無數的仿效之作都無法達到這種境界,失之毫釐就變得平淡無奇,稍加強調就變得俗不可耐。

沙龍不只是洛可可享樂主義的延伸,更是成就狄德羅《百科全書》的要素

　　然而,假如我們把目光從設計的藝術轉向思維能力的展現,那麼18世紀凡爾賽宮的生活可就乏善可陳了。與此相對,巴黎社會相當幸運,得以免於令人生厭的宮廷儀禮,以及瑣碎纏人的政治日常。此外,幸好法國的上層階級並未富裕到令人髮指的程度,才讓18世紀的沙龍免於過度阿諛奉承與浮華鋪張。曾任法國財政大臣的蘇格蘭金融奇才約翰・羅(John Law)帶來一場金融危機,讓這些上流人士丟了不少錢。財務餘裕有助於文明,但出於某種神祕的原因,鉅富反而會摧毀文明。我想,華麗過頭就會失去人性的溫度,而所謂的「好品味」似乎不能沒有一點分寸。

　　18世紀中葉法國繪畫大師夏丹(Jean Baptiste Siméon Chardin)就是個例子。他對色彩與設計品味的掌握,無人能出其右。每一個區塊、每一處留白、每一抹色調,都穠纖合度。偏偏夏丹不喜歡畫上層階級,尤其不畫宮廷中人。他有時會從文雅的資產階級中尋找題材,描繪他們如何打扮孩子、和孩子說話(圖10-10),有時又從勞動階級中尋找題材,我猜這是他的最愛。因為除了人之外,夏丹最喜歡的就是日常生活中的這些鍋碗瓢盆(圖10-11)。

圖10-10 《晨間梳妝》

《晨間梳妝》夏丹（La Toilette de Matin，Chardin），1740〜1741年，49×39公分，油畫，現藏於瑞典斯德哥爾摩國家博物館。

圖10-11 《洗碗女傭》

《洗碗女傭》夏丹（The Scullery Maid，Chardin），約1738年，45.7×36.9公分，47×38.1公分，油畫，現藏於美國華盛頓國家美術館。

　　這些不可或缺的生活用品蘊含著最基礎的高雅設計，幾百年來從沒變過。敏銳的洞察力、一顆善良的心、人與人之間單純且細膩的關係刻畫，這些夏丹畫作中所展現的特質，也在法國詩人拉封丹（Jean de la Fontaine）與法國喜劇作家莫里哀（Jean Baptiste Poquelin Molière）的韻文中永垂不朽。這些特質延續到了18世紀中葉，甚至延續到今日的法國鄉間，以及延續到法國人稱之為「匠人精神」（artisanat）的內涵。

　　至於人文薈萃、聚集法國頂尖知識分子的沙龍就比較奢華一點，但還不至於讓人喘不過氣。房間大小一般，室內裝飾（當年的人少了裝飾就活不了）也不如宮廷那般細緻得讓人喘不過氣，賓客間互動時也感覺比較自然無拘束。

　　18世紀中葉的人是如何生活的？對此，我們有一份完整的紀錄。固然當時除了夏丹外就沒什麼偉大的畫家，但小莫羅（Moreau le Jeune）、布雪（François Boucher）這種畫匠為數甚多。由於這類畫匠的創作並非為了「表現自我」，他們甘於只用繪畫來記錄當時的生活情境，才讓200年後對於當時生活深感興趣的我們也能因此受惠，得以一窺年輕淑女極其瑣碎的日常，看著她一早就在爐火前穿上長筒襪（圖10-12），拜訪一位待產的朋友（「別害怕，我的好朋友」，圖10-13），然後給孩子們舀了一匙浸過咖啡的方糖（圖10-14），再到音樂茶會上聊到口乾舌燥（「請安靜一點」），還收到年輕仰慕者的情書，接著又忙著盛裝前往歌劇院，最後才終於一臉惺忪上床睡覺。我想，除了脾氣乖戾的人或假道學

← 圖10-12 拉上長筒襪的女士

《梳妝打扮》布雪（*La toilette*，Boucher），1742年，油畫，52.5×66.5公分，現藏於西班牙馬德里提森—博內米薩博物館。

↙ 圖10-13 拜訪待產的朋友

《別怕，我的好朋友》小莫羅（*N'ayez pas peur, ma bonne amie*，Moreau le Jeune），1776年，26.9×31.9公分，蝕刻版畫印刷，雕刻師 Isidore-Stanislaus-Henri Helman，現藏於美國克拉克藝術中心。

↓ 圖10-14 舀糖給孩子的女士

《午餐》布雪（*Le Déjeuner*，Boucher），1739年，81.5×65.5公分，油畫，現藏於法國羅浮宮。

者，應該沒人會否認這是一種愉快愜意的生活方式。

可是，為什麼我們當中有那麼多人像是出於本能的反對這種生活方式？因為我們覺得這一切建立在剝削他人之上？我們真有想得那麼遠嗎？就算真的如此，豈不就像是明明對動物心懷愧疚，但仍不戒掉吃葷一樣？在我看來，整個人類社會本就是建立在各種不同的剝削之上。那麼，還是因為我們認為這種生活方式膚淺又無意義呢？在我看來，這也不正確。享受這種生活的人可不是傻瓜，因為法國政治家塔列朗（Charles Maurice de Tall-eyrand）曾說「體驗過18世紀法國社交生活的人，才懂得**生活之甜美**」，而塔列朗肯定是歷來從政者中最有智慧的人物之一。

18世紀法國沙龍的常客絕不只是一群追求時尚的享樂主義者，他們可都是當時最傑出的哲學家與科學家，想發表對於宗教極具革命性的個人觀點、削減懶散國王與不負責任的政府的權力，以及改變社會。然而，最終結果是社會的改變程度遠遠超過他們原本的訴求，成功改革者的宿命大多如此。

在德芳侯爵夫人與喬芙蘭夫人的沙龍內聚首的這些知識分子，當時正全心投入一套巨作的編纂：《百科全書：科學、藝術和工藝詳解詞典》（*Encyclopédie, ou Dictionnaire Raisonné des Sciences, des Arts et des Métiers*）。這本《百科全書》旨在克服無知、使人類更進步，而這個想法依舊源自英國，效法1751年錢伯斯（Ephraim Chambers）的《百科全書》（*Cyclopædia*，或稱 *An Universal Dictionary of Arts and Sciences*）。

法國這套《百科全書》是一項浩大工程，最後集結為24冊巨大的對開本──這當然是許多人的心血結晶，可是一切少不了狄德羅的統籌。我們可以在法國畫家范盧（Amédée van Loo，圖10-15）的作品中，看到狄德羅嘴角

© Sammyday / Wikimedia Commons

圖10-15 《狄德羅》肖像

《狄德羅》范盧（*Diderot*，Van Loo），1767年，81 × 65公分，油畫，現藏於法國羅浮宮。

掛著理性的微笑，但這幅肖像畫卻令他氣到火冒三丈，他說：「畫裡的我就像個想討好人的老妓女。」狄德羅是個智慧超群又多才多藝的人，身兼小說家、哲學家，甚至寫藝評，而且是夏丹的支持者，他所編撰的《百科全書》條目，上至「亞里斯多德」，下至「人造花」。他的魅力之一，就在於你永遠不知道他接下來要說什麼、做什麼，而任何關於18世紀的粗淺歸納，你都可以從狄德羅的文字中找到方法反駁。

在我們看來，百科全書的宗旨應該無害於社會，但極權政府不喜歡「辭典」，因為他們的施政不能沒有謊言與空話，也不堪被明確的字詞定義。雖然狄德羅的這部百科全書2度遭禁，但最終獲得勝利，優雅沙龍中一次次的聚會也就成為革命政局的先驅。這套書也是科學的先驅，書中的插圖附錄滿是專

業技術的細節，但我不得不說，這些插圖與文藝復興時代相比，並沒有多大的改變。

蘇格蘭，被遺忘的歐洲文明力量

18世紀最後25年的科學既時髦又浪漫，這點我們可以從英國畫家德比的萊特（Joseph Wright of Derby）[4] 的作品中看出端倪。萊特畫中的空氣泵浦實驗（圖10-16-1）帶著我們走進科學發明的新紀元，這幅作品是敘事畫的絕佳典範：自然哲學家留著一頭長髮，眼神專注（圖10-16-2）；小女孩們不忍親眼見證寵物鸚鵡死亡（圖10-16-3）；察覺到女孩情緒的中年男子告訴大家：為了科學的發展，一定要做出這等犧牲（圖10-16-4）；右邊的男子則是若有所思，自忖這種實驗是否真的對人類有所裨益（圖10-16-5）。畫中人物的模樣都非常嚴肅，但其實18世紀的科學只是茶餘飯後的休閒，和19世紀人們彈鋼琴的消遣是差不多的。即便伏爾泰花了大把時間為熔化的液態金屬稱重、解剖蠕蟲，他依舊只是個門外漢，因為他欠缺做實驗該有的耐心以及實事求是的精神；但或許這種韌性的特質，本就只能在不高聲稱頌機智的社會環境下才得以生存，因此18世紀的法國社會並不適合培育它。

18世紀時，這種「堅決」出現在一個文明依然活力充沛的國家：蘇格蘭。蘇格蘭人（我自己就是）展現一種非凡的特質，結合了實事求是與奔騰的想像力，而這股想像力早已融入了民間傳說。蘇格蘭人似乎相當自豪，但這也難怪，畢竟除了愛丁堡，還有哪座城鎮中心是一片浪漫的風景？

18世紀的蘇格蘭是個貧窮偏遠的半開化國家，但那種實事求是的精神不僅成就了蘇格蘭，也讓蘇格蘭成為歐洲文明的一股力量。請容我唱名幾個出身蘇格蘭、在18世紀思想界與科學界舉足輕重的大人物：經濟學家亞當・斯密（Adam Smith）、哲學與歷史學家大衛・休謨（David Hume）、科學家約瑟夫・布拉克（Joseph Black）與詹姆斯・瓦特（James Watt）。這些人在1760年過後不久，改變了整個歐洲思想與生活方式的潮流，是不爭的歷史事實。

約瑟夫・布拉克與詹姆斯・瓦特發現了熱能與蒸氣可作為動力來源（尤其後者），這個發現為世界帶來多大的改變，就不用我多說了。亞當・斯密的《國富論》（The Wealth of Nations）發想出政治經濟學，創造出一門社會科學，直到卡爾・馬克思（Karl Marx）的時代依舊不停發展。休謨的《人性論》（Treatise of Human Nature）成功證明「經驗」與「理性」不必然彼此結合，世界上不存在「理性的信念」。休謨，一如他自己所言，是個開放、善交際、討喜又幽默的人，巴黎沙龍裡的女士們都很喜歡他，但我想她們應該沒讀過休謨那本至今仍讓每位哲學家都如坐針氈的小書吧！

這些偉大的蘇格蘭人，都住在愛丁堡城堡（Edinburgh Castle）後方山坡上老城區簡陋狹窄的出租公寓裡，但是當他們還在世時，羅伯特・亞當（Robert Adam）與詹姆斯・亞當（James Adam）這對蘇格蘭建築師兄弟創造了全歐洲最精緻的都市計畫之一，那就是愛丁堡的新城區（圖10-17）。除此之外，亞當兄弟在建築上還徹底發揮了（或者說「發明」也不為過的）極為嚴謹純正的古典主義。這種建築形式後來影響了歐洲各地，甚至遠及俄羅斯，因為有一位名叫卡麥隆（Charles Cameron）

4　編注：曾任蘇格蘭國家美術館館長的沃特豪斯爵士（Sir Ellis Kirkham Waterhouse，1905-1985年）譽其為「第一位表達工業革命精神」的畫家。

→圖10-16-5 「最右方的男子」局部特寫

↓圖10-16-1 《空氣泵浦實驗》

《空氣泵浦實驗》德比的萊特（*An Experiment on a Bird in the Air Pump*，Joseph Wright of Derby），1768年，183 × 244公分，油畫，現藏於大英國家美術館。

© Sailko / Wikimedia Commons

↑圖10-16-3 「害怕的女孩們」局部特寫

←圖10-16-2 「哲學家」局部特寫

↑圖10-16-4 「安慰人的中年男子」局部特寫

圖10-17　愛丁堡的新城區建築

的蘇格蘭建築師來到俄羅斯凱瑟琳二世（Catherine II）的宮廷大展身手。

繼這對讓新古典主義建築風靡一時的蘇格蘭兄弟之後，華特‧司各特爵士（Sir Walter Scott）則在文學上帶出一波中世紀哥德風潮，其所著作的歷史小說《撒克遜英雄傳》（Ivan-hoe），為接下來百年間的讀者提供了浪漫的想像。除此之外，還有詹姆斯‧博斯維爾（James Boswell）的《詹森傳》（The Life of Samuel Johnson），是英語文學中娛樂性歷久不衰的著作之一；羅伯特‧伯恩斯（Robert Burns）搜集、整理民謠和古老傳說，是蘇格蘭首位大受歡迎的抒情詩人；雷伯恩（Sir Henry Raeburn）運用靈動而坦率的筆觸，為蘇格蘭皇家學會了不起的會員們繪製肖像。由此可見，若要環視「文明」的全貌，我們可不能忽視蘇格蘭。有了這些苦幹實幹的蘇格蘭與英格蘭天才，《百科全書》裡那些專業圖解也就不足為觀

了。而且，早在美國與法國的政治革命爆發前，一場更深遠、更具災難性的轉變已在伺機而動，那就是所謂的「工業革命」。

告別「生活之甜美」，迎來新古典主義的嚴肅道德觀

論及歐洲文明時，若要看實用的那面，場景就得轉移到蘇格蘭，但若以道德而論，我們就得回到法國——但不是巴黎，而是鄰近瑞士邊境的地方，因為距離邊境1、2英里處就是伏爾泰的棲所。

有了幾次糟糕的經歷後，伏爾泰對當權者抱持懷疑，寧願住在天高皇帝遠的鄉下。伏爾泰不以離鄉背井為苦，反而靠著投機生意賺了不少錢，而他最後一個寬敞的藏身處「費內莊園」（Château de Ferney），是一間舒適怡人的鄉間大別墅。伏爾泰在別墅周圍種下一排壯觀的栗樹大道，和一條山毛櫸綠色

隧道，好在大熱天時也能出門健身散步。此外，據說每當高傲的日內瓦貴婦們來拜訪他，他都安排她們坐在綠色隧道另一頭的長椅上。對伏爾泰來說，看著貴婦們如何狼狼地不讓她們如山高的時髦髮型跟樹枝纏在一起，似乎很有趣。我想，那些栗樹如今已經長高了不少，而山毛櫸隧道也沒法再為如高塔聳立的髮型添亂了，但是費內莊園泰半仍保持伏爾泰離世時的原貌。他就是在這番美景中，想出破壞力極強的如珠妙語，來摧毀自己的敵人。

有些人的品德與文風無法截然二分，伏爾泰就是其中之一，而真正的風格是無法轉譯的。他說過：「只要一個字擺錯位置，最美妙的思想也跟著毀了。」若有人要從伏爾泰的作品摘錄引文，那就會毀了他文章中那種與生俱來的機智與反諷。時至今日，伏爾泰的機智與反諷仍能讓人揚起理性的微笑，他終其一生對笑話可是來者不拒；可是伏爾泰始終對一個主題抱持著絕對嚴肅的態度，那就是「正義」。

伏爾泰在世時，以及他過世之後，都有許多人把他比做猴子。但只要說到對抗不公不義之事，伏爾泰便會化身鬥牛犬，咬下去絕不鬆口。他會糾纏所有朋友，在源源不絕的報章雜誌上進行反擊，最後還邀請一些被他攻擊的受害者們住進費內莊園「作客」。漸漸地，世人不再把伏爾泰想成無禮的浪蕩子，而是將他視為有威望的大家長與聖賢。因此到了1778年，伏爾泰終於覺得可以安全返回巴黎了。此時的他已經84歲。任憑是古代凱旋歸來的將軍，或是近代獨自飛越大洋的飛行員，都沒人像伏爾泰一樣受到如此場面的熱烈接待。人們擁戴他為「全能的智者」、「人類之友」，不分身分貴賤全湧到他的住所，為他拉車，伏爾泰所到之處萬頭攢動。最後，他的胸像甚至在法蘭西喜劇院的舞台戴上了王冠。想當然耳，年邁的伏爾泰無法承受這樣的狂熱，沒多久就過世，但他死得很光榮。

輕浮的18世紀其實有一點很了不起，那就是它的嚴肅。從各個角度來看，這種嚴肅可說是繼承自文藝復興的人文主義，但兩者間有個關鍵差異。文藝復興發生在基督教會的框架下，只有少數人文主義者顯露懷疑教義的跡象，普遍來說並沒有人對基督宗教表現出懷疑——這種不容質疑的信仰觀，為人帶來舒適的道德自由。但到了18世紀中葉，認真的人已經看出教會成了專賣所：專門買賣財物與地位，並透過壓迫與不正義的手段捍衛教會的自身利益。對此，伏爾泰的感觸比誰都深。「Ecrasez l'infâme」，這句話翻譯不了啊！或許就勉強翻成「壓扁那些害蟲」吧！這種感受貫穿了伏爾泰的後半生，而在他死後就經由他的追隨者傳承下去。H·G·威爾斯算是20世紀的伏爾泰，我記得他說過自己不敢在法國開車，就怕忍不住想開車輾過哪個神父。即便如此，伏爾泰仍然算是信徒，與此相對，好幾位為《百科全書》編纂條目的人，則是徹頭徹尾的物質主義者，他們認為道德與理智等特質，不過是神經與肌肉組織造成的偶然巧合——在1770年，這種信念可說是勇氣十足，但並非（也絕非）輕鬆建立、維持文明的方法。因此，18世紀的人必須面對艱鉅的任務，在沒有天啟、沒有基督宗教約束的情況下，建立一套全新的道德觀。

這種道德觀建立在2種基礎上：一種是自然法則，另一種則是古代羅馬共和的斯多噶道德觀。「自然」的觀念，以及它偉大倡導者，尚一雅克·盧梭，屬於我下一章的範圍。但是，如果忽視「自然人的單純之善，比世

圖10-18 《荷拉斯兄弟之誓》

《荷拉斯兄弟之誓》雅各—路易‧大衛（*Le serment des Horaces*，Jacques-Louis David），1784年，330 × 425公分，油畫，現藏於法國羅浮宮。

故者的雕琢之善更為優越」的信念，我們就不可能理解啟蒙時代的新道德觀。

跟這種美好幻想相輔相成的理想美德，多半汲取自古代的普魯塔克。他的《希臘羅馬名人傳》（*Parallel Lives*）是18世紀的必讀之書，足以媲美13世紀的《玫瑰傳奇》，而且書中典範對於人們行為舉止的影響力也不遑多讓。羅馬共和體制中那些表情嚴肅、束身自修，為了國家利益犧牲自己和家人的英雄人物，成為新政治秩序的楷模。而透過畫家雅克—路易‧大衛（Jacques-Louis David）的視覺想像，人們也更容易能記住這些英雄。

大衛是位天賦異稟的畫家。他明明能選擇以當時的美女與那些極為優雅的男士為作畫對象，但他卻選擇當個道德主義者。他對他年輕的徒弟格羅（Antoine-Jean Gros）說：「你對藝術的愛過了頭，才會整天畫那些輕浮沒有意義的主題。快點！快點啊！我的朋友，翻開你的普魯塔克讀一讀。」《荷拉斯兄弟之誓》（*Le serment des Horaces*）大約繪於1785年，是第一幅讓大衛成名的歷史畫（圖10-18）。如果還記得畢卡索的《格爾尼卡》（*Guernica*）首度呈現在世人面前的景況，就不難想像

《荷拉斯兄弟之誓》在當時所造成的轟動了。

《荷拉斯兄弟之誓》這幅絕佳畫作可說是一場革命行動，不只是主題特別，處理手法也與眾不同。洛可可畫家福拉哥納爾（Jean Honoré Fragonard）筆下那種若有似無的輪廓線和那些挑逗感官的大塊陰影全沒了，取而代之的是表達意志的清晰筆觸。3兄弟整齊劃一、極權主義者的手勢，就好像轉動中的輪軸，具有催眠的效果。就連畫中的建築也都有幾分對抗時下精緻、矯飾風格的意思，塔斯干柱式（Tuscan columns，不久前〔1968年〕才在義大利帕埃斯圖姆〔Paestum〕的神廟重見天日）堅定表現了普通人的優越美德。

2年後，大衛畫了一幅更嚴肅的普魯塔克風格畫作：古羅馬政治家布魯圖（Brutus）的2個兒子因叛國而被判死刑，刀斧手把2人的屍體帶回布魯圖家中（圖10-19）。羅馬歷史上有許多事件對現代人並無吸引力，布魯圖兒子的死就是其中之一，但這件事卻跟法國人在革命前夕的感受完美呼應[5]，因此，也有助於我們了解接下來5年發生的諸多事件。1789年的前幾年，**生活之甜美**已經不再吸引歐洲人了，但是在此之前，新的道德觀已在歐洲之外催生出另一場革命。

美國文化究竟是歐洲文明的延伸？還是理性主義的變革創新？

我們必須再一次離開文明的古老中心，去看一個人口稀疏的年輕國家——美國。那裡的文明生活仍有一種嶄新且不安定的創造力所營造的新鮮感。

1760年代，一位年輕的維吉尼亞州律師選擇在印第安領土邊境蓋自己的房子。這位律師名叫湯瑪斯·傑佛遜（Thomas Jefferson，圖10-20），他把自己的房子稱為「小山居」

（Monticello，圖10-21）。身處野地景致中，這棟房子想必極為醒目。傑佛遜根據文藝復興建築大師帕拉底歐（Andrea Palladio）的著作，打造出這棟房子（據說他擁有的這本書是在美國的唯一複本）。但當然，傑佛遜在房屋設計中添加了許多自己發明的東西，因為他是個很有發明頭腦的人。這些東西包括人一靠近就會打開的自動門、能顯示今天星期幾的時鐘、一張擺在兩個房間交接處的床（換個方向翻身，就能抵達不同房間）……，以上這些在在顯示這個離群索居、跳脫傳統的創意人，他所擁有的奇特巧思與靈巧手藝。

不過，傑佛遜並非乖僻古怪，他是18世紀典型的通才，他是語言學家、科學家、農學家、教育家、都市計畫師和建築師，簡直是萊昂·巴蒂斯塔·阿爾伯蒂再世。此外，他還熱愛音樂與管理馬匹，甚至帶有一點人們所謂的自以為是。建築師傑佛遜的功夫雖然沒有阿爾伯蒂來得高，但人家是美國總統，而且他的建築功力也絕對不能說差。小山居開創了簡潔近乎於鄉間風的古典主義建築，在美國東海岸帶起持續百年的流行，創造出不遜於世界各地的一批文明家居建築。

傑佛遜安葬在小山居的土地上，他交代後人要在墓碑刻上以下這些字句，而且「**一個字也不准多**」：「長眠於此的人是湯瑪斯·傑佛遜，《美國獨立宣言》（Declaration of American Independence）、《維吉尼亞宗教自由法令》（Statute of Virginia for Religious Freedom）的作者，以及維吉尼亞大學創校者。」當中完全沒提到他當過總統，也沒有提到令美國國土倍增的

5　編注：布魯圖的兒子密謀推翻羅馬共和，恢復君主制，布魯圖本人下令處死兒子們。布魯圖犧牲家人的舉動被視為捍衛共和體制的公民美德，因此和法國大革命時期前夕的社會氛圍相近。

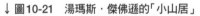

↓ 圖10-20 《湯瑪斯・傑佛遜》胸像

《湯瑪斯・傑佛遜》烏東（Thomas Jefferson，Jean-Antoine Houdon），1789年，56.5 × 48 × 26公分，大理石像，現藏於美國波士頓美術館。

↑ 圖10-19 《侍從搬來布魯圖兒子的屍體》

《侍從搬來布魯圖兒子的屍體》雅各—路易・大衛（The Lictors Returning to Brutus the Bodies of his Sons，Jacques-Louis David），約1789年，42 × 50公分，油畫，現藏於瑞典斯德哥爾摩國家博物館。

↓ 圖10-21　湯瑪斯・傑佛遜的「小山居」

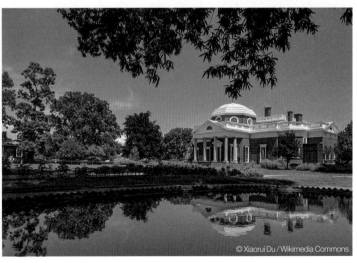

路易斯安那購地（Louisiana Purchase）[6]——完全將當時惹惱美國大眾的那種傑佛遜式的特立獨行與桀驁不馴展現無遺。

現代人將宗教自由視為理所當然，但當年傑佛遜為了建立信仰自由可是招致了許多人的譏罵與恨意。另一方面，由傑佛遜親手設計的維吉尼亞大學至今依然令人驚喜，各處巧思充分展現了他的性格。傑佛遜稱維吉尼亞大學為「學院村」，校內有10間教授宿舍，與之相隔一道柱廊（圖10-22）的，則是學生宿舍。所有建築物相距不遠，卻又各自獨立，是人文精神合作的理想。中庭之外設有幾處小花園，顯示他對隱私的重視。花園被蛇形牆（serpentine walls，圖10-23）所圍繞，這可是傑佛遜的正字招牌。蛇形砌牆法非常符合經濟效益，意味著牆面只需要一塊磚頭的厚度，無須扶壁的支撐，同時牆的外型也符合霍加斯所謂的「美麗之線條」。學院村低矮、開放的線條，建築物之間的風雨走廊，

以及每一座小花園中的參天大樹，為這座古典園區添上一絲日本神社般的氣質，傑佛遜的浪漫性格在此畢現。庭院的其中一側不建圍牆，讓年輕學者得以望向崇山峻嶺，而當年與他父親為友的印地安人依然住在山上。

美國建國元勳在他們半原野的領地上懷抱著無比信心，將法國啟蒙運動的觀念付諸實行。他們甚至找來啟蒙時代的法國雕刻巨匠烏東（Jean Antoine Houdon）為他們的凱旋將軍打造紀念像，這尊華盛頓像（圖10-24）就立於維吉尼亞里奇蒙（Richmond）的州議會大廈——這棟建築是湯瑪斯・傑佛遜以尼姆當地的方形神殿為範本所設計的。

本章雖然始於烏東那尊掛著「理性微笑」的伏爾泰像，卻無法以烏東的華盛頓像作結，因為微笑已不再。烏東認為他的主角華盛頓堪稱備受愛戴的羅馬共和英雄，這位體面的鄉紳響應號召，離開自己的農場，捍衛鄰人的自由。但是現今美國政況醜惡腐敗，

↑圖10-22　維吉尼亞大學的柱廊特色
→圖10-23　維吉尼亞大學的蛇行牆
《維吉尼亞州夏律地鎮的維吉尼亞大學的蛇行牆》（Serpentine Wall, University of Virginia, Charlottesville, Va.），第奇諾兄弟印刷公司出版，約1930～1945年，明信片（彩色印刷），14×9公分，現藏於美國波士頓公共圖書館。

人們僅在氣氛樂觀的時候，可以絲毫感受到他們的初衷延續至今。

美國首都以首任總統的姓氏命名，但這座城市同時也是法國啟蒙運動的孩子，只不過長得太大，還有點不善言詞。法裔美籍工程師朗方（Pierre Charles l'Enfant）根據傑佛遜的指示設計了華盛頓特區，而他的設計肯定是自從思道五世的羅馬城以來最恢弘的都市計畫。遼闊的綠地，漫長的筆直大道，巨大的公共建築彷彿古典風的冰山漂浮在十字路口。但這一切卻跟周圍的店家與房舍格格不入，感覺好像少了美國最根本的活力。

不過，來自舊大陸的移民帶來無數種不同的傳統與思想，他們需要創造一套新的神話。正因如此，巨大而雪白的華盛頓紀念碑（圖10-25）、林肯紀念堂（圖10-26）與傑佛遜紀念堂（Jefferson Memorial，圖10-27）才擁有一種動人的特質，否則這種規模的磚石建築通常並不動人。3者中最晚興建的傑佛遜紀念堂內有他的語錄（圖10-28）。首先是《獨立宣言》高貴而不朽的字句：「我們認為下面這些真理是不言而喻的：人人生而平等，造物者賦予他們若干不可剝奪的權利，其中包括生命權、自由權和追求幸福的權利。為了保障這些權利，人類才在他們之間建立政府。」

這句「這些真理是不言而喻的」是18世紀啟蒙運動的口吻，對牆上那段傑佛遜語錄則較鮮為人知，但至今仍能啟人深思：「……我一想到神是公正的，祂的公正不會永遠沉睡，我就為我的國家感到不安。買賣奴隸是專制制度下的產物，命運之書寫得再清楚不過，這些人終將自由。」這種偉大的理想描繪了一幅清晰的和平之景，除此之外也點出許多不可解的問題——至少我們無法用「理性的微笑」來解決。

© Laura A. Macaluso：Ph.D. / Wikimedia Commons

圖10-24 《喬治·華盛頓》雕像
《喬治·華盛頓》烏東（George Washington，Jean-Antoine Houdon），1788年，約188公分（與真人等比），大理石像，現藏於維吉尼亞里奇蒙的州議會大廈。

6　譯注：1803年，為了確保對紐奧良與密西西比河的控制權，時任美國總統的傑佛遜與拿破崙政府交涉，購買法國從西班牙手中取得的路易斯安納殖民地。此舉令美國疆域倍增，大幅往西擴張。

←圖10-25　華盛頓紀念碑
↓圖10-26　林肯紀念堂

　#啟蒙運動　#理性主義

↑圖10-27　傑佛遜紀念堂
↓圖10-28　傑佛遜紀念堂內景

《傑佛遜紀念像》魯道夫・伊凡斯（*Jefferson Memorial Statue*，Rudolph Evans），1947年，
青銅像，高594公分，現藏於美國華盛頓特區傑佛遜紀念堂。

第11章

崇拜自然

浪漫主義之下的英國風景畫

1000

多年來，基督信仰一直是西方文明主要的創造力來源，到了1725年左右，這股創造力卻突然式微，也讓他創造的知識社會形同瓦解。這當然讓人們的心靈處於真空般的荒蕪。一旦缺少某種外在信念，人類便很難繼續向前突破，於是在接下來的100年裡調配出一套新信仰，那就是崇仰「自然神性」──無論這在今日看來是多麼沒道理，卻仍豐富了我們的文明。據說「自然」這一詞有52種不同的意涵，而在18世紀初「自然」這個詞的意思跟常識差不多，例如我們對話時會用上的這句「想當然耳」（but naturally）。不過，那股取代基督教地位的神聖力量，也是透過今日所說的「自然」來證明它的存在。「自然」是可見世界的一環，自然的創造者不是人類，人類只能透過五官感受來領會自然。

為什麼自然風景畫會在英國盛行？

這種人類心靈的新信仰基本上是在英國邁出它的第一步，或許這並非巧合，畢竟基督信仰最早也是在英國瓦解。1730年左右，法國哲學家孟德斯鳩便說：「英國沒有宗教。只要有人提起宗教，大家就會開始大笑。」

縱然孟德斯鳩是個聰慧之人，但他只看見了宗教式微後的廢墟，卻沒料到這些廢墟竟是讓神聖力量的信仰涓滴回流至西歐人心靈的最佳途徑。「信仰時代」（Age of Faith）的廢墟已化為自然的一部分，或者說，它們引領人們走過對舊信仰的感懷與記憶，進入自然。它們有助於人們在18世紀初期進入一種有趣的心境，準備好享受自然之美與一種淡淡的憂愁。這種心境激發出一些美妙的詩句，像是詩人格雷（Thomas Gray）的〈墓園哀歌〉（*Elegy Written in a Country Churchyard*）與威廉·

圖11-1　《小橋與山景》

《小橋與山景》根茲伯羅（*Mountain Landscape with Bridge*，Thomas Gainsborough），約1783～1784年，油畫，113 × 133.4公分，現藏於大英國家美術館。

柯林斯（William Collins）的〈向晚頌〉（*Ode to Evening*）：

　　帶路吧，沉靜的修女，
　　去那平靜無波的湖泊
　　甦醒那荒原，或年月掏空的木樁，
　　或高處休耕的灰地
　　映出它冷色的微光。

　　一旦寒意迸發了風，催動了雨，
　　困住我仍想前進的雙腳，
　　請讓我居於陋屋，

在其中，從山麓
望向曠野，與高漲的洪流，
和棕色的小村落，和朦朧婆娑的塔尖，
諦聽那單純的鐘聲，注意到一切之中
汝露溼的指尖拉上
漸暗的暮幕。

　　這是一首很美的詩，但呈現的自然還不夠原始，比不上同時代畫家根茲伯羅（Thomas Gainsborough）（圖11-1）以及威爾森（Richard Wilson）繪製的風景畫。

　　威廉·柯林斯在英國以外並不有名。18世

紀英國的所有自然詩人皆如此，甚至連名滿歐洲的文人詹姆斯‧湯姆森（James Thomson）當年也不聞於歐陸。通常我們常人的感官認知是藉由這些天才啟發的，但對於「自然」的情感反應則不然。

這種對自然的情感反應最早不是在名家作品中出現，而是先從二流詩人與鄉野畫家的作品中流露，甚至蔚為當時風尚。比方說，原本是井然有序的花園配上筆直大道，都改為時下流行的假山水造景與蜿蜒小徑，也就是接下來百年間聞名全球的「英式花園」，這可說是英國影響歐陸視覺流行最深入的事物（不過，或許19世紀初英國男性時尚的影響力還是略勝一籌）。這太膚淺了嗎？我想，所有流行都是看似膚淺，實則有正經的內涵。波普把這些「人造的景致」（this scene of man）形容為「一座由步道建構出的巨大迷魂陣」，其實反映了歐洲人心靈上的深刻轉變。

18世紀上半葉的「自然」不過爾爾。接著在1760年左右，上述這段由憂鬱的小眾詩人與如畫般的花園景致所譜寫的英國前奏曲，觸動一位天才的心弦，他就是「尚－雅克‧盧梭」。盧梭對大自然的熱愛固然有一部分得自英國，但這種愛最初是受到他在瑞士湖泊與阿爾卑斯谷地中獲致的神祕經驗（mystical experience）啟蒙。

高山峻嶺、化外之地，為何讓歐洲人心生嚮往？

2000多年來，人們只把山看成是麻煩的東西，不僅無益於生產供給，還妨礙交流，甚至是盜匪和異端的窩藏之處。話雖如此，佩脫拉克曾在1340年左右爬上一座山，發現山頂的景致很迷人（不過隨後他讀到一段聖奧古斯丁的語錄，頓時為自己享受風景之舉感到無地自容）；16世紀初，達文西也曾漫遊阿爾卑斯山，表面上是為了研究植物與地質，但他的風景畫透露出其實他為所見景色深深感動。但除此之外，就沒有其他人的爬山紀錄了。

對伊拉斯莫斯、蒙田、笛卡兒、牛頓這些我先前提過的偉大的文明推手來說，他們肯定覺得「以爬山為樂」的想法很荒唐，但我得補充一下，這看法不適合套用在畫家身上。例如，老彼得‧布勒哲爾（Pieter Breughel the Elder）在1552年從安特衛普前往羅馬的路上為阿爾卑斯山畫了素描，這些畫作展現的可不只是對測繪的興趣，更可見到這些景觀畫中的動人元素移植到往後的作品中。

然而，16與17世紀的尋常旅人翻越阿爾卑斯山時，心中絕無對風景的讚賞之情，直到1739年，英國詩人湯瑪斯‧格雷走訪法國的大夏特茲山（Grande Chartreuse）後在信裡寫道：「懸崖、山洪、峭壁，無一不孕育著宗教與詩歌。」太驚人了！這話彷彿出自羅斯金之口，兩人的美學觀點不謀而合。但我認為阿爾卑斯山詩意般的美，要等到詩人拜倫（George Gordon Byron）與畫家透納（Joseph Mallord William Turner）之後，才被百分之百地展現出來。話雖如此，到了18世紀中葉似乎已有不少人領會到瑞士湖泊的魅力，以閒適安逸的心情徜徉其中，甚至激發瑞士發展出旅遊業。旅遊業者為了替這些追求美景而來的旅人製作紀念品，還造就了位傑出卻遭今人遺忘、領先透納將近30年的風景畫畫家卡斯帕‧沃爾夫（Caspar Wolf）（圖11-2）。不過，就和18世紀的英國自然詩人一樣，這首自然序曲只是地方性的，若少了盧梭（圖11-3）這位天才的提倡，恐怕不會成為當代思潮的一環。

即便盧梭為人有什麼缺點，而且對於所有試圖與他友好的人來說，這些缺點又是如此顯而易見，但是盧梭**毋庸置疑**是個天才。縱

↑圖11-2 《勞特拉冰河》

《勞特拉冰河》卡斯帕‧沃爾夫（*Der Lauteraargletscher*，Caspar Wolf），1776年，54.8 × 82.6公分，油畫，現藏於瑞士巴塞爾美術館。

↓圖11-3 盧梭

《盧梭》艾倫‧雷姆塞（*Jean-Jacques Rousseau*〔*1712-1778*〕，Allan Ramsay），1766年，74.9 × 64.8公分，油畫，現藏於蘇格蘭國立美術館。

觀各時代，盧梭是最有原創力的人物之一，他的散文更是無與倫比。盧梭孤獨多疑的性格，為他帶來一個好處，那就是他不用看場面說話，永遠當個局外人。但這性格也為他帶來壞處，讓他遭到無情的迫害，大半輩子顛沛流離，被迫從這個國家流亡到另一個國家。1765年，他差一點就在小公國莫蒂埃（Môtiers）安頓下來，可是當地教士鼓動百姓反對他、向他丟石頭，還砸破了他的窗戶。為此，盧梭避居至瑞士比埃納湖（Lake of Bienne）中的一座島嶼，他曾在這裡獲得一次極為強烈的體驗，可說是引發了人類心靈感悟的一場革命。盧梭告訴我們：當時他正聽著湖水波浪起伏，霎時他與萬化冥合，天人合一，失卻了所有作為獨立自我的意識、失

卻了所有過往的痛苦回憶，也失卻了對未來的焦慮，除了「存在」的感受外別無一物。「我領悟到」，他說，「我們的存在，不過是透過官能感受到的連續瞬間。」

我感受，故我在。時值理性時代的中葉，這可是個奇妙的發現，但是蘇格蘭哲學家休謨早已透過邏輯方法推出一樣的結論了。這種想法彷彿定時炸彈，嘶嘶作響將近200年後，才在不久前爆炸。至於它是否有益於文明？這還有待商榷。無論如何，它對18世紀的人們確實產生了一定的影響，成為新的感官崇拜的一部分。但似乎沒人意識到，若是向官能享受舉手投降，人們將會走向何方，也沒人意識到這個可疑的「自然神性」會展現出何等真面目，只有法國情色作家薩德侯爵（Marquis de Sade，全名為 Donatien Alphonse François de Sade）從一開始便看穿這位新神（或女神）的本質！「自然會厭惡罪行？」，他在1792年如是說，「怎麼會！自然就是靠罪行生存和呼吸，她全身上下的毛孔都在渴望血流成河，一心一意渴望著更上一層樓的殘忍。」可惜的是，這位侯爵當時不被主流接受，因此他對「自然」抱持的負面觀點，在18世紀也鮮少有人提及。

與此相對，盧梭深信自然是美的、是純潔的，這種看法也從花草樹木延伸到人的身上。盧梭相信「自然之人」天真無邪，這一部分是源於希臘神話中的迷思，一部分則是對歐洲社會的腐化感到可恥；後者這種看法，早就出現在蒙田最不受人待見的散文「論食人部落」（*Of Cannibals*），但盧梭透過《論不平等之起源》（*Discourse on the Origin of Inequality*）一書，把這種羞恥感發展成一套哲學。他寄了一本給伏爾泰，伏爾泰以一貫的機智回覆他：「閣下是史上第一位奉獻才智勸大家當笨蛋的人。讀了你的書，讓人覺得怎麼

可以不用4隻腳走路呢？可惜我最近這60年已經把在地上爬的習慣忘光了。」伏爾泰的確在口舌之辯上大獲全勝，但也僅止於此。因為「自然之人更為優越」的信念，成為接下來半個世紀推動歷史前進的其中一股力量，而且盧梭的理論提出後不到20年，似乎就獲得了事實的佐證。

1767年，法國探險家布干維爾（Louis Antoine de Bougainville）抵達大溪地；到了1769

圖11-4 《大溪地瑪塔維灣》

《大溪地瑪塔維灣》霍奇斯（*A View of Matavai Bay in the Island of Otaheite [Tahiti]*，William Hodges），1776年，91.4 × 137.2 公分，油畫，美國耶魯大學英國藝術中心（保羅·梅隆收藏）。

年，庫克船長在大溪地停留4個月，以觀察金星凌日[1]。布干維爾是盧梭的信徒，難怪他有那個能耐從大溪地人身上挖掘出「高貴的野蠻人」該具有的一切特質。但庫克船長是個務實的英國約克郡人，連他也忍不住拿自己在大溪地發現的幸福和諧生活（圖11-4）與歐洲的卑劣與殘忍做對比。很快地，巴黎和倫敦最聰明的才子開始質疑：相較於腐敗至極的18世紀歐洲社會，「文明」一詞用在

1　編注：從地球的視角來看，金星運行時，在太陽盤面如同暗斑掠過的天文景象。

南太平洋的純真島民身上是否更適切？

另一方面，詹森博士在1773年提到「一位對著他詳盡解釋原始生活有多麼幸福的紳士」問了他的看法，詹森博士回答：「你可千萬別被這種顯而易見的謬論給騙了。可憐啊。換作是一頭公牛，搞不好也會振振有詞：『此時此地，我有這頭母牛，有這片青草地；夫復何求啊！』」

然而，研究歐洲文明的人其實不用像詹森博士這般話中帶刺（痛恨說空話的他，吐出這些話的當下就把刻在他靈魂中的基督教教義拋諸腦後了），也能看出玻里尼西亞沒有出現但丁、米開朗基羅、莎士比亞、牛頓或歌德這樣的人物。另一方面，歐洲文明對大溪地等地造成毀滅性的衝擊，畢竟這類桃花源本來就非常脆弱。幾個不列顛水手和一小群傳教士平和地登島後，當地社會就崩然瓦解，顯示這並不符合我在本書中對於文明社會的定義。

盧梭與華茲渥斯對自然的熱愛，衍生出對眾生的憐憫之情

「崇拜自然」固然有其危險，但這種新宗教的先知都是正直，甚至虔誠的人。他們立志證明他們的自然女神不僅可敬，而且是道德的。他們致力於讓「自然」趨近於「真理」，而歌德是這群人中表現最傑出的。

「自然」一詞在歌德的著作中俯拾皆是，不論是理論性或批判性著作幾乎都能在每一頁看見，歌德宣稱自己所有判斷都是以「自然」為終極圭臬。歌德與盧梭的「自然」確實稍有不同，歌德的「自然」並非指事物的模樣，而是事物在不受干擾下的運作方式。歌德認為世上一切生物都要經過長時間的適應，才能更完整地發展，我猜歌德八成相信植物跟動物會漸漸發展出「文明」，而這種「適應、發展」的觀點正是達爾文（Charles

Darwin）「演化論」的先驅。（順帶一提，歌德也是位傑出的植物學家，會親自觀察植物並把它們畫下來〔圖11-5〕[2]。）

但是對於普羅大眾來說，用分析、哲學的方式探討自然，還不如英國浪漫派詩人柯勒律治（Samuel Taylor Coleridge）與華茲渥斯，採用純粹靈感的觀點來得直接。

大自然在柯勒律治的詩中呈現玄妙神祕的那一面。他在〈頌破曉前夕於霞慕尼山谷〉（Hymn Before Sun-rise, in the Vale of Chamouni）向著瑞士群山如此呼告：

噢，可畏又沉靜的山啊！我仰望凝視汝，

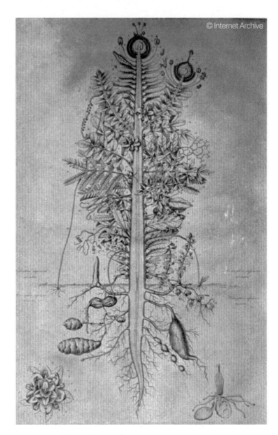

© Internet Archive

圖11-5 《複合植物圖》

《複合植物圖》圖爾平（Composite Plant illustration, Pierre Jean François Turpin），《歌德的自然史著作》（Oeuvres d'Histoire Naturelle de Goethe）書頁插畫，1837年，木版畫印刷。

我的感官仍能感受汝，
汝卻於我的思想中淡去：潛心祈禱
我只崇拜那不可見者。

這首日耳曼風格十足的詩，與日耳曼風景畫家卡斯帕·大衛·弗里德里希（Caspar David Friedrich）的畫中神韻十分相似（圖11-6）。我時常在想，柯勒律治是不是聽過這位偉大的畫家？他們的觀點實在太像了。

與此相對，華茲渥斯則以英國聖公會信徒的端正態度，虔誠地對待自然。「千萬別譴責我」，他說，「說我傲慢，」

與自然同行六十載，
只要脆弱的我還承受得住，就竭力獻上
我的心，日日為真理犧牲，
如今我堅信自然與真理，
即使我所信奉者
祂們的神性被人類行徑所觸怒。

自然居然會因為人類的行徑而震怒？在我看來，簡直一派胡言。但我們也不能因此輕易指控華茲渥斯的傲慢或愚昧，因為在他寫下這幾行詩的時候，其人生早已閱歷無數。年輕時，華茲渥斯前往法國，和一位活潑的法國女孩一起生活並育有一女。他也曾參與法國大革命，是個立場堅定的吉倫特派（Girondiste）[3]，腦袋還差一點在「九月屠殺」（September Massacres）中被砍掉[4]。

華茲渥斯對革命時的政治鬥爭心生厭惡，回到英國後對於革命理想的熱誠卻未減半分，於是他開始用韻文描述窮人的艱困處境，這種題材是前人從未寫過的。我們在華茲渥斯的詩中看不到一絲寬慰或希望；他在索爾茲伯里平原（Salisbury Plain）與威爾斯（Wales）獨行好幾英哩，只為了跟流浪漢、乞丐與更生人談話，但是人們對於他人的無情不仁擊垮了華茲渥斯，最終他來到了威爾斯的廷騰（Tintern）。

當然，華茲渥斯一直觀察著自然之美，這從他最早期的詩作就能看出來。但在1793年8月，他就好比聖皮耶島（Island of St Pierre）上的盧梭，意識到唯有完全與自然合一，才能讓他的靈魂復原。相隔5年重返廷騰，華茲渥斯再次體驗到他初訪此地的感受：

變化無疑有之，我不再如當年初訪一般
穿梭群山之間；如麋鹿
在山上跳躍，緊挨著
深河兩側，任孤流
聽憑自然領我至何處：如今我更像個人
從自己害怕之物身邊遁逃，而非
追求自己所愛之物。畢竟當時自然……
就是我的一切。我無法──勾勒
我當時的模樣。飛瀑之聲響
如情感迸放攫住我：那聳岩
高山，與濃鬱深林，
它們的色彩與形狀，對當時的我
有如美饌；一種覺受，一股熱愛，
無須依憑不相干的咒語，
靠意念催動，其魅力亦
不假雙眼以外求。[5]

2　編注：其實本圖（圖11-5）是植物學家圖爾平根據歌德的敘述而畫，原收錄於1837年的《歌德的自然史著作》（Oeuvres d'Histoire Naturelle de Goethe）；此處插圖翻攝自1901出版的《歌德與原始植物》（Goethe und die Urpflanze）。

3　編注：吉倫特派是在法國大革命中的支持終結君主制的派系。

4　譯注：1792年，革命時期的民粹組織擔心外國軍隊與保王黨軍隊襲擊巴黎，釋放囚犯應屬外合，因此在9月初屠殺囚犯。

5　編注：詩文引自華茲沃斯的〈於廷騰修道院數哩之上所作的詩〉（Lines Written a Few Miles above Tintern Abbey）。

圖11-6 《霧海上的旅人》

《霧海上的旅人》弗里德里希（*Der Wanderer über dem Nebelmeer*，Caspar David Friedrich），1818年，油畫，94.8 ×74.8公分，現藏於德國漢堡美術館。

華茲渥斯與他19世紀的後繼者不同，他確實有權利在自然中逃避自我。其實盧梭也是，畢竟盧梭不僅是《一個孤獨漫步者的遐想》（*Reveries of a Solitary Walker*）的作者，還寫出《社會契約論》（*The Social Contract*）這部法國大革命的傳教福音書。我之所以強調這點，是因為這種對於無法發聲之人與受壓迫者（無論是人或動物）同情憐憫的特質，似乎是崇拜自然後自動養成的品格，而這也是自聖方濟各以來，首次有人抒發了這種惻隱之心。假如浪漫詩派早期詩人羅伯特・伯恩斯不會為了打擾田鼠的窩而深感難過，那他怎麼可能寫出〈人皆相同〉（*A Man's a Man for a' That*）一詩？

此外，「自然」這種新宗教是反階級的，它提倡一套新的價值觀，這也隱含在華茲渥斯的信念中。華茲渥斯相信這種價值觀源於真正的本能，而非後天的學習。這種看法延伸自盧梭對於直觀感受的發現，只是再添上「道德」（moral）一詞，因為華茲渥斯認為單純的人與動物往往比世故之人更能展現勇氣、忠誠與無私，他們對於生命的完整性也更有感悟力：

出自春日樹林的一股衝動
能讓你更懂人性，
更懂道德是非善惡，
能耐遠非所有聖賢所能及。

自然帶來的學問如此甘美；
你我好管閒事的思維
扭曲事物美好的原貌——
我們以剖析之名行殺戮之實。[6]

華茲渥斯怎麼會從人世間遁入大自然？原因在於他的妹妹多蘿西（Dorothy Wordsworth）再度出現在他的生活中。兩人原本在薩莫塞特（Somerset）建了房子並同住（圖11-7-1），後來在強烈的思鄉情感驅使下，他們返回故鄉格拉斯米爾村（Grasmere）。華茲渥斯正是在這陡坡上的花園與窄小的起居室（圖11-7-2）將他的創造力發揮得淋漓盡致，而我們對照多蘿西這幾年的日記就能發現她豐富的日常點滴是華茲渥斯的靈感泉源，對於這一點，

6　編注：詩文引自華茲沃斯的〈扭轉局勢〉（*The Tables Turned*）。

圖11-7-1　華茲渥斯「鴿居」外觀

圖11-7-2　華茲渥斯「鴿居」起居室

圖11-8　《巴特米爾湖》

《巴特米爾湖》透納（*Buttermere Lake, with Part of Cromackwater, Cumberland, a Shower*，Turner），
1798年，88.9 × 119.4公分，油畫，現藏於英國倫敦泰特美術館。

華茲渥斯自己也十分清楚。

　　她賦予我眼，她賦予我耳；
　　瑣細的掛牽，銳敏的憂懼。[7]

　　在崇仰自然的新宗教中，這位靦腆文靜的女子成為聖人與女先知。不幸的是，這種過於強烈的兄妹之情，無法見容於世：

　　你呀，我最親愛的朋友，
　　我最最親愛的朋友；
　　在你聲音裡我捕捉到
　　我從前的心聲，讀到
　　我從前的快樂，在你
　　不羈的眼神裡。啊！再一會兒

　　讓我在你身上看見曾經的我，
　　我最最親愛的妹妹！我作此請求，
　　心知大自然絕不背叛
　　那顆愛她的心……[8]

　　浪漫的自我正在熾熱燃燒啊！拜倫和華茲渥斯都深愛著自己的姐妹，對2人來說，不被世人接受的愛情讓他們深受折磨[9]，尤其華茲渥斯受創至深。因為拜倫即使變得焦躁又憤世嫉俗，心中的憤慨卻轉化為寫出〈唐璜〉（*Don Juan*）的創造力；華茲渥斯與多蘿西斷絕往來後，整顆心都碎了，靈感也離他而去，即便後來和青梅竹馬幸福成婚，但詩作卻愈來愈少，也愈來愈難懂。至於多蘿西，最終則是癡呆了。

圖11-9　《乾草車》

《乾草車》康斯塔伯（*The Hay Wain*，John Constable），1821年，130.2 × 185.4公分，
油畫，現藏於大英國家美術館。

對自然簡樸之美的過度狂熱，竟驅使作品流於平庸？

　　正當英國詩歌發生巨大變革時，英國畫壇也誕生了2位天才：透納與康斯塔伯（John Constable）。華茲渥斯落腳湖區（Lake District）前的幾個月前，透納早已用畫筆描繪巴特米爾湖（Buttermere）的風光（圖11-8），這幅畫堪稱是他畫家生涯早期的傑作。然而，與華茲渥斯最相像的人不是透納，而是康斯塔伯。華茲沃斯跟康斯塔伯都來自鄉間，也都嚴格克制著強烈的食欲，更重要的是，他們同樣能以一種身體的熱情捕捉自然之美。

　　為康斯塔伯作傳的畫家萊斯禮（Charles Robert Leslie）說：「我曾看他（康斯塔伯）欣喜若狂地讚美一棵漂亮的樹，模樣彷彿要一把將

這俊美的孩子摟在懷裡。」康斯塔伯從未懷疑過「自然」（nature）就是花草樹木、河流、田野、天空組成的可見世界，我們的感官經由這一切來感受自然。華茲沃斯相信真理存在於自然萬物中，人只要置身自然便能窺見宇宙天道的玄機，這似乎與康斯塔伯的想法不謀而合（圖11-9）。對他們來說，唯有細細思量自然那閃爍變幻的表象，才能發現：

7　編注：詩文引自華茲沃斯的〈麻雀窩〉（*The Sparrows Nest*）。

8　編注：詩文引自華茲沃斯的〈於廷騰修道院數哩之上所作的詩〉

9　編注：拜倫與同父異母的姊姊奧古斯塔（Augusta Leigh）從小被分隔兩地撫養，直到青少年時期才初次見面，後來兩人愈走愈近，外界甚至謠傳奧古斯塔的三女兒是與拜倫所生。

某種運動與某種靈魂，驅策著
一切思者，一切受思者
並包羅萬象。[10]

此外，華茲渥斯和康斯塔伯都熱愛自己的
故鄉，童年時也都熱愛想像，從不厭倦。康
斯塔伯說：「水花飛濺於水車堰（mill-dams）

的聲響、河流兩岸的腐朽氣味、柱子與磚造
建築的反光──這些景象使我成為畫家，為
此我感到非常感激。」當時有志於繪畫的藝
術家都會到羅馬朝聖，從荷馬與佩脫拉克的
作品挖掘出各式各樣的題材，所以當時的人
很難想像，怎麼會有人喜歡反光的柱子和爛
泥河岸更勝於披堅執銳的英雄人物。

© Yale Center for British Art, Paul Mellon Fund

康斯塔伯討厭宏偉和浮誇的事物，就跟華茲渥斯一樣，他們對於「簡潔」有股狂熱，但在我看來，這種過度追求有時導致作品流於平淡且庸俗。

當華茲渥斯以小小的白屈菜（celandine，會開出黃色小花）與雛菊為題做詩後，後續詩作普遍品質不佳；無獨有偶，康斯塔伯的《河

圖 11-10　《史特拉福磨坊》

《史特拉福磨坊》康斯塔伯（*Stratford Mill*，John Constable），1819～1820年，130.8×184.2公分，油畫，現藏於美國耶魯大學英國藝術中心（保羅‧梅隆收藏）。

畔楊柳》（*Willows by a Stream*，或稱為 *Water-meadows near Salisbury*，現藏於英國維多利亞與亞伯特博物館）也成為他邁向平庸的轉捩點。這幅作品完成後，以英國皇家藝術研究院（Royal Academy of Arts）為首的畫壇對此不以為然，甚至還說「把那綠色的髒東西拿走」。不過，這件作品已經算是這百年以來，他的畫作中最有機會讓世人接受的一幅了。然而，等到康斯塔伯真正信賴自己的情感後，他的鄉村題材（圖11-10）確實邁入了華茲渥斯所說的化境，「大自然美妙、恆久的形式，容納了人的熱情」。

「簡樸生活」跟過往其他啟發宗教或文明思想的靈感來源可說是大相逕庭，但對於「自然」這個新宗教而言卻是必要的一環。長久以來，「文明」都依附著大修道院與宮殿，或是裝潢精緻的沙龍，此時卻是源於陋室。連歌德在威瑪（Weimar）宮廷任職時都寧可住在簡樸的花園小屋中，華茲渥斯的故居「鴿居」（Dove Cottage）更是樸素到絕不會有馬車到門前造訪。這讓我想到，「崇拜自然」跟「走路」之間的關係，有多麼緊密。

18世紀時，一位孤獨的行者看起來就跟今日在洛杉磯的獨行者一樣可疑。然而，華茲渥斯的腳步從未停歇，根據英國散文家德昆西（Thomas de Quincey）的估算，這位詩人步入中年時已走過將近30萬公里的路了。就連病厭厭的柯勒律治也會散步，晚飯後走個25公里去寄信，對他們來說不算什麼。總之，

10　編注：詩文引自華茲沃斯的〈於廷騰修道院數哩之上所作的詩〉。

超過百年的時間裡，「鄉間漫步」一直是知識分子、詩人與哲學家鍛鍊精神與身體的方式。我聽說，如今在大學裡，下午出去散步已不再是知識生活的一部分了；但對許多人來說，走路仍然是從物質世界壓力逃脫的主要方式。華茲渥斯獨自漫步的鄉間小路，如今幾乎和法國西南部的盧德（Lourdes）或印度北部的波羅奈[11]（Benares，即為今日的瓦那納希〔Varanasi〕）一樣，擠滿了朝聖者。

華茲渥斯與康斯塔伯的相似之處，在我們眼中固然顯而易見，但在當時卻沒人發現。我想，一部分是因為康斯塔伯在1825年之前幾乎沒沒無聞，等他出名後，華茲渥斯的靈感早已離他遠去；另一部分，則是因為康斯塔伯畫的是平坦的鄉間，華茲渥斯則讓人聯想到崇山峻嶺、想到對整個自然的狂熱。此外，康斯塔伯的畫作不重修飾，導致羅斯金對他評價過低，若再與羅斯金終其一生讚譽有加的透納相比，就更微不足道。

格雷在大夏特茲山裡感受到自然中崇高神聖的存在，透納的畫作則是格雷這番高昂情緒的最佳詮釋者。有時，透納畫的暴風與雪崩看來實在荒唐（圖11-11），就像拜倫的言辭一樣。但在我看來，「自然」這個新宗教確實需要加倍主張祂的力量與崇高性，可不能老是在頌讚小小的雛菊與白屈菜。

透納突破線條，利用色彩大膽表現自然的驚心動魄，超脫了時代

可別誤會我在貶低透納，他是一流的天才，是英國史上最偉大的畫家。透納以流行的風格作畫，卻從未失去自己對自然的直觀

11　編注：傳說盧德曾出現聖女顯現的奇蹟而且當地泉水能治重病，波羅奈則是印度的聖城，因此吸引大批朝聖人潮。

圖11-11　《塞尼山的暴風雪》

《塞尼山的暴風雪》透納（*Snowstorm, Mont Cenis*，Turner），1820年，水彩畫，現藏於英國伯明罕博物館和美術館。

理解。沒人比他更了解自然的形貌，就連倏忽即逝的光影效果都在他腦中如百科全書般記錄下來，過往從未有人畫過的日升、風捲、霧散，一一在透納的畫布上浮現。

30年間，透納的非凡天賦透過一系列畫作徹底展現，令當代人為之傾倒，但以現代的品味來說，可能會嫌太過矯揉造作。不過，透納為了讓自己滿意，始終在精進一種前所未見的繪畫方法，而這項嶄新成就直到今日才受人肯定。這種新方法是什麼呢？簡言之，就是把一切都化為純粹的色彩，這一切不只是有形之物，還有飄渺的光線與對生活的感悟。如今看來，我們很難了解這種手法帶來何種革新，但大家可別忘了，數世紀以來世人都認為物體之所以真實，是因為他們有實在的形體，摸一摸、敲一敲，你才能確認它們是真的——現在也是如此。而且，每種受社會推崇的藝術都以確立這種「實在」為要務，如果不像雕塑一樣具有實在的形體，那就在圖形邊緣加上明確的輪廓線。正如英國詩人暨畫家威廉‧布萊克（William Blake）所說：「不正是靠著有力且堅定的剛正線條，才能區隔誠實與欺瞞的分野？」

當時人們認為「色彩」是不道德的。這麼說或許也沒錯，畢竟道德是扎根在條理井然的記憶之上，色彩卻是直接訴諸感官，兩者是獨立運作的系統。然而，透納的色彩並不主觀任性，不是所謂的「裝飾色」（decorative colour），其色彩運用必定以記錄真實體驗為出發點。透納與盧梭一樣，都以自己的視覺感受來探索真理。「我感受，故我在」。只要看看收藏於英國泰特美術館（Tate Gallery）

的透納畫作就能發現：畫中輪廓愈模糊、色彩手法愈純粹，就愈能生動傳達置身大自然的臨場感（圖11-12）。透納宣布了色彩的獨立性，從此為人類心靈開闢一條全新的感受路徑。

我不認為透納明確察覺到自己與盧梭之間的聯繫，不過，另一位自然的大先知**歌德**對透納來說的確獨具意義。透納幾乎沒受過教育，還是努力讀了歌德的著作，尤其是歌德的《色彩論》（*Theory of Colours*）。歌德把大自

圖11-12 《諾漢姆城堡的日出》

《諾漢姆城堡的日出》透納（*Norham Castle, Sunrise*，Turner），約1845年，90.8 × 121.9公分，油畫，現藏於英國泰特美術館。

然視為一種有機體，會根據特定規則運行，透納對此深感認同，這點也正是透納深受羅斯金喜愛的原因之一。羅斯金甚至寫了一本名為《現代畫家》（*Modern Painters*）的書大力擁護透納，但本書的內容卻變成一部談自然觀察的百科全書，根本掛羊頭賣狗肉。

正如中世紀人編纂百科全書企圖證明基督教的真理（但內容充斥不精確的觀察），羅斯金則以長久對於植物、岩石、雲朵、群山的精準觀察，證明大自然的運行有其法則（law）。

好吧，或許自然運行確實有其規則，但不是指人類為了自己制定的那種道德規範。羅斯金深信大自然受制於，或者說彰顯了道德律（Moral Law）[12]。因此當羅斯金說出「有股力量，讓一株植物的各個部分幫助彼此，我們稱之為『生命力』。生命力的強度，也是助力的強度。助力停止了，就邁入所謂的『衰敗』」，

---

12 編注：人類的制定法律便是「道德律」的一種，與「自然律」（Natural Law）相對。

圖11-13 《雲的習作》之一

《雲的習作》康斯塔伯（*Cloud Study*，John Constable），1821年，24.8 × 30.2公分，油畫，
現藏於美國耶魯大學英國藝術中心（保羅・梅隆收藏）。

我想他確實從自己的觀察中歸納出一套倫理觀，其說服力不亞於他從《聖經》獲得的教誨。這也就說得通為何羅斯金會在《現代畫家》付梓的50年後，被視為他那個年代的重要先知。

自然這個新宗教也跟其他舊宗教一樣，企圖從**天空**尋找啟示。只不過自然崇拜者關注的並非其他行星的運行如何牽引人世，也非從中尋找天國的影蹤，而是將目光放在雲朵上。

1802年，身為貴格派教徒的英國氣象學家盧克・霍華德（Luke Howard）以「雲朵的變換」（*Modification of Clouds*）為題發表論文。如同林奈（Carl Linnaeus）分類植物，霍華德試圖分類天空，其研究結果令歌德雀躍不已，甚至寫

了一首詩給霍華德。霍華德的影響力也涉足畫壇，康斯塔伯讀了他的文章後，篤定了為雲朵分類有其必要的信念。於是，康斯塔伯畫了數百朵雲的習作（圖11-13），並且在紙的背面記錄月份、日時與風向。另外，羅斯金在談到自己時曾說「這個人小心翼翼把雲朵裝瓶，就像他的父親（是個紅酒商人）把雪利酒裝瓶」。但雲朵的無常眾所周知，最終就連羅斯金也絕望投降。

因此就當時的情況而言，天空難以吸引偏好分析思考的人，卻能打動沉浸於盧梭那種感官式幻想的自然崇拜者。

有位老一輩的作家談及浪漫主義時這麼說：「整副心神最終化為漫天雲朵，其形狀不斷在變幻與消融。」

圖11-14 《雨，蒸汽和速度——英國大西部鐵路》

《雨，蒸汽和速度－英國大西部鐵路》透納（*Rain, Steam, Speed-The Great Western Railway*，Turner），1844年，
91 × 121.8公分，油畫，現藏於大英國家美術館。

康斯塔伯曾說，雲朵是風景畫觸動情感的重要因素；對透納而言，雲彩則具有象徵意義。在透納的畫作中，血色的紅雲成為毀滅的象徵，藉此把天空分為「和平的天空」（skies of peace）與「紛亂的天空」（skies of discord）。透納此生中最大的樂趣，就是看著太陽從水面升起。他擁有許多房子能欣賞這類美景。透納尤其著迷海天交融於一線的景色，不同元素交錯產生了和諧的色調，彷彿將一切衝突導向和解。為了觀察這種光影效果，透納住到東肯特（East Kent）的海邊，附近鄰居都以為他是一位名叫帕基·布斯（Puggy Booth）的古怪船長，才會在退休後還戀戀不捨地望著大海。

法國作曲家德布西（Claude Debussy）名為《海》（*La Mer*）的交響曲中，有個樂章叫做〈海與天的對話〉（*A dialogue between the sea and the sky*）。《海》大約是在透納死後60年才出現的作品，但若將它與透納的作品聯想在一起也不奇怪，因為透納的繪畫風格絕對超脫了時代——說不定他是第一位如此作畫的大藝術家，因為就連《雨，蒸汽和速度——英國大西部鐵路》（*Rain, Steam, Speed-The Great Western Railway*，圖11-14）這等公開展出的畫作，都與歐洲當時任何作品毫無關聯，甚至接下來一個世紀也沒有作品與之相仿。

透納的這些畫在1840年看起來無比瘋狂，人們的確常說它們是「透納先生的又一個小玩笑」。

法國人偏愛康斯塔伯，但法國的印象派卻受透納的影響更深？

透納從小在風景畫的傳統下耳濡目染，在這種傳統下，唯有將特殊的自然景觀組合在一起，才適合做為藝術題材。不過，如詩的風景畫從未在法國生根。法國畫家偏愛康斯塔伯，總愛把他那句「我這輩子從來不認為有醜陋之物」掛在嘴邊。這種認為眾生平等的想法合乎法國大革命時期的平等主義（egalitarianism），而信奉共產主義的法國畫家庫爾貝（Gustave Courbet）則畫了幾幅史上最貼近自然原貌的藝術品。

這類畫作有如彩色明信片，和真正的大眾藝術形式已經相去不遠。將近100年來的普羅大眾都喜歡這種直截了當的寫實風景畫風格，我相信，只要當代有哪個畫家仍能發自內心以這種風格作畫，這種風格應該能延續下去。但就在這個關鍵時刻，攝影取代了寫實風景畫的地位，莫內（Claude Monet）、塞尚與梵谷（Vincent van Gogh）這3位19世紀晚期深愛大自然的畫家只好推動更激進的轉變。

水光瀲灩的美景，不僅曾讓18世紀的盧梭投入感官世界，更在19世紀再度啟發一場重要變革。陽光在水面上的閃動、船桅悠悠顫顫的倒影，水面的漣漪竟帶來意想不到的影響。事情發生在1869年，當時莫內與雷諾瓦（Auguste Renoir）在一間名叫「蛙塘」（La Grenouillère）的咖啡館碰面。這次碰面前，2人的畫風都還是時下寫實的自然主義風格，但當他們撞見池塘中的漣漪與倒影，便決意拋下緩慢臨摹自然的那股耐心（圖11-15）。

圖11-15 《蛙塘》

《蛙塘》雷諾瓦（*La Grenouillère*，Renoir），1869年，66.5×81公分，油畫，現藏於瑞典斯德哥爾摩國家博物館。

莫內與雷諾瓦從此景領悟了一件事：一個畫家所能做的，便是傳達印象。至於是怎樣的印象呢？答案是關於光線，因為那是人類肉眼能見的全部。哲學家休謨老早就推導出相同結論了，印象派畫家則在渾然不覺中跟上了這套哲學理論的腳步。不過，莫內曾說過「『光』是畫面中的主角」，這句話成為印象派作品共同追求的精神。此後達到盛期的印象派不但致力於提供視覺享受，同時也提升了我們的感受力。「光線」已納入我們覺知的一環，法國意識流作家普魯斯特（Marcel Proust）在小說中以出色的描述來強化這種感受，讓初次閱讀的人感到耳目一新。

然而，當我們埋頭細數印象派究竟有多少佳作、它們又是如何扭轉我們觀看的方式，才驚覺這股風潮竟只是曇花一現。說到底，人們只能在短時間內與他人為了共同目標維持愉快的合作關係，這實在是人類文明史中的悲劇之一。20年過後，印象派出現了分歧，其中一派認為應該講究科學精神，讓光線的原色有如穿透稜鏡般那樣變得層次分明。這套理論啟發一位極為優秀的畫家，秀拉。但是，這種技法少了置身自然時那種發自內心的喜悅，偏離了風景畫的初衷。

另一派則繼續信守印象派對光線的理念，以莫內馬首是瞻。當他發現寫實的自然主義已是強弩之末，便開始研究如何用色彩象徵光影變幻的效果。比方說，莫內曾繪製一組系列畫，以粉紅色、藍色、黃色呈現大教堂立面在不同光線下的樣貌，但在我看來，畫中景色已跟日常經驗脫節。

接下來，莫內把目標轉向自家花園裡的睡蓮池，池面攝人心魄的雲朵倒影成了他晚年傑作的主題（圖11-16）。他在巴黎那2間能看到睡蓮的房間裡，不斷拓展心中的感受，讓這種感受彷彿綿延不斷的交響詩。這首交響詩從經驗出發，卻逐漸從「感受」轉化為「意識」。那麼，「意識」要如何成為一幅畫？這就是奇蹟之所在。莫內對每種表現效果瞭然於心，早已化為直覺的動作不只是在記錄腦中的景色，更是一種自我揭露。這種內在的轉化工程想必極耗心神，假若少了好友喬治・克里蒙梭（Georges Clemenceau，曾任法國總理）的支持，莫內恐怕永遠無法達成。為了讓莫內繼續畫畫，克里蒙梭這位老戰士願意從救國大業中騰出一些心思。一次又一次，幾近眼盲的莫內寫信給他，說自己畫不下去了，而一收到信的克雷蒙梭先生就會離開總理辦公室，驅車前往莫內的畫室，懇求他拿起畫筆。莫內聽過克里蒙梭的勸說之後，總能再度沉浸到自己的記憶與感受之池，而且是全心投入。

追根究柢，或許這種全心投入的狀態，就是人們長久以來將「自然之愛」視為一種宗教的原因。因為懷抱對自然的熱愛，我們得以在整體中忘卻自我，從而更強烈地意識到自身的存在。

→圖11-16 《睡蓮》之一

《睡蓮》莫內（Water-lilies，Monet），1907年，92.1 × 81.2公分，油畫，現藏於美國休士頓美術館。

第12章

法國大革命與浪漫之後的悲觀主義

謬誤的希望

18世紀的藏書室（圖12-1）將該時代的理性精神反映在空間設計的對稱性、一致性與封閉性上。「對稱」是人類與生俱來擁有的概念，即便我們身上有這麼多不規則之處，但整體來說多少算是對稱的。無論是英國亞當兄弟設計的門型壁爐台或莫札特的樂章，這些講求對稱的作品都反映出我們對於自己成雙成對的雙眼、雙手、雙腳，是多麼滿意。

至於「一致」，在本書中，我三番兩次把這個詞用於誇讚。但說到「封閉」啊！這問題可不容小覷。封閉的世界會化為精神的牢籠，但人們總渴望擺脫牢籠、自由活動。因此人們意識到無論「對稱」與「一致」是多麼美好，卻會局限我們行動的自由。於是貝多芬憤慨激昂、發自內心飢渴的樂音，為歐洲人再度吼出他們心中對於某種遙不可及的事物的渴望。

理性主義追求精緻卻圍限了自由，18世紀末引發浪漫主義的反動

我們必須踏出18世紀古典主義精緻卻狹隘的房間，到外面見識無限的世界。但在抵達目的地前，前方還有一段漫長顛簸的旅程，目前尚未抵達盡頭，我也不知會在哪裡結束。畢竟我們也是浪漫主義的孩子，也仍然是「謬誤的希望」的受害者。

在此，我要用「大海」做比喻，因為自拜倫以降的浪漫主義者皆醉心於這種動態、脫逸的意象：

再一次出海！再那麼一次！
我身下的波濤彷彿駿馬
與騎師心靈相通。盡情嘶鳴吧！
任潮流之迅捷，任它領向何方！[1]

圖12-1　亞當兄弟為肯伍德宅邸（Kenwood House）設計的圖書室

浪漫派藝術中的「大海」通常導向災難，從「對稱」逃脫也意味著從「理性」逃離。18世紀哲學家運用理性試圖安頓人類社會，但理性的論證效力並不足以推翻長達150年龐然又顢頇的傳統。換作在美國，理性或許能打造全新的政治體系，但歐洲的厚重地基需要更具衝擊性的力量才能顛覆，例如當年的宗教改革。

這波浪潮再次由盧梭起頭。盧梭並未訴諸時下盛行的理性論述，而是發自內心情感，從愛與教育延伸到政治。「人生而自由，卻無往不在枷鎖之中。」多麼棒的破題，就像《哈姆雷特》的第1幕。時代的步伐朝著18世紀末前進，理性的論證開始衰落，生氣勃勃的呼告則取而代之。在這些大聲疾呼中，就數威廉・布萊克的呼籲最煽動人心，他的

《天堂與地獄的結合》（*Marriage of Heaven and Hell*，寫於1789年左右）是反理性智慧的教戰手冊，堪比尼采（Friedrich Wilhelm Nietzsche）的《查拉圖斯特拉如是說》（*Zarathustra*）。布萊克的名句包括：「放肆之路通往智慧的宮殿」、「憤怒的老虎比聽話的馬匹更有智慧」、「精力是唯一的生命力，而且來自肉體；理性是桎梏，限縮了精力發揮的範圍」。

幾乎在同時間，蘇格蘭出現了一種更貼近世俗、力抗階級的溫情呼喚，那就是羅伯特・伯恩斯的號召。在他之前的詩人都過著貧窮的生活，而且這些詩人多半是窮學者，寧可在城市間遷移，過著漂泊的生活來賺錢

1　編注：詩文引自拜倫的長篇敘事詩〈海羅德公子遊記〉（*Childe Harold's Pilgrimage*）。

糊口，不願在某個舒服的教區安頓下來。與此相對，羅伯特·伯恩斯是首位生於附帶牛棚的無隔間農舍、大半輩子在田裡幹活，並運用務農經驗來創作的大詩人。比起當個政治思想家，在家寫些溫暖人心的歌曲讓他更自在。但在他寫的歌詞裡，卻出現一句和盧梭那句擲地有聲的破題一樣，迴響數世紀的句子：「無論如何，人就是人」，而在歌詞的末幾行又說得更清楚了：

> 即將到來了，無論如何，
> 那人人皆以手足之情相待的世界
> 無論如何大家都是兄弟。[2]

伯恩斯這一聲聲應和公義與自然律的呼告，正反映了人類受困於習俗、自身的精明與深謀遠慮的處境。

> 吹吧，吹響小號，吹響鼓笛，
> 讓宣告響徹感官世界的每個角落，
> 能度過一個鐘頭光輝燦爛的生命
> 一輩子無名亦足矣。

以上幾行詩，出自沒沒無聞的英國詩人莫丹特（Thomas Osbert Mordaunt）在1790年前寫下的〈召喚〉（The Call），結果這首短詩不僅比革命的風尚流傳更久，且至今仍是浪漫電影的基礎。1780年代有幾股驅力如同小火苗從地殼裂縫迸發，演變為後來眾人皆知的火山爆發——法國大革命。由於這些火苗已在18世紀的地表下延燒許久，法國大革命才會從少數律師的抗議，觸發資產階級要求制憲的不滿咕噥，最後演變為群眾運動的嘶啞呼號。

法國大革命初期，本質上是浪漫主義的延續

法國大革命的第1階段，也就是自由派資產階級主導抗爭的階段，在1789年6月達到高峰。某天，國民議會（National Assembly）的成員們發現平日開會的地方居然上了鎖，將他們拒於門外，便憤慨地來到一處室內網球場，在此立誓制定憲法。支持共和體制的畫家雅各—路易·大衛，受託記錄當時的場景和過程。雖然大衛的畫並未完成，但從草稿中[3]（圖12-2-1）可以看到《荷拉斯兄弟之誓》（圖10-18）的姿勢被複製過來，只是畫中人物換上了近代服裝。

在大衛的草稿中，最前排中間那3人象徵教會與權貴的聯手（圖12-2-2），但事實上現場並沒有修士，不過宣傳用的圖像多半不會力求考證精確。畫面左右兩側的人物全都是為了立憲政府而熱血沸騰的人們，右邊角落則躲著一名代表（圖12-2-3），雙手緊抱胸前，不願宣誓支持新政府（這點倒是符合史實）。經歷150年來的滔滔雄辯以及50年來的宣傳畫洗禮（雖然其他畫得都沒大衛好），你我早已對民主體制不抱幻想，因此在我們看來，這幅畫中的整個場面略顯荒唐。事實上，法國大革命的早期階段既迂腐又混亂，每個人都堅持己見，不肯退讓一步。

法國大革命的制憲階段（其實說是「美國」階段也不為過）則屬於理性的時代。3年後，我們聽到屬於新世界的聲響：一群直率的馬賽市民對「沒有作為的行政機構」失去耐心，於是在酷熱的7月帶著驚人的熱誠，一路從

2　編注：詩文引自伯恩斯的〈人皆相同〉（A Man's a Man for a' That）。

3　編注：大衛原作的《網球場宣誓》僅完成草圖，現存於法國凡爾賽宮，此處列出的油畫作品為後人臨摹仿作（但作者身分不詳）。

↑圖12-2-1 《網球場宣誓》

《網球場宣誓》雅各—路易·
大衛（草圖作者）（Serment
du Jeu de paume，Jacques-
Louis David），1791年 後，
65 × 88.7公分，油畫，現藏
於法國卡納瓦雷博物館。

←圖12-2-2
「權貴與教會聯手」的特寫

→圖12-2-3
「不願宣誓者」的特寫

馬賽進軍巴黎，一路上拖著3門大砲，高唱新歌〈馬賽曲〉，也就是後來的法國國歌。

即便是今天，除了靈魂已死的人之外，誰聽到這首歌能不感到熱血沸騰呢？難怪當年擁有最美好靈魂的人物都深受感動，例如：威廉・布萊克以法國大革命為題，動筆寫了首沒人讀的詩；華茲渥斯寫下的字句倒是人人瘋傳，我在此也不得不再引用一次：

> 彼時多麼強大的援軍站在我們身旁，
> 滿是熱愛的我們如此剛強！
> 活在那破曉堪稱洪福極樂，
> 但青春才是真正的天堂！[4]

華茲渥斯接著繼續說，這場大革命如何讓

盧梭對於「自然人」（natural man）的夢想、迷人的旅人故事化為真實，不再局限於：

> 某個隱密島嶼上，唯老天曉得在哪兒！
> 而是出現在此世，在這個屬於
> 我們所有人的世界。

就這點而論，法國大革命是浪漫主義號召的抗戰。這場革命的偉大傳說本身或許就是一則鼓勵，獻給那些心中充滿愛，卻尚未發現如何從陳腐條規的束縛中逃脫的年輕人。

革命初期還有一件相當動人的事蹟：人們對於新世界的信念之堅定，足以讓他們決定改元，以1792年為第1年，並更改月分名稱。改元當然很麻煩，「風月」（Ventose）、「熱月」

圖12-3 《雷加米埃夫人肖像》

《雷加米埃夫人肖像》雅各―路易・大衛（*Madame Récamier, née Julie (dite Juliette) Bernard*〔1777-1849〕，Jacques-Louis David），1800年，174 × 244公分油畫，現藏於法國羅浮宮。

（Thermidor）、「霧月」（Brumaire）等月分的新名稱卻很有詩意，可惜沒能沿用至今。這些名稱展現了對自然的愛，此時自然之愛已跟法國大革命纏繞在一起，變得密不可分了。

婦女時尚同樣受到回歸對自然渴望的影響，18世紀那些人為的框架（例如禮服下方的裙撐）就此棄置，服裝剪裁改為貼合身體曲線，樣式優雅簡潔，髮型也沒有灑滿粉的推高假髮，而是順著髮絲自然下垂，再用簡單的束髮帶扎起。當時最負盛名卻鮮少露面的美人，同時也是沙龍女主人的雷加米埃夫人（Madame Récamier）甚至願意裸著雙足讓大衛作畫（圖12-3）。

除此之外，還有一項更艱鉅的任務，就是用「自然宗教」取代基督教。但是手段實在太過火了，例如有人提議拆毀夏特大教堂，在原地興建崇拜智慧之神的神廟。冒犯、瀆神的行徑並不罕見，破壞之頻繁更不在話下。像是克呂尼修道院、聖德尼修道院，許多文明聖所半毀、院中財物遭到掠奪。不過自然宗教也有觸動人心之處，比方說我們在畫中（圖12-4）看到人們根據新的儀式，在一所去基督教化的教堂中進行洗禮。

4 　編注：詩文引自華茲渥斯的〈法國大革命起初於狂熱者眼中的模樣〉（*The French Revolution as It Appeared to Enthusiasts at Its Commencement*）。

圖12-4　去基督化的自然洗禮

《自然崇拜》讓－巴蒂斯特・馬利特（*Natural Worship*，Jean-Baptist Mallet），1794年，39.9 × 49.2公分，蝕刻版畫印刷，現藏於美國芝加哥藝術博物館。

革命後期，淪為打著「愛國主義」名號的殺戮

對摩登世界夸夸而談的那些人，開口閉口都是他們需要新的宗教。此話也許不假，可是創建新宗教談何容易？在法國大革命時期掌握大權的羅伯斯比爾（Maximilien Robespierre）是新宗教自然神論的狂熱支持者，手上更有強大的說服手段任他使用，但就連他也無法建構新宗教。

一聽到羅伯斯比爾的大名，我們立刻想起這一切的理想，究竟以多麼駭人的方式化為苦痛。史上的偉大文明大多帶來一些令人不舒服的後果，但從來沒有哪次的逆襲比1792年的革命熱忱來得更快、下手更重。同年9月，爆發了第一場大屠殺，可嘆的是今人之所以記得法國大革命，也正是因為這場殺戮。從來沒人從歷史的角度解釋這場九月大屠殺，因為，說不定到頭來老套的解釋才是正確的：這就是一場集體性的虐待，對於見識過二戰的我們來說也不陌生。此外，另一種眾所周知的情緒，也就是所謂的「大眾恐慌」，為迫害者提供了充沛的幹勁。

1792年7月，救國委員會（Committee of Public Safety）正式宣布「祖國陷入危機」，緊跟著就是理所當然的推斷：「我們當中出現了叛徒」。這些話我們都聽過，在過去這2場世界大戰中，多少無辜的德裔女家教和藝術史學者遭難，不是處死，就是遭驅逐引渡，然後在前往加拿大的途中溺死。1792年的法國**確實**身陷危機，國內也真的有人背叛，鼓勵外部勢力介入的國王與王后就是頭號叛徒。

法國這個國家為了存續下去，奮力和腐敗的古老勢力對抗。但在幾年之間，國內反抗勢力的主要領導人都深受最可怕的錯覺所苦，深信自己是正義之士，具備崇高的道德。羅伯斯比爾的朋友聖茹斯特（St Just）說：「共和國必得以美德為基礎。在共和國中，對罪行透露一絲憐憫，那就是叛國的鐵證。」

但是，再怎麼不情願，人們也必須承認隨之而來的許多駭人之舉，純粹是無政府狀態使然。「無政府狀態」是種充滿魅力的政治理想，但我認為它過於樂觀。1793年的人們，想盡辦法用以暴制暴來駕馭無政府狀態，結果毀於自己所催生的邪惡手法。這種五味雜陳的心境在大衛描繪的馬拉（Jean Paul Marat）於浴缸遇刺圖（圖12-5）展露無遺，大衛繪製這幅畫時，想必感觸極深，政治宣傳畫鮮少能帶來這種不亞於藝術品的衝擊力。這幅畫旨在讓世人永懷這位偉大的愛國革命家，他的死與維護羅馬共和的布魯圖斯一樣重如泰山。然而，馬拉逃不了九月大屠殺的責任，那第一朵烏雲籠罩在華茲渥斯的黎明，使得早期浪漫主義者的樂觀情緒蒙上了一層陰影，化為持續至今的悲觀主義。

法國大革命這段歷史之所以令人費解難讀，其中一個原因是每一頁都出現大量人名，但他們很快又消失無蹤，這情況簡直比俄語小說還糟糕。另一個原因，則是大革命之後的近10年間，除了羅伯斯比爾外沒出現過第二號大人物，革命精神在他死後依然長存，卻沒有領導人物。因此當時法國政壇的各方人馬為了自身利益展開大亂鬥，這情況在接下來150年內也屢見不鮮，直到1798年，有位將軍來勢洶洶地登場了。

「拿破崙稱帝」背叛共和理想，征服未知的野心卻再次點亮浪漫精神

隨著拿破崙・波拿巴（Napoléon Bonaparte）的出現，法國大革命的解放精神也隨之轉向，走向貪得無饜的征服與擴張。但，這與文明有何關係？「戰爭」與「帝國主義」長久以

來都是最受人推崇的活動，如今卻跌落神壇（不過，我想在俄羅斯例外），而我在孩提時代經歷了戰爭和帝國主義，自然對這2者恨之入骨。但我也意識到，儘管這2者具有破壞性，但同時也是生命力旺盛的徵象。

> 看哪，我的孩子們：看看腳下這個世界
> 從氤氳中的北回歸線望西開展，
> 直至大地浮上地平面之處；
> 太陽固然從我們的視線中消隱，
> 卻揭開了地球另一端的白晝！……
> 從南極點望東看
> 如此浩瀚的土地從未有人描述，

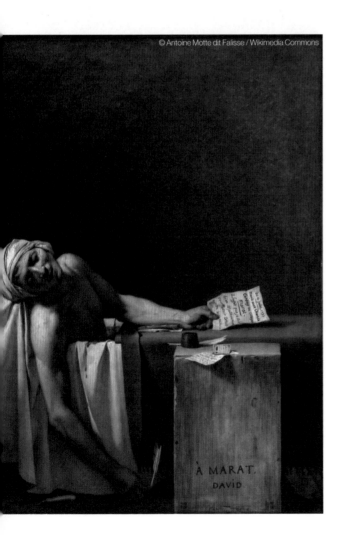

© Antoine Motte dit Falisse / Wikimedia Commons

> 那兒的岩石如珍珠般閃耀
> 彷彿點綴天空的燈火！
> 我就要死了，但這些未征服之地呢？

英國劇作家馬羅在劇作《帖木兒大帝》（Tamburlaine the Great）中，借垂死的中亞征服者帖木兒之口說出這些話，是多少偉大詩人、藝術家與科學家的心聲啊！不過若是在政治場合聽到這些話，就會覺得有點刺耳。我總是悲觀地認為凡事皆有代價，而羅斯金這句不受歡迎的名言，點出了無可辯駁的史實（至少目前為止是如此）：「唯有動干戈的國度裡，才有偉大的藝術興起。」

「征服」的需求，只是拿破崙矛盾性格中的一部分。除此之外，他還是政治現實主義者、行政長才，以及經典法學彙編《拿破崙法典》（Code Napoleon）的作家（或至少是編輯）。

從拿破崙的肖像畫中，我們可以看到這位年輕的革命軍人蛻變為第一執政官（First Consul），滿腔革命熱情卻逐漸消融，只在臉上留下殘跡。接著這位第一執政官在短短幾年內成為查理曼的繼承人，在法蘭西稱帝。巴黎軍事博物館（Musée de l'Armée）有一幅精采絕倫的拿破崙肖像（圖12-6），出自畫家安格爾（Jean-Auguste-Dominique Ingres）之手。他顯然有意參考了羅馬晚期的象牙雕刻，以及10世紀神聖羅馬皇帝鄂圖三世（Otto III）的迷你肖像。他的天鵝絨皇袍上之所以有那些金色小蟲，是因為這是5世紀法蘭克人首任國王希爾德里克（Childeric）的袍子曾出現過的圖案。當時他的棺木才在不久前出土。

圖12-5 《馬拉之死》

《馬拉之死》雅各—路易·大衛（Marat assassiné, Jacques-Louis David），1793年，165 × 128公分，油畫，現藏於比利時布魯塞爾皇家藝術博物館。

圖12-6 《拿破崙登基》

《拿破崙登基》安格爾（*Napoleon as Emperor*, Jean-Auguste-Dominique Ingres），1806年，163 × 260公分，油畫，現藏於法國巴黎軍事博物館。

圖12-7 《跨越阿爾卑斯山的拿破崙》

《跨越阿爾卑斯山的拿破崙》雅各—路易·大衛（*Napoleon Crossing the Alps*, Jacques-Louis David），1801年，261 × 221公分，油畫，現藏於法國瑪美松城堡國家美術館。

　　總之，拿破崙相信自己正在復興「統一」與「穩定」的偉大傳統，好讓傳到中世紀的希臘與羅馬典範能繼續流傳。直到最後，他仍堅信歐洲若能在他的治理下統一，發展想必會更好。這說不定是真的。但現實之所以並未如此發展，是因為他體內那位現實的統治者屈服於浪漫的征服者。順著時序，等我們看到大衛畫的拿破崙通過大聖伯納德隘口（Great St Bernard）（圖12-7），安格爾筆下那位莊嚴、神聖的皇帝早已被人遺忘了。這時的拿破崙，名副其實是這個浪漫時代的人物。

　　當然，這種無止境征服的夢想可以回溯到亞歷山大大帝。我們不妨把他蠻不講理遠征印度之舉，視為對古典封閉的最初抵抗。拿破崙最喜歡的畫作之一，就是16世紀日耳曼畫家阿爾多弗（Albrecht Altdorfer）那幅再現亞歷山大戰勝波斯王的作品。拿破崙從慕尼黑搶來這幅畫，掛在寢室牆上，天天懷想這場偉大冒險的光輝象徵。

　　這段時期的歷史，已經跨出了李維與修昔底德這2位希臘羅馬時代史學家所知的世界，通往遙遠的東方與原始的西方。

　　50年來，歐洲的非凡人物都醉心於一首名叫〈芬格爾〉（*Fingal*）的詩，據說作者是愛爾

圖12-8 《英靈殿》

《奧西安接見法國勇士的亡靈》吉羅代（*Ossian receiving the Ghosts of the French Heroes*，Girodet）， 約1800年，192.5 × 184公分，油畫，現藏於法國瑪美松城堡國家美術館。

蘭吟遊詩人奧西安（Ossian），不過這可能是假的，實際上這首詩是壯志凌雲的蘇格蘭人麥佛森（James Macpherson）用斷簡殘篇拼湊出來的。不過，這並不妨礙歌德對這首詩的推崇，也不影響古典主義大師安格爾繪製以「奧西安之夢」為題的鉅作。〈芬格爾〉是拿破崙最愛的詩。走進拿破崙在巴黎瑪美松城堡（Malmaison）的藏書室，天花板上第一個映入眼簾的英雄人物就是奧西安。

拿破崙征戰南北時，插圖版的〈芬格爾〉也不離身。詩中的天堂並未因舊政權的稱許而降低拿破崙心中的評價。拿破崙命手下最

擅長浮誇手法的畫家吉羅代（Anne-Louis Girodet de Roussy-Trioson）描繪他的英勇戰士們——麾下各個元帥的魂靈，得到奧西安接引進入北歐神話中的英靈殿（圖12-8）。畫中景象令人痛苦地聯想到希特勒與華格納。即便如此，人們還是難以抵擋拿破崙的光輝，抵擋他引起的那股興奮之情。集體狂熱固然是種危險的癮頭，但若人類對燦爛輝煌再也無動於衷，相較下恐怕後者更為可憐，而在宗教

衰落的這個時刻，另一個選擇就是赤裸裸的物質主義了。

貝多芬：歐洲革命世代的最後一位樂觀主義者

那麼，在拿破崙輝煌的光芒下，那些在革命年間為了人道振聲高呼的大英雄們過得如何？他們多數在恐懼中噤聲——恐懼失序、恐懼殺戮、恐懼人類其實還沒有駕馭自由的能力。在歷史的篇章中，少有其他情節能比偉大浪漫主義者的黯然退場更教人沮喪。華茲渥斯表示自己願意為英國教會奉獻生命，歌德則認為與其接受一國政局混亂，不如支持謊言。話雖如此，仍有2位浪漫之人沒有退讓，也因此成為浪漫英雄的原型，他們就是貝多芬與拜倫。

雖然拜倫與貝多芬有許多不同之處（很難想出比他倆更南轅北轍的組合了），但他們都保持著違抗社會成規的態度，對自由也都懷抱著無法動搖的信念。拜倫容貌之美天下知，機智又博學多聞，居然不見容於社會；貝多芬身材矮小、毛髮旺盛又舉止粗魯，不只按月和某甲朋友吵架，還每週侮辱某乙贊助人，但卻獲得維也納上流社會的款待，甚至十分愛護他。2人之間的差別待遇，或許是因為維也納人比倫敦人更珍視天才。但我認為，主因在於貝多芬的壞脾氣其實是種高貴爽直的指標，這使他比拜倫更適合成為新世界的象徵。維也納的貴族社會固然已經在保守政局中安穩了1個世紀，但他們難以抗拒歐洲精神的新特質，何況這種特質是以他們最通曉的形式，即「音樂」來表達。

貝多芬並非政治人物，但他回應了法國大革命的整體氛圍。他欽佩拿破崙，因為拿破崙彷彿革命理念的使徒，但老實說，這也是因為貝多芬喜歡「爭第一」。他曾說，假如

自己對軍事戰略的領略和他對作曲對位法（counterpoint）的掌握一樣高的話，那他決計要跟拿破崙一較高下。貝多芬把自己的傑作《第三號交響曲》（Third Symphony，又名為「英雄交響曲」）獻給拿破崙將軍。但就在演出前，他聽聞拿破崙稱帝的消息，就將題獻頁撕了，還差點克制不住情緒，連樂譜一同撕毀。因為對貝多芬來說，自由與美德就是最珍貴的2個革命理念。

年輕時的貝多芬在維也納看了莫札特的《唐·喬凡尼》，被劇中那種玩世不恭的調調嚇到了。於是他決定寫一部歌劇，把高潔的堅貞之愛與自由連結在一起。這念頭在貝多芬心裡醞釀了好幾年，他先是寫出《蕾奧諾拉序曲》（Leonora Overtures），後來這首序曲又化為歌劇《費黛里歐》（Fidelio），劇中不只有正義，也有不渝之愛。當地牢中遭遇不公義的受害者們仍奮力向著光明時，貝多芬更為我們獻上最偉大的自由頌歌。「看見光明是多麼幸福啊」，他們說道，「新鮮空氣讓人活了過來。我們的監獄是座墳墓。啊，自由，自由再度降臨我們身上。」這樣的呼告、這樣的企求，迴盪在19世紀的每一場革命運動中。我們很容易忘記當年到底有多少場革命，法國、西班牙、義大利、奧地利、希臘、匈牙利、波蘭都發生過，而且都是一樣的模式：一樣的理想主義者、一樣的專業鼓吹者、一樣的路障、一樣的亮劍士兵、一樣的恐懼市民，以及一樣的殘酷報復。到頭來，誰也不敢說我們獲得什麼進步。1792年，巴士底監獄（Bastille）遭攻占時，人們發現裡面只關了7名老人，這些囚犯還因生活被打擾而惱怒。反倒是在1940年的德國，或是1956年的匈牙利打開政治犯監獄的大門時，人們才瞭解《費黛里歐》那一幕的寓意。

圖12-9 《1808年5月3日》

《1808年5月3日》哥雅（*The Third of May, 1808*，Francisco de Goya），1814年，268×347公分，油畫，現藏於西班牙馬德里普拉多美術館。

貝多芬儘管遭逢失聰悲劇，卻是個樂觀主義者。他深信人的內在擁有神聖火苗，這從他對自然的愛以及對友誼的需求可見一斑。貝多芬相信人值得擁有自由。那些毒害了浪漫主義運動的絕望，還沒滲進他的血液。

那麼這種絕望的毒素從何而來？早在18世紀就有人開始追求恐怖感的刺激，連小說家珍・奧斯汀（Jane Austen）筆下的女主角們也都愛讀哥德式恐怖小說自己嚇自己。當時這種嗜好看起來不過就是一股流行，但進入1790年代之後，恐怖化為現實，再到了1810年，18世紀的所有樂觀希望皆已落空——不論是人權、科學新發現，或是工業的好處。這些透過革命贏來的自由一下子就輸掉了，

若非敗給反革命運動，就是葬送在落入軍事獨裁者手中的共和政府手裡。西班牙畫家哥雅（Francisco de Goya）有幅名叫《1808年5月3日》（*The Third of May, 1808*，圖12-9）的畫作在描繪處刑場面。畫中，眾士兵舉起滑膛槍，要清算一小群不聽話的市民。一個個振臂宣示不從的英勇身影，都化為士兵的槍下亡魂。

如今，我們已經習慣這樣的暴行，也早已在一而再、再而三的失望過後，變得麻木不仁了。然而，在1810年，這種失望感還很新鮮，浪漫主義運動中所有的詩人、哲學家與藝術家們全被它擊垮，轉為悲觀。而這種悲觀主義的代言人，就是拜倫。

「革命」或「自然崇拜」，或許都是一種謬誤的希望

或許，無論如何拜倫都會變成悲觀主義者，畢竟悲觀本是他自我的一部分。只不過當他出現在歷史舞台時，正好乘上了理想幻滅的潮流，於是他成為繼拿破崙之後，歐洲最有名的人物。

無論是歌德、普希金（Alexander Sergeyevich Pushkin）這樣的傑出詩人，或是俾斯麥（Otto von Bismarck）這般偉大的行動家，甚至是最傻氣的女學生，皆以一種近乎歇斯底里的熱情讀著拜倫的作品。但是，當我們奮力穿過〈萊拉〉（Lara）或〈異教徒〉（The Giaour）裡那些華麗浮誇的不知所云後，實在不明白為何使拜倫成名的是這些蹩腳的詩，而非他的傑作《唐璜》。

拜倫完全反映了自己所處的時代，他寫了一首詩，描寫瑞士西部一座名為西庸堡（Castle of Chillon）的水上城堡將地牢大門打開的故事。他以老派革命風格的十四行詩起頭——「無拘無束的心，那永恆之靈！地牢中最明亮者，唯自由！」經歷了許多恐怖折磨之後，這位西庸堡的囚犯獲釋了，此時響起的卻是一種新樂音：

終於人們來放我自由；
我不問原因，不思何處；
於我畢竟並無不同，
身上有沒有枷鎖皆然，
我已學會愛著絕望。

自從這詩句被寫下之後，到愛爾蘭劇作家貝克特（Samuel Beckett）與法國哲學家沙特（Jean-Paul Sartre）為止，有多少知識分子呼應著詩中的情緒啊！但這種負面的信念並非拜倫的全部。當西庸堡的囚犯從牆內的囚室望向群山與湖泊時，他們感覺自己是山水的一部分。這顯露出天才拜倫的積極面，一種對大自然強大力量的自我認同。拜倫認可的自然並非華茲渥斯的雛菊和水仙花，而是絕壁、飛瀑與暴風。簡言之，拜倫認同的是「崇高」。

對於崇高精神的覺察，為歐洲浪漫主義運動的想像力添了雙翅膀。這種覺察是英國人的發現，與他們在大自然的發現密不可分。但這種「自然」並非歌德那種提供真理的自然，也不是華茲渥斯那種道德化的自然，而是一股超出我們所能理解的洪荒之力，讓我們意識到人的安排都是徒勞的。正如布萊克以令人印象深刻的表達方式所說：「獅吼，狼嚎，暴風雨翻騰大海，以及毀滅之劍，都是永恆的一部分，是人類渺小眼界所容不下的浩瀚。」

人類渺小眼界所容不下的浩瀚？隨著法國大革命搖身一變，化為拿破崙的遠征冒險，人類的眼界得以拓展，這種崇高的力量也逐漸具體可見，透過拜倫琅琅上口的詩句，更讓這種概念普及化。而拜倫之所以魅力難當，在於他自認屬於這可怖力量一部分的那股狂氣。他向著狂風暴雨的黑暗說，「……讓我共享汝無邊狂喜，讓我化入風暴，化入汝！」拜倫逼布萊克口中「永恆的一部分」接納自己，而他的友人雪萊在〈阿多尼斯〉（Adonais）一詩對拜倫的描述可是一語中的：「永恆的朝聖者，他名聲之不朽，連頂上的天也要俯身。」

但是，投身於崇高的力量，簡直和追求自由一樣傷神。自然本無情，我們甚至可以稱之為殘忍。那些觀察自然之暴烈與敵意的偉大藝術家中，就數透納貼得最近，而他心中可不存半分希望。這話不是我說的，而是認識透納、崇拜透納的羅斯金所下的斷言。事

©Helena / flickr

實上,透納極為欽佩拜倫,還引用拜倫的詩
句作為自己畫作的標題。但拜倫的〈海羅德
公子遊記〉(*Childe Harold's Pilgrimage*)對透納來
說不夠厭世,於是自己寫了首七零八落的詩
作為一系列畫作標題,起名為《謬誤的希望》
(*The Fallacies of Hope*)。詩很糟糕,但畫很棒,
其中最有名的一幅畫的是真實的奴隸貿易事
件。當年有許多駭人聽聞的事情讓浪漫主義
者腦中想像的恐怖畫面揮之不去,奴隸貿易
便是其中之一。透納將這幅畫給命名為〈奴
隸將已死與垂死者拋下甲板──颱風將臨〉
(*Slavers throwing overboard the dead and dying – typhoon
coming on*,圖12-10-1)。

　　過去50年來,我們對這樁恐怖的故事一點
興趣也沒有,只關心奴隸那隻有如漂亮茄子

↖**圖12-10-1 《謬誤的希望》之一**
〈奴隸將已死與垂死者拋下甲板─颱風將臨〉透納
(*Slavers Throwing Overboard the Dead and Dying,
Typhoon Coming On*,Turner),1840年,90.8 ×
122.6公分,油畫,現藏於美國波士頓美術館。

↑**圖12-10-2 「被推下海的奴隸(銬著腳鐐的腿)」**

的小腿肚，和周圍圍繞的粉紅色魚群（圖12-10-2）。但透納希望我們嚴肅以對。「希望，希望，謬誤的希望，」他寫道，「如今你的市場在哪裡？」

悲觀主義畫家的浪漫派畫作：記錄社會悲慘事件，傳達人性的憐憫之情

約在透納完成這幅畫的20年前，日耳曼浪漫派風景畫家卡斯帕‧大衛‧弗里德里希靠著一幅畫成名了。他畫的是深陷冰海中的一艘船，題名叫《希望破滅》（Wreck of the Hope，德文原名為 Das Eismeer〔冰海〕，圖12-11）。這幅畫跟透納那幅一樣，是以真實事件為題，弗里德里希是在報紙上讀到事發經過。而幾乎在同一時間，眾畫家中最具拜倫氣質的傑利柯（Jean Louis André Théodore Géricault）也靠著一幅描繪船難的畫出了名（圖12-12）。

美杜莎號巡防艦（Méduse）在前往塞內加爾（Senegal）的途中觸礁，船上149名乘客上了救生筏，綁在水手搭乘的小艇上前進。過一陣子，船員愈來愈受不了這份苦差事，於是砍斷繩索，任救生筏在海上漂流。此舉幾乎等於判了乘客死刑，誰知道居然有幾人奇蹟生還，而傑利柯便是從他們口中得知這整起

↓圖12-11 《希望破滅》
《希望破滅》弗里德里希（The Wreck of Hop, Caspar David Friedrich），1823 ～ 1824年，96.7 × 126.9公分，油畫，現藏於德國漢堡美術館。

→圖12-12
《美杜莎之筏》
《美杜莎之筏》傑利柯（Le radeau de la Méduse，Géricault），1818 ～ 1819年，491 × 716公分，油畫，現藏於法國羅浮宮。

© DIRECTMEDIA / Wikimedia Commons

駭人事件。他甚至找到當年製作救生筏的船木工來幫他打造救生筏的模型，放在畫室。此外，傑利柯在醫院附近找了間工作室，方便研究垂死之人。傑利柯放棄了生活享受，剃了光頭，鎖起房門，跟停屍間的屍體共處一室。傑利柯決心畫出曠世傑作，我想他成功了。可是說來也奇怪，縱使他已經如此謹慎地想讓畫作呈現紀實效果，但看起來卻仍像是浮誇的想像之作。

傑利柯的表達方式一板一眼，畫作有如在向古早的英雄時代──文藝復興盛期──致敬，例如米開朗基羅的《大洪水》（Deluge）

和他在西斯汀禮拜堂天花板上畫的運動員（圖5-13-1、圖5-13-2）。以《美杜莎之筏》這幅畫來說，致敬對象可能還包括了拉斐爾的《聖容顯現》（圖5-22）。傑利柯的創作中常見修辭手法的化用，這可說是他最具拜倫氣質的特色了，然而這幅《美杜莎之筏》旨在成為所謂的「社會寫實主義」畫作，世人當時也如此認可。於是，傑利柯計畫依樣畫葫蘆，以2個更革命性的題材，繪製更巨大的畫作：其一是宗教審判所監獄的解放（我懷疑，傑利柯說不定現場聽過時人眼中的失敗之作《費黛里歐》），其二則是奴隸貿易，他還為此打

圖12-13　傑利柯所繪的英國街景

《可憐的老人》傑利柯（*Pity the Sorrows of a Poor Old Man*，Géricault），1822年，31.4 × 37.5公分，石版畫印刷，
現藏於美國大都會藝術博物館。

了草圖。但最後這2幅畫都沒被畫出來，因
為他已經精疲力竭，並對友人吐實，表示自
己一心求死。

為了恢復精神，傑利柯走訪倫敦，一方面
是因為他欣賞英國的繪畫，另一方面則是他
對馬匹充滿熱情。我們不妨這麼說，在浪漫
主義的意象中，「馬」跟「船難」是最常出
現的，而當時的英國可是御馬勝地。

傑利柯畫了一幅德比（Derby）城景，並透
過一系列的素描與版畫，忠實地表現動物身
體的分量感，以及英國街頭的殘酷畫面（圖

12-13）。重返巴黎途中，傑利柯畫了一系列
精神失常者的肖像（圖12-14），而我認為這
系列作品能列入19世紀最偉大的繪畫之一。
這些肖像把浪漫主義的驅動力注入繪畫領域
中，探索範圍拓展到理性邊疆之外。此時的
傑利柯早因內傷而命不久矣，偏偏他又喜歡
找性子最烈的馬來騎，加重了自己的傷勢。
從沒有哪個身體健壯之人，像他這般死意甚
堅。傑利柯死時才33歲，比拜倫稍微年輕，
但又比雪萊與濟慈大了一截。

幸好傑利柯的悲觀主義並未斷絕，因為悟

© Rama / Wikimedia Commons

圖12-14 《患嫉妒偏執狂的女精神病患者》

《患嫉妒偏執狂的女精神病患者》傑利柯（*Portrait of a Woman Suffering from Obsessive Envy*，Géricault），約1819～1820年，72×58公分，油畫，現藏於法國里昂美術館。

性高超的德拉克洛瓦（Ferdinand Victor Eugène Delacroix）繼承了他的精神。

德拉克洛瓦的第一件巨幅作品《但丁與維吉爾渡冥河》（*Dante and Virgil Crossing the Styx*，圖12-15）展出時，人人都問傑利柯是否畫過這個題材，傑利柯回答說：「我希望我有。」2年後的1824年，德拉克洛瓦用了十成功力，以《希俄斯島大屠殺》（*The Massacre at Scios*，圖12-16）畫出希臘獨立戰爭的場景。

由此可見，浪漫主義中的繪畫傑作幾乎都是呈現真實事件，這幅畫也不例外，而且它還反映出雪萊、拜倫等自由主義者共有的情感，反映出他們對於「希臘仍然自由」的夢想[5]。這幅畫在憐憫裡帶有不甘，恐怕是德拉克洛瓦畫作中的絕響了。

---

5 編注：1821年希臘人民發起獨立戰爭反抗鄂圖曼土耳其，獲得歐洲各國的情感支持，拜倫便寫下這句「我希望希臘仍然自由」（I dreamed that Greece might still be Free）。

↑圖12-15 《但丁與維吉爾渡冥河》

《但丁與維吉爾渡冥河》德拉克洛瓦
（*Dante and Virgil Crossing the Styx*，
Eugène Delacroix），1822年，189 ×
241.5公分，油畫，現藏於法國羅浮宮。

←圖12-16 《希俄斯島大屠殺》

《希俄斯島大屠殺》德拉克洛瓦（*The
Massacre of Scios*, Eugène Delacroix），
1824年，419 × 354公分，油畫，現藏
於法國羅浮宮。

→圖12-17 《自由領導人民》

《自由領導人民》德拉克洛瓦（*La Liberté
guidant le peuple*〔*28 juillet 1830*〕，
Eugène Delacroix），1830年，260 ×
297公分，油畫，現藏於法國羅浮宮。

物質主義席捲歐洲，逃到淳樸落後的世外桃源就能找回文明？

革命的激情雖在波旁王朝復辟後走入地下化，卻仍在同情其他受迫者時流露出來。1830年，經歷整個歐洲歷史上最愚蠢的幾個事件後，法王查理十世（Charles X）跟首相引發了一場革命，雖然歷時短暫且範圍有限（若與此前與之後的革命相比，簡直不值一提），卻顯示革命的火苗從未熄滅，也證實1820年代的年輕浪漫主義者也依舊感受到1792年的餘熱。

事實上，七月革命的共和軍（Republican Army）指揮官拉法葉（Marie-Joseph Paul Yves Roch Gilbert du Motier, Marquis de La Fayette）正是美國革命的領袖之一。德拉克洛瓦加入了革命後成立的國民自衛軍（National Guard，他說自己是因為喜歡他們的制服才加入），還畫了一幅自由女神指引民眾的作品（圖12-17），是少數堪稱藝術品等級的革命主題樣板畫，但距離他最優秀的作品還差得遠了，此後他也不再允許自己的藝術受到當下政局影響。非但如此，德拉克洛瓦對自己身處的時代更是藐視至極，瞧不起粗鄙的物質主義與那些自鳴得意的信仰。他的藝術可說是為了逃離上述2者所作的嘗試。

德拉克洛瓦躲進了浪漫詩作的主題中，尤其傾心於莎士比亞、拜倫與華特・司各特的作品。在德拉克洛瓦最偉大的畫作中，有些

©Dennis Jarvis_flickr

圖12-18 《獅子狩獵圖》

《獅子狩獵圖》德拉克洛瓦（*Lion Hunt*，Eugène Delacroix），1860～1861年，76.5×98.5公分，油畫，
現藏於美國芝加哥藝術博物館。

靈感正是來自拜倫，德拉克洛瓦也具備拜倫那種自認身為自然崇高力量一部分的那股狂氣，尤其認同「獅吼與毀滅之劍」。波特萊爾曾說，每當德拉克洛瓦的靈感躍上心頭，他的肌肉就開始不耐煩地顫動，目光有如緊盯獵物潛行的老虎般炯炯有神，巴黎動物園的放飯時間一到，他整個人便沉浸在幸福裡。在德拉克洛瓦的所有作品中，就數《獅子狩獵圖》（圖12-18）最具他的個人特色。

德拉克洛瓦也讓自己的肉體從當時蓬勃發展的資產階級社會中逃脫。1834年，他去了摩洛哥。動身的念頭在他心中早已停駐許久，但當他真的到達當地後，現實卻與期待相去甚遠。德拉克洛瓦找到的非但不是夢想中拜倫式凶猛的感官衝擊，反而是一種古老的生活方式。他斷言，當地生活遠比學院派的古典主義蠟像更古典，阿拉伯人的舉手投足，簡直與古羅馬政治家老加圖（Cato the Elder）並無二致。

德拉克洛瓦的交友圈不廣，就是幾個詩人跟作家，其中還包括音樂家蕭邦（Frédéric Chopin）。蕭邦是他唯一毫無保留熱愛與欽佩的對象。波特萊爾曾言，蕭邦的音樂彷彿「豔羽斑斕的鳥兒，在深淵之怖畏上拍動著雙翅」。若把這比喻拿來形容德拉克洛瓦的畫也不為過（波特萊爾對他的畫讚嘆不已），但還必須補上一句：深淵壓根嚇不著德拉克洛瓦，他在深淵裡反而愉悅自得。

幸運的是，德拉克洛瓦的其中一位朋友梯也爾（Louis Adolphe Thiers）當上法國首相，給了他許多公家委任案，包括法國國會的圖書室。德拉克洛瓦不愧是德拉克洛瓦，在這些裝飾畫中，最教人印象深刻的就是踏破古代文明遺骸而來的《匈人阿提拉》（Attila the Hun，圖12-19）。德拉克洛瓦最清楚我們是怎麼從千鈞一髮的處境走到現在的，他想必還

圖12-19 《匈人阿提拉》（穹頂畫局部圖）

《匈人阿提拉》（局部圖）德拉克洛瓦（*Attila the Hun*，Eugène Delacroix），1843～1847年，743×1,102公分，溼壁畫，現藏於法國巴黎波旁宮的眾議院國會圖書館。

會應景地補問一句：「值得嗎？」但到頭來，他肯定會帶著一點不情願，回答「值得」。毫無疑問，德拉克洛瓦是但丁、米開朗基羅、塔索（Torquato Tasso）、莎士比亞、魯本斯、普桑等西歐偉人的傳人，這些先輩的名字不斷出現在他的文字中，而他們的創作也是德拉克洛瓦作畫靈感的源頭。

或許德拉克洛瓦的遺言，就寄託在法國巴黎聖敘爾比斯教堂（St Sulpice）裡描繪雅各（Jacob）與天使搏鬥的巨幅壁畫（圖12-20，儘管德拉克洛瓦並非基督徒，但他卻是19世紀僅有的宗教畫大師）。德拉克洛瓦以參天橡樹的翳影象徵原始自然，人類在此耗費了整夜的時間，抵抗那令他的生存陷入如此悲傷又複雜境地的靈性天賦。雅各如公牛般衝向無動於

衷的天使，最後還是只能屈從於自己的命運。

德拉克洛瓦格外珍視文明，因為他曉得文明有多麼易碎，也沒有天真到跑去大溪地尋找桃花源。至於高更（Paul Gauguin），這人再怎麼說都跟天真沾不上邊，才讓人不禁懷疑他怎麼沒多花點功夫，出發前先了解一下早已被歐洲人腐化將近1個世紀的大溪地呢？高更對當時社會也有一股拜倫式的恨意，讓他決心不計任何代價都要逃離歐洲文明。

高更和德拉克洛瓦一樣，沒有找到企盼中的世界，而是跟摩洛哥社會差不多的高貴、尊嚴與永恆，但他設法將眼前景象塑造成自己美夢的倒影。高更緊抓自己的夢想，熬過每一場災難，這種勇氣再英雄不過了，讓我

圖12-20 《雅各與天使搏鬥》

《雅各與天使搏鬥》德拉克洛瓦（*Jacob Wrestling with the Angel*，Eugène Delacroix），1854～1861年，751×485公分，壁畫，現藏於法國巴黎聖許畢斯教堂。

圖12-21　《大溪地的女人》之一

〈沙灘上的大溪地女人〉高更（*Femmes de Tahiti ou Sur la plage*，Paul Gauguin），1891年，
69 × 91.5公分，油畫，現藏於法國奧塞美術館。

圖12-22　《阿爾及利亞的女人》

《阿爾及利亞的女人》德拉克洛瓦（*Women of Algiers*，Eugène Delacroix），1834年，743 ×
1,102公分，溼壁畫，現藏於法國羅浮宮。

們忽略了他在大溪地生活時的諸多卑劣且荒
唐的情事。但無論如何，他筆下那幾幅「大
溪地的女人」（圖12-21）可是能與德拉克洛瓦
的《阿爾及利亞的女人》（*Women of Algiers*，圖
12-22）並列的傑作。

但人們仍想知道，究竟歐洲精神出了多大
的問題，致使他們倆抱持如此決心，長途跋
涉離開歐洲？

分化的社會、失控的靈魂，因革命破碎的歐洲大陸如何找到正確的希望？

19世紀初，歐洲思想出現了一道鴻溝。這
道鴻溝，不僅和16世紀時使基督教世界瓦
解的裂痕一樣巨大，其危險程度更是有過之
而無不及。鴻溝的一側，是工業革命孕育出
的新中產階級，他們充滿希望和活力，卻缺
乏價值的判斷力。

資產階級夾在腐敗的權貴與粗暴的窮人之
間，產生一套守舊慎戒、自滿偽善的道德
觀。當年，杜米埃（Honoré Daumier）、加瓦尼
（Paul Gavarni）以及古斯塔夫·多雷（Gustave
Doré）等優秀的法國漫畫家們，為我們留下
這些令人信服的紀錄（圖12-23）：這些紳士
們被緊扣在他們的長大衣之內保護著，但神
色看來依舊緊張，手持雨傘彷彿準備隨時抵
擋他人的進犯。

至於鴻溝的另一側，則是那些更纖細澄清
的靈魂：詩人、畫家、小說家。他們仍然是
浪漫主義運動的傳人，災禍仍然在他們腦中
揮之不去，他們仍然是跟天使搏鬥的雅各。
這些人覺得自己跟繁榮發展的大多數人斷了
開來，而這種想法並非無的放矢。他們挖苦
那些體面的中產階級以及法國國王路易·腓
力（Louis Philippe），稱呼他們為「培肋舍特人」
（philistines）[6]與蠻族。但是，他們又能拿什
麼來教訓中產階級的道德觀？他們也還在尋

圖12-23　多雷的漫畫作品

找自己的靈魂呢！

這群人的追尋行動持續了整個19世紀，他
們不只往丹麥哲學家齊克果（Søren Kierkeg-
aard）的身上找，也往德國哲學家叔本華
（Arthur Schopenhauer）、尼采的身上找，往法
國詩人波特萊爾的身上找，往視覺藝術中
找，更往法國雕塑大師羅丹身上找。羅丹是
最後一位傑出的浪漫主義藝術家，他是傑利
柯、德拉克洛瓦與拜倫的嫡傳弟子。

羅丹此生最沮喪的事，就是沒能在倫敦海
德公園（Hyde Park）的拜倫紀念碑競圖中脫穎
而出。和前輩們一樣，羅丹認為人類注定不
幸的觀點並未因他充沛的野性靈魂消滅，反

6　譯注：地中海東岸低地區的民族，在《聖經》中形象不
　　佳，後人藉以挖苦人庸俗。

© Jean-Pierre Dalbéra / flickr

←圖12-24-1 《地獄之門》

《地獄之門》羅丹（*The Gates of Hell*，Auguste Rodin），1880 ～ 1917年，6.35 × 4 × 0.85公尺，青銅浮雕，現藏於法國羅丹美術館。

↑圖12-24-2 《地獄之門》上的「沉思者」特寫

而因此強化。而羅丹在作品中表現絕望時，偶而也帶著一絲誇大的修辭。羅丹是個何等了不起的藝術家！不過直到20年前，他頭上還頂著藝評家那句「留待後世評判」的否定烏雲。羅丹創造的象徵性姿勢讓人印象太深刻了，不過這有時也跟所有過度簡化的情感表達方式一樣，顯得太造作了。那尊知名的雕像《沉思者》若獨立來看，就只是人們已經看厭了的普通設計，但若把它放回原本的位置，寓意便很清楚。這尊沉思者位於《地獄之門》（*The Gates of Hell*，圖12-24-1）群像的中間，除此之外，羅丹將他所有小巧的雕像都陳列在這件作品裡。原本的《沉思者》（圖12-24-2）很小一尊。其實，羅丹所有的塑像，大小都在五指的掌控範圍中，從他的雙手獲得活力。每當助手把原本的塑像放大，它們就失去一點生命力，若再做成大理石複製品，又會流失更多。

這件作品之所以取名為《地獄之門》，是但丁這句「放棄希望吧！進門的人」所賦予羅丹的靈感。然而，我不認為羅丹有認真鑽研《神曲》，他塑像時心裡應該也不是想著但丁，而是受到強烈的官能衝動驅使。這座大門彷彿以新藝術（Art nouveau）的韻律不停打轉與浮沉，整體效果讓我有點頭暈，像在暈船。但每尊雕像在塑造過程中獲得的力量與自由，卻能將他們從滅頂之危救出，而每一個「形狀」（form，這是羅丹的用詞）都猛然

© Jebulon / Wikimedia Commons

外推，推至張力的極限。羅丹為了這些青銅像而製作了上百尊石膏像，讓人感受到一股不下於17世紀的創造力。

羅丹從不掩飾自己對希臘與哥德雕塑的欽佩，但他自己的作品卻是巴洛克與浪漫主義傳統的混和，不只內容如此，風格也是。然而，他確實有一件不知該如何判定時代風格的作品，你可以說它非常古老，也可以說它非常現代，端視你從哪個角度看。這件作品就是巴爾札克紀念像（圖12-25）。

羅丹接獲委託時，巴爾札克（Honoré de Balzac）早已去世多年，而且一般來說紀念像都必須與本人相像，且呈現其理想的一面，這對羅丹而言是個困難的要求，畢竟他總是順自然之勢而為。羅丹對於巴爾札克的印象就是「身材矮胖、穿著睡衣工作」，但他又得讓巴爾札克看起來偉岸超然，不僅要彰顯巴爾札克當年支配了人類幻想世界的巨擘地位，還要刻畫出巴爾札克超前時代的先鋒形象。羅丹採用奇特的方法解決這個難題：他先做出5、6尊肥胖裸男的塑像，真實體會巴爾札克的體態；接著他打量這幾尊塑像好幾個月，選出其中一尊，披上一襲用金屬澆鑄出的布料，代表那件有名的睡衣。他精心構思此法，將不朽感與動感同時賦予這尊雕像。

對我來說，這尊巴爾札克像是19世紀雕塑界的巔峰之作，甚至是自米開朗基羅以來最偉大的作品。但是，這尊巴爾札克像在1898年於巴黎沙龍（the Salon）[7]展出時，羅丹的同時代人可不這麼想。他們都嚇壞了，覺得羅丹是個騙子、詐欺犯，甚至再次高呼**祖國陷入危機**，顯見法國人看待藝術的嚴肅程度。群眾湧向這尊雕像，口頭侮辱它，揮舞拳頭作勢威脅它，一致同意這項批評：人類絕不可能擺出這種姿勢，羅丹肯定沒在布匹底下雕刻身體。其實當時羅丹就坐在不遠處，他很清楚，只要拿把槌子往雕像敲下去，布料一落地，就能反駁這些質疑。不懷好意的批評者說這尊雕塑像雪人、像史前石墓、像貓頭鷹、像異教的神，或許都沒說錯，但今天的我們已不會再把這些說法當成是罵人的話了。

的確，這尊雕像的身體有著古代德魯伊教（Druid）祭司石像般的亙古不朽，長相則有如貓頭鷹般的貪婪。至於這雕像之所以令人如此憤怒的真正原因，在於它彷彿一開口就能把所有人一口吞下，根本不甩他們的意見。

這尊巴爾札克像的神態，彷彿對人類的動機了然於心，就像貝多芬一樣，對傳統價值嗤之以鼻，藐視時下流行的看法。他們的精神應該能鼓舞我們，去抵抗那一切威脅傷害你我人性的一切力量，像是謊言、坦克、催淚瓦斯、意識形態、民調、機械化、都市規畫師、電腦等，族繁不及備載。

←圖12-25　羅丹的巴爾札克紀念像

《巴爾札克》羅丹（*Balzac*, Auguste Rodin），石膏像，1897年，109.5 × 49.5 × 39公分，石膏像，現藏於法國羅丹博物館。

7　編註：自1667年開始在法國巴黎法蘭西藝術院舉辦的藝術展，策展單位為法國皇家繪畫暨雕刻學院，在1748年至1890年間是西方世界最大的藝術展，之後逐漸被法國國家沙龍、獨立者沙龍、秋季沙龍等取而代之。

第13章

工業革命之後

英雄式的物質主義

想像一下，如果將紐約曼哈頓島（Manhattan Island）過去100年的發展拍成縮時影片，會是什麼樣子？與其說這是人類努力的成果，反倒像某種大規模的地殼抬升——這裡不存在神的信仰，無情又暴烈。但我們可不能一笑置之，畢竟物質主義投注了無比的精力、意志力與專注力來創建紐約城，在這個過程中，物質主義早就超越了原本的精神。

多蘿西・華茲渥斯從西敏橋（Westminster Bridge）朝倫敦望過去時，曾形容這片景色「就像大自然的壯麗奇觀」。不過，大自然暴烈無情，我們無力駕馭，紐約卻是完全人造的，而且只花了興建一座哥德式大教堂的時間，就達成今日榮景，難免讓人心中浮現鮮明的對比：興建大教堂是為了榮耀上帝，興建紐約則是為了榮耀「財神」（Mammon）——祂是金錢、是獲益，是19世紀的新神。紐約的建造過程中，也添加了和興建大教堂相同的人性元素，因此若遠觀這些建設，紐約彷彿一座聖城，但若是距離靠得太近，就會發現樂園般的奢華表面下其實藏汙納垢，這就是為什麼雄偉的英雄式物質主義總讓人良心不安，因為「英雄」與「物質主義」從創建之初就密不可分。

我的意思是，從歷史角度來看，紐約是因為人類新技術的發明與利用才得以化為現實，而這些技術誕生的時間點，正好與人類第一次嘗試為了改善人類命運而團結的時間點一致。卡倫鋼鐵廠（Carron Works）或科爾布魯克戴爾（Coalbrookdale）等英國最早的大型煉鐵工廠，其歷史可以回溯到1780年左右。而英國也差不多在同一時間點發生許多社會改革運動，如：霍華德（John Howard）探討獄政改革的著作在1777年付梓，而克拉克森（Thomas Clarkson）談廢止奴隸的專文則發表

圖13-1　《夜裡的科爾布魯克戴爾》

《夜裡的科爾布魯克戴爾》德路瑟堡（*Coalbrookdale by Night*，Philippe Jacques de Loutherbourg），1801年，68 × 106.7公分，油畫，現藏於英國倫敦科學博物館。

於1785年。這說來真的太巧了，因為當時多數人認為將機械動力運用於工業是件傲人的成果。

18世紀末，微薄人性露出曙光，推動廢奴等多項社會變革

早期以重工業為題的畫作（圖13-1）看起來對前景相當樂觀，甚至工人們之所以反對工業發展，也不是因為害怕重工業可能招致地獄般的後果，而是擔心機器會搶走自己的飯碗。在工業革命早期，唯一看透工業主義[1]的就是詩人，以布萊克眾所皆知的詩句為例，麵粉工廠被想作是撒旦的傑作：「噢，撒旦，我最年輕的孩子啊……你的麵粉廠、烤爐與大汽鍋，都是永恆的死亡。」以及，蘇格蘭民謠詩人伯恩斯在1787年路過卡倫鋼鐵廠時，在一扇玻璃窗上刻下這幾句話：

> 我們來這裡觀摩你們的成就，
> 是希望長更多見識，
> 結果只是，在下地獄之前先領教，
> 免得將來出乎意料。

多年之後，至少超過20年之後，一般人才見識到工業主義到底造就了怎樣的怪物。

與此同時，慈善精神也開始滋長。除了獄政進行改革，弗瑞德里克‧艾登爵士（Sir Frederick Eden）發表了第一份名為《窮人處境》（*The State of the Poor*）的社會調查報告，議題觸

1　編注：信奉工業主義代表人們肯定機器生產的方式，崇拜工業化的成果，享受機器為人類生活帶來的便捷。

及廢奴運動（這也是這份報告最出色的地方）。我常聽到某些想裝聰明的人說，文明必須以奴隸制為基礎才能存在，並以西元前5世紀的希臘作為佐證。

若想用閒適或寬裕的程度來定義文明，或許能從可憎的教條中反映幾許真實。但在整本書中，我總在嘗試用「創造力」與「人類感受力的擴大提升與否」來衡量文明，因此我認為奴隸制實在可憎；同理，可惡的貧困也一樣可憎。

我先前談過好幾個人類頗有建樹的偉大時代，但在這些時代裡，苦無發言權的老百姓都過著艱辛的生活。直到19世紀末，窮困、饑饉、天災、疾病從未間斷，大多數人也認為這一切就跟壞天氣一樣在所難免，沒人認為這些問題會有解方。聖方濟各企圖要讓貧窮這件事變得超凡入聖，而非消滅貧窮；早期的《濟貧法》（Poor Laws）宗旨不在消滅貧窮，而是防止窮人做出妨害社會的行為。那該如何救濟窮人呢？偶而行個善就好。我記得有一幅美柔汀版畫是根據英國畫家比奇（Sir William Beechey）的作品復刻而成，標題是《鄉間善舉》（Rustic Charity，又稱 Children Relieving a Beggar Boy，圖13-2），描繪小女孩怯生生地，朝一位打著哆嗦、衣衫襤褸的男孩伸出手，圖片下方寫了一句話：「唉，這位連帽子也沒有的窮男孩，拿了這枚半便士。」語氣中連半點關懷都沒有。

但是蓄奴和買賣奴隸又是另外一回事。奴隸制一來違背了基督教的教義，二來一般人難以目睹它的慘況，不像隨處可見的貧窮問題。此外，奴隸買賣涉及的慘狀更可怕，縱然擁有18世紀的最強健的腸胃，讀到「中途載運」（middle passage）[2]的情況描述也會吐出來（圖13-3-1、圖13-3-2）。據估計，從非洲往美洲的航程中，超過900萬名奴隸在船中熱

圖13-2 《鄉間善舉》

《鄉間善舉》比奇繪製，查理・威爾金刻版印刷（Children Relieving a Beggar Boy，Sir William Beechey），畫作的蝕刻版畫（採細點技法）印刷翻印，1796年，45.7×38.1公分，現藏於美國耶魯大學英國藝術中心（保羅・梅隆收藏）。

死或悶死，即使以今日標準來看，這個人數依舊很驚人。總之，廢奴運動成為喚起全民良知的第一個集體共識，但這場運動走了很久才終於成功，因為當中利害糾葛過於龐大。

奴隸是「**財產**」，就連最死忠的革命分子，甚至連羅伯斯比爾本人，也絕不質疑神聖不可侵犯的財產權。此外，英國那些最有頭有臉的人也支持奴隸制，例如首相格萊斯頓（William Ewart Gladstone）第一次在國會演說時就表明贊成奴隸制。但克拉克森已經提出無可辯駁的統計資料，而廢奴運動大將、英國下議院議員威伯福斯（William Wilberforce）更以無與倫比的自信與奉獻精神，堅守目標。最終，奴隸販賣在1807年禁止，等到1833年威伯福斯逝世後，奴隸制度本身也廢除了。

© Library of Congress

↑圖13-3-1
奴隸船平面圖（局部）

《英國奴隸船布魯克斯平面圖》（局部）（Stowage of the British slave ship "Brookes" under the Regulated Slave Trade Act of 1788），1788年，48×40公分（全圖尺寸），現藏於美國國會圖書館。

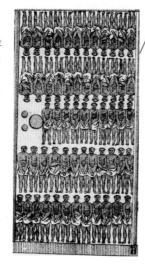

→圖13-3-2　「平躺擠在船艙中間的58名奴隸」局部特寫

你們一定認為，全人類就此邁進一步，說不定還很自豪廢奴運動始於英國，但可別得意過了頭。維多利亞時代的人對此非常沾沾自喜，甚至藉此來轉移目光，逃避另一件發生在同胞身上且同樣可怕的事情。英國首次感受到自身那股戰無不勝的新工業力量，於是向法國宣戰。20年後，英國獲得勝利，卻沒能掌控好自己的產業發展。從人類生活的角度來說，英國承受的失利其實遠比任何一場軍事戰敗都更慘痛。

失去人性的社會，沒有想像力的容身處

工業革命的早期階段，其實也帶著浪漫主義的色彩。說到這裡，容我稍微離題一下。長久以來，畫家把工廠引進畫中，作為「地獄之門」的象徵，用鑄鐵廠來強化畫作中蘊含的想像衝擊力，達成所謂的浪漫效果。就我所知，採取這種做法的第一人是耶羅尼米斯·波希（Hieronymus Bosch），時間大約在1485年（圖13-4）。

波西出身於低地諸國（現今荷比盧3國之範圍），是歐洲最早工業化的地區。孩提時代鑄鐵廠的熱風，想必為他想像中的恐懼增添了鮮明形象。波希在威尼斯備受推崇，而在喬久內及其追隨者（所謂第一批有自覺的浪漫主義者）的創作中，鑄鐵廠看起來無異於異教冥界的入口。

同樣吐著火舌的熔爐，在19世紀初期的英國浪漫主義風景畫中再度現身，例如科特曼（John Sell Cotman）的作品，偶而也在透納的畫作出現（但我認為出現次數實在太少了，透納之於工業革命，應該要像拉斐爾之於人文主義那般重要）。而其中最奇怪的畫作，出自被誤稱為「瘋子馬丁」（Mad Martin，本名John Martin）的二流畫家，他融合了工業主義的戲劇效果與工業建築，用在他替作家米爾頓的作品與替

2　譯注：大西洋三角貿易中，非洲奴隸被迫從非洲家園前往美洲大陸。由原鄉前往非洲口岸的路途為第一段，由非洲口岸乘船渡過大西洋為第二段，抵達大西洋彼岸口岸後轉往美洲各地則是第三段。第二段就是所謂的「中途」。

© Vincent Steenberg / Wikimedia Commons

《聖經》繪製的插圖中。瘋子馬丁繪製的《撒旦王國》（Satan's Kingdom）全景圖比美國導演D・W・格里菲斯（D. W. Griffith）的電影布景更遼闊凶險，堪稱當代風格最正宗的表現，同時，瘋子馬丁也是察覺到「隧道」意象對於19世紀初期想像力重要性的第一人。

然而，工業革命對浪漫主義繪畫的影響只是附帶一提，若拿來跟工業革命對人類生活的影響相比，立刻就顯得無足輕重了。用不著我提醒大家，勞工群眾是怎麼在這60、70年的時間裡遭到貶低及剝削的吧！這跟勞動性質無關，而是跟組織有關。早期鑄鐵廠一直是小生意，跟家庭代工相去無幾，而且早期的工業革命確實有助於小老百姓逃離更無希望可言的貧窮鄉間生活。因此，真正帶來破壞的關鍵並不在工業，而是工業的**規模**。大約從1790年到1800年間，開始有大型鐵工廠與麵粉廠出現，使生活變得失去人性。

我們大多以英國發明家阿克萊特（Richard Arkwright）的水力紡紗機（約於1770年發明）作為大規模生產的濫觴，整體而言並無不妥。德比的萊特為我們忠實記下此人的樣貌（圖13-5），直到今天他仍是典型的工業界霸主形象。他和其他工廠老闆讓19世紀的英國經濟一飛衝天，但也造成一種去人性化的結果，導致當時想像力豐沛的作家幾乎都陷入困境。

其實早在維多利亞時代評論家卡萊爾與德國思想家馬克思出現前，華茲渥斯大約在1810年就已描述了工廠日班轉夜班的情況：

←圖13-4　波希的地獄圖

《人間樂園》（三聯畫之右聯）波希（The Garden of Earthly Delights，Hieronymus Bosch），1490～1500年，172.5×185.8公分（右聯為76.5×185.8公分），木板油畫，現藏於西班牙馬德里普拉多美術館。

日班的工人被工廠大口吐出；

當他們從閃亮的建築群中流瀉，

一群新人與他們交會，在擁擠的門口——

而場內——隆隆之流

推動多不勝數的迷亂巨輪，

似憂煩的鬼魂，自床上瞪視

腳下的岩石間。男人，姑娘，少年，

母親和稚兒，男孩與女孩，

魚貫而入，慣常的作業繼續進行

在這間神廟，獻給

「利潤」，這個國度的主神，

川流不息的祭品。[3]

追求獲益至上的這種新宗教，背後其實有一套教義支撐著，若少了它，絕不可能在嚴肅的維多利亞時代的人們面前維持威嚴。這個新宗教的第一部聖經是位名叫馬爾薩斯（Thomas Robert Malthus）的牧師所寫的《人口論》（*Essay on the Principle of Population*），印製於1789年，書中論證人口增長的速度必定快過糧食增加的速度，因此窮困與匱乏將是絕大多數人類必然的命運。這個令人沮喪的理論是根據科學精神提出的，直到今天都還具有參考性，我們不能置之不理。不幸的是，《人口論》中出現「人們沒有權利主張獲取最低限度糧食」的這類主張，反倒成了對勞工壓榨剝削的聲援。財神教的其他「聖經」還包括英國政治經濟學家李嘉圖（David Ricardo）的經濟學理論。李嘉圖同樣是一位認真誠實的人，秉持著科學精神而寫，但內容實在無情：「自由競爭」與「最適者生存」，誰都看得出這與自然律有多麼相似，實際上也跟達爾文的物競天擇理論密不可分。

我稱這些著作為「聖經」可不是在開玩笑。馬爾薩斯與李嘉圖的著作被最嚴肅、最虔誠的人奉為福音。他們打著人道的大旗，

用來為這2位作者根本設想不到的行動做為辯護的託辭。偽善嗎？這麼說吧！偽善始終存在，若這世上沒有偽善，從17世紀莫里哀以降的傑出喜劇作家就無從發揮了。但是，19世紀和那仰賴非人性的經濟體系、又缺乏安全感的中產階級，卻讓偽善到達前所未有的規模。過去40多年來，「偽善」這個詞都是貼在19世紀上的標籤，就像貼在18世紀的「輕浮」一樣（當然，「理性」也是18世紀上的標籤）。對偽善的抵抗仍在持續，但我

3　編注：詩文引自華茲渥斯的〈遠足〉（*The Excursion*）。

圖13-5　阿克萊特

《阿克萊特》德比的萊特（*Portrait of Sir Richard Arkwright*，Joseph Wright of Derby），1789 ～ 1790年，241.3×152.4公分，油畫，現藏於德比博物館與美術館。

© Nero Reising / Wikimedia Commons

認為雖然澄清這些理論的曲解誤用是件好事，可是目前這種方式造成某種傷害，讓各種美德名譽掃地。「虔誠」、「可敬」、「高貴」這些詞都成了笑話，只有嘲諷別人時才會拿出來用。

19世紀：這是最好的時代，也是最壞的時代

人們常用「群眾偽善」（mass-hypocrisy）來形容維多利亞時代的人，但這種情況早在19世紀初就開始了。布萊克在1804年曾寫道：「用溫和懷柔的手法迫使窮人靠啃麵包皮度日⋯⋯當勞工因為勞動和節食而臉色蒼白，竟說他看來健康而幸福；當他的孩子害了病，便任其死去；反正生出來的人已經夠多了，甚至多過頭了，我們的大地必將動盪，幸虧還有這些詭計。」由此可見，雖然採納馬爾薩斯的信條很不人道，但人口增長差點把我們壓垮卻是個不爭的可怕事實。人口增長對「文明」的衝擊之大，程度是自蠻族入侵以來前所未有的。

人口增長先是引發人們對於都會區貧窮的恐懼，接著帶來官僚系統恐怖的嚴格反制措施。無論在當年或今日看來，人口問題都是個棘手的問題。但即使富人的成功泰半建立在窮人悲慘的生活上，而且關於窮人處境明明有這麼多詳實可信的描述，富人怎麼能冷酷無情找藉口搪塞，認為事不關己？有關這類的描述真的太多了，但我只想舉以下2個例子：其一是德國哲學家恩格斯（Friedrich Engels）寫於1844年的《英國勞動階級狀況》（*The Condition of the Working Class in England*），其二則是英國小說家狄更斯寫於1839年至1854年間，介於《少爺返鄉》（*Nicholas Nickleby*）與《艱難時世》（*Hard Times*）之間的小說，這些都是關於當時貧富差距的真實紀錄。

恩格斯的著作雖然力求寫實，本質上卻是一位年輕社工的痛切呼號，不僅在當年為馬克思主義提供了情感動力，而且至今猶然。馬克思讀過恩格斯的作品——雖然我不知道還有誰也是讀者，但光他一個人就夠了。至於狄更斯，人人都讀過，且從來沒有哪位還在世的作家，能如此廣受社會各界瘋狂追捧與愛戴。狄更斯的小說促成了法律條文與司法機構的改革，也讓公開絞刑成為過去式，影響層面甚廣。但是，狄更斯對貧窮的恐怖描述卻沒帶來多少實質幫助，一來是貧窮問題實在太龐大，二來是政治人物囿於古典經濟學的知識牢籠，三來則是因為狄更斯本人。嗯，我們不得不承認，儘管他為人慷慨和善，但他對於自己筆下描述的慘況卻帶有一股虐待狂的愉悅。

早期為狄更斯小說繪製的插畫都太過滑稽，而且這些插畫家的功力也不足以傳達狄更斯對社會的感受。唯一能與狄更斯文字匹配的圖像，出於法國插畫家古斯塔夫・多雷之手。多雷生性詼諧，但倫敦的景象卻令他嚴肅起來，讓他在1870年代完成這些素描作品（圖13-6）。此時狄更斯早已不在人世了，但誰都看得出來情況未有多大的改善。或許，局外人才能看清倫敦的真面目；或許，就是得有多雷這樣絕佳的繪圖功夫，才能為人世間的巨大苦難提供確鑿的證據。

我想，狄更斯確實比任何人都更能將覺醒的良知宣傳出去，但我們也不能忘記比狄更斯更早的實際改革者，例如19世紀初貴格會的伊莉莎白・芙萊（Elizabeth Fry，圖13-7）。換作是以前，教會肯定會將她封聖，畢竟她對新門監獄（Newgate）受刑人的精神感召宛如奇蹟。至於19世紀中葉，則有沙夫茨伯里勳爵（Lord Shaftesbury），他長期為了阻止工廠剝削童工奉獻心力，足以讓他在人道主義

圖13-6 《巡警之眼》

《巡警之眼》多雷（*The bull's eye*，Gustave Doré），《倫敦：朝聖》（*London: A Pilgrimage*）書中插畫（第145頁），1872年，版畫印刷，翻攝自英國Lilliput雜誌。

圖13-7 伊莉莎白·芙萊

《伊莉莎白·芙萊的肖像畫》查理·羅伯特·萊斯里繪，布蘭察德翻刻（*Portret van Elizabeth Fry*，print maker: Auguste Thomas Marie Blanchard，after painting by: Charles Robert Leslie），1829～1898年，20.2×12.2公分，現藏於荷蘭阿姆斯特丹國家博物館。

歷史上與威伯福斯比肩。

早期的改革家奮力對抗工業化的社會，我相信他們的行動明確點出了19世紀最偉大的文明成就，就是**人道主義**。我們早已習慣文明的仁慈外衣，忘了在先前的文明時代中，人道主義其實並無多少分量。今天若你詢問一個正派的英國人或美國人「人類最重要的品行是什麼？」，我想有五分之一的人會回答「仁慈」（kindness），但先前在本書中出現的每位大人物都不會說出這個字。假如你問聖方濟各在人生中何者最重要，大家都曉得他會答「禁慾、順服與清貧」；如果問但丁或米開朗基羅，他們八成會說「藐視卑劣與不公義」；換作歌德，他想必會說「活在完整中，活在美中」。「仁慈」對他們而言，可從來不是一回事。我們的祖先不用這個詞，也不認為這特質多重要，在他們的觀念中，最接近的大概是「憐憫」吧！因此，我才會認為今人忽視了19世紀的人道成就。

我們忘了在維多利亞時代初期的英國，那些駭人聽聞的景象在人們眼中是多麼理所當然：每天都有數百下的鞭子，落在陸海軍中那些一點過錯也沒有的人身上；婦女們以3人一組遭人用鐵鍊拴著，乘著沒有棚頂的車子，轟隆隆拉過街前往流放地。當權者的代言人經常打著保護財產的大旗，犯下各種難以啟齒的暴行。

自黑格爾以降，有不少哲學家告訴我們，人道是一種脆弱、庸俗、自溺的狀態，就精神面而言甚至比殘酷與暴力更低劣，而小說

家、劇作家與劇場製作人欣然採納了這種觀點。確實,「仁慈」身上多少流著物質主義的血脈,反對物質主義的人也因此對仁慈嗤之以鼻,將之視為尼采所謂的「奴隸的道德」(slave morality)。尼采肯定比較喜歡我這章主題的另一面:英雄式的自信心。對這些自信滿滿的人來說,世上沒有什麼不可能,也正是這樣的人建造了英國第一條鐵路。

物質主義的鋼鐵藝術,以縝密數學詮釋都會狂想

華茲渥斯筆下的工廠是以水力推進,對於製造業來說,蒸汽動力只不過是強化現有條件。但蒸汽火車引擎創造了嶄新情勢,帶來統合的新基礎,創造了空間的新概念,而且一切還在進化中。鐵道之父史蒂文生(George Stephenson)的「火箭號」(Rocket)沿著曼徹斯特—利物浦鐵路(Manchester–Liverpool Railway)銳不可當地前進,此後20年間的一切發展有如浩蕩的軍事行動,帶著堅定意志勇往直前,經歷意料之外的敗仗與勝仗。興建這些鐵路的愛爾蘭工人就像一支大軍,是一群對自身成就感到自豪的暴徒,而指揮他們的大元帥就是工程師。

我在本書開頭就說過,如果想更加理解某個文明,從該文明的建築切入是最好的。繪畫與文學多半來自難以捉摸的個人,但建築算是集體藝術。至少相較於其他藝術而言,建築無法從「使用者」和「建造者」的關係脫離。

單就狹義的「建築」而論,19世紀的表現似乎不太出色。原因很多,其中之一在於建築師拓展了歷史眼界,有大量不同風格任其擷取混用,不過這未必是時人所認為的大災難。比方說,英國國會大廈(也就是俗稱的西敏宮)原本想模仿古代採用古典風格,但我

覺得現在這套半哥德式的衣裳好看多了。巴里爵士(Sir Charles Barry)的設計美妙融合河彎的曲線,普金(Augustus Welby Northmore Pugin)的哥德式尖塔更是化入倫敦的霧氣之中。但我也得承認,19世紀的公共建築物時常缺少風格,缺少投入。我相信,這是因為當時最強勁的創造力,並未注入市政廳或鄉間別墅,而是注入時人所說的「工程」。此時唯有在工程領域中,人們才能把「鐵」這種素材發揮到極致,讓建築藝術徹底改頭換面。

第1個鐵器時代是文明的轉捩點,那麼我們不妨將19世紀稱為第2個鐵器時代。1801年,蘇格蘭土木工程師特爾福德(Thomas Telford)設計的倫敦橋(London Bridge,圖13-8)就是一座單跨度鐵橋,超絕而亙古。這座橋沒有蓋成,或許是因為超過當時科技所能吧!但在1820年左右,特爾福德倒是打造出第一座大型懸索橋「梅奈橋」(Menai Bridge,圖13-9),這種概念完美結合了美感與功能,直至今日難有比此更別出心裁的空間設計,其他大橋至多只是建得比較大而已。

瓦薩里在16世紀寫下了佛羅倫斯的《藝苑名人傳》(The Lives of the Painters),蘇格蘭作家山謬·斯邁爾斯(Samuel Smiles)則在19世紀寫下英國的《工程名人傳》(Lives of the Engineers)。斯邁爾斯堪稱是反映時局的明鏡,擁護良知與中道理性,或許正因如此,他很少提到當時這些工程浪潮中的傑出人物。但我認為這當中某個人絕對有資格與我這本書裡先前提到的英雄們比肩,那就是英國工程師伊桑巴德·金德姆·布魯內爾(Isambard Kingdom Brunel)。布魯內爾是位天生的浪漫主義者。雖然他的父親也是傑出的工程師,而他們這一行又得仰賴縝密的計算,但布魯內爾終其一生都熱愛不可能的事物。事實上,布魯內爾從小就認為自己必須繼承一項

圖13-8　特爾福德的倫敦橋設計

《特爾福德設計的鑄鐵橋透視圖》托瑪士・莫爾頓（*Perspective view of a design by Telford for a cast iron bridge, 1801*，
Thomas Malton），1801年，64.5 × 123 公分，現藏於大英圖書館。

圖13-9　梅奈橋

↑圖13-10
克利夫頓吊橋

→圖13-11
索爾塔什橋

©Nic Trotty/flickr

連他本人都不信能成真的計畫,那就是他父親在泰晤士河(Thames)底下的隧道工程。

20歲時,布魯內爾的父親要求他負責這項工程,從此揭開他生涯一系列的災難之作與偉大傑作。這兩者我們都有紀錄:《泰晤士隧道盛宴》(Banquet in the Thames Tunnel)這幅畫作記下了隧道工程進行到一半時,在裡頭舉辦盛宴的場景:老布魯內爾向小布魯內爾賀喜,2人身後的餐桌旁坐滿了名流顯貴。工程進行到隧道的下一段時,小布魯內爾也設宴款待了手下的150名挖掘工人,這就是他的為人。但2個月之後,隧道盾構崩塌,河水第三度淹進隧道,同樣有一幅畫記下當時

從水中拉出工人遺體的情況。河底隧道終究是完工了。布魯內爾的設計就是這樣,大膽到讓股東驚慌失色,紛紛嚇到撤資走人。我得說,他們的擔心有時也不無道理。或許正因如此,之後連他在克利夫頓(Clifton)建造的大橋(圖13-10,多年來一直是世上最美的懸索吊橋)都得等到設計圖完成後30年才蓋成。

不過,布魯內爾確實推動並完成了一項創舉,那就是英國大西部鐵路(Great Western Railway)。這條路線上的每座橋與每條隧道,都像是一齣精采的大戲,設計與興建都需要非凡的想像力、精力與說服力,成果當然輝煌無比。其中最驚心動魄的,就數鮑克斯隧道(Box Tunnel)。

這條長約3公里的鮑克斯隧道不僅坡度陡峭,還有一半得穿透岩石,布魯內爾甚至獨排眾議,不在這一半的隧道內壁鋪設保護壁。這究竟怎麼辦到的呢?答案是靠工人們拿著十字鍬,一點一滴在火炬照明下鑿出來的。至於開鑿出來的廢料,就再用馬拉走。工程進行時,發生過洪水、坍方,超過百名以上的工人殉職。但在1841年,一列蒸汽火車終於通過隧道,往後超過1個世紀的時間,每個小男孩都夢想成為火車駕駛。

布魯內爾的最後一項工程,是跨越塔馬河(Tamar)的索爾塔什橋(Saltash Bridge,圖13-11)。這座橋及時落成,在布魯內爾於病榻上嚥下最後一口氣前,順利完成首次鐵路行駛。索爾塔什橋不像克利夫頓吊橋那般美麗如畫,但它在工程上其實更原創,無論是中央橋墩的沉水工程或橋墩懸臂,都蘊含了構造學的巧思,後來1個世紀內的工程師都在模仿這座吊橋。

布魯內爾堪稱紐約的老祖宗,我堅信他也真的料想到了未來的發展。我們有一張布魯內爾的照片(圖13-12),照片中的他叼著雪

茄站在鐵鍊前，這些鐵鍊是為了協助他那艘巨無霸輪船「大東方號」（Great Eastern）下水的重要工具，但過程卻百般不順。大東方號是布魯內爾最壯闊的夢想。1838年，第一艘橫渡大西洋的輪船只有700噸，布魯內爾設計的大東方號卻預計將有2萬4千噸，簡直是一座海上皇宮。更令人不敢置信的是，布魯內爾真的打造出來了。

然而，布魯內爾無疑是過於好高騖遠了，儘管大東方號最後還是浮了起來，也橫渡了大西洋，但延遲下水與連串事故大概害它的設計者折壽不少。不過，橫跨大西洋的航線為19世紀的新世界、新建築帶來了更多靈感。

「各種造型出現了！」美國詩人華特‧惠特曼（Walt Whitman）在1860年寫下：

工廠、兵工廠、鐵工廠、市場的造型，
雙軌鐵路的造型，
橋梁枕木、巨大鋼構、大梁與拱券的造型。

我猜想，華特‧惠特曼寫下最後那句時，心裡想的是布魯克林大橋（Brooklyn Bridge，圖13-13）。這座大橋是傑出工程師羅布林（John Augustus Roebling）在1867年設計的作品，橋上的高塔長期雄踞紐約最高建築物之名。其

圖13-12　英國工程師伊桑巴德‧金德姆‧布魯內爾

實，紐約的現代性與英雄氣概正是從布魯克林大橋開始的。「……巨大鋼構、大梁與拱券」，我想惠特曼也會同樣喜歡位在蘇格蘭東部的福斯橋（Forth Bridge，圖13-14），就像我一樣。只不過福斯橋已經過時，就像某種史前怪物，像是科技中的恐龍。落伍的原因在於，福斯橋於1890年落成時，當代建築形式已朝輕巧和合乎經濟原則的方向走去，

© Tom Parnell / flickr

↑ 圖 13-14　福斯橋

↓ 圖 13-13　布魯克林大橋

© Diego Torres Silvestre / flickr

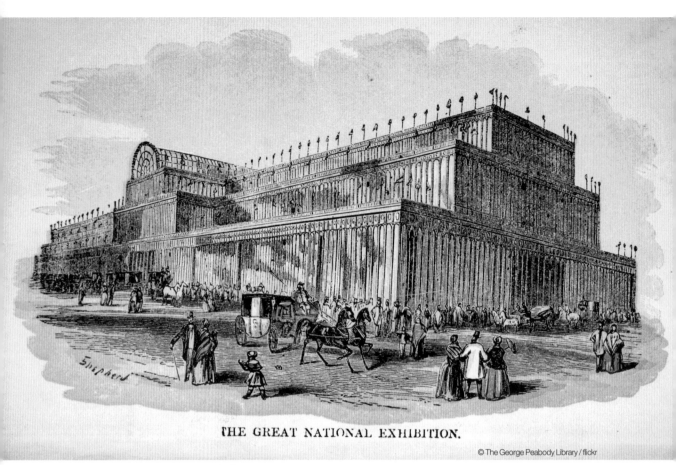

THE GREAT NATIONAL EXHIBITION.

圖13-15　1851年萬國博覽會展場「水晶宮」

《1851年萬國博覽會》（*The Great National Exhibition*），1851年，彩色平面印刷（明信片），現藏於美國喬治畢保德圖書館（The George Peabody Library）。

這些特質更符合吊橋應有的特色。

　　新落成的福斯橋有我們自己的風格，而且還是百年工程學的成果，它體現出我們這個時代，就像巴洛克藝術體現了17世紀一樣。福斯橋固然是嶄新的創造，但它也透過西方重要的數學傳統與昔日相連。正因如此，哥德式大教堂的建築師、皮耶羅・德拉・弗朗切斯卡與李奧納多・達文西這些文藝復興時期傑出的建築師與畫家，以及笛卡兒、帕斯卡、牛頓與雷恩等17世紀的偉大哲學家們，想必都會懷著敬意仰望這座橋。

人類如何在藝術中，抒發社會的焦慮與人性的矛盾？

　　乍看之下，拿隧道、橋梁與其他工程成就來衡量19世紀似乎有點古怪，這種作法肯定會讓當年一些心思敏感的人恐懼不已。羅斯金對鐵路的憤慨之情，讓他創造了許多惡言謾罵的傑作，儘管如此，他也曾為火車引擎留下一段難掩內心狂熱的描述。

　　至於要如何回答這些關於19世紀的美學問題？我想去一趟1851年於英國舉辦的萬國博覽會（Great Exhibition）是最好的答案。博覽會的展場名為「水晶宮」（Crystal Palace，圖

THE EXHIBITION.

圖13-16　水晶宮內部（俄羅斯展廳）

《俄羅斯展廳》（*Interior of the Russian Hall*），彩色平面印刷（明信片），現藏於美國喬治畢保德圖書館（The George Peabody Library）。

13-15），是根據布魯內爾的原則而建的純粹工程之作（布魯內爾對水晶宮也讚賞有加）。水晶宮相當壯觀，風格有點鬱鬱寡歡，1930年代的「功能主義」建築師相當推崇這幢建物。不過，這座工程結晶的內部（圖13-16）卻是擺放**藝術**。人類的品味變來變去，過去也不是沒喜歡過一些滑稽古怪的東西，但我猜想眾多在萬國博覽會備受推崇的藝術品未來不會再流行了，因為它們沒有展現出任何堅定的信念，也不具當代的風格。時下流行的新形貌是以直線為基礎，例如鋼梁的直線、工業城鎮的筆直街道，總之，就是兩點之間最短的距離。但是水晶宮裡展出的裝飾藝術則是以弧線為基礎，是虛情假意、精雕細琢、毫無目的的曲線，是前一個世紀奢侈藝術的誇張表現。

當然，在萬國博覽會的時代，依然有繪畫與雕塑等傳統意義上的藝術創作，只是成果多半不怎麼樣。藝術史上，每個世紀都會出現遲滯期，而當時便是其中之一。安格爾與德拉克洛瓦等偉大藝術家年事已高，他們的創作（肖像畫除外）主要關注的也是傳說與神話。至於年輕一輩的藝術家則試圖對付現況，展現所謂的「社會意識」。英國最知名

© Google Art Project / Wikimedia Commons

↑ **圖13-17-1 《勞動》**

《勞動》福特‧馬多克斯‧布朗（*Work*，Ford Madox
Brown），1863年，68.4×99公分，油畫，現藏於英
國伯明罕博物館與美術館。

→**圖13-17-2 「卡萊爾與莫里斯」的特寫**

的嘗試之作是福特・馬多克斯・布朗（Ford Madox Brown）從1852年開始繪製的一幅作品，名叫《勞動》（Work，圖13-17-1）。

這幅畫呈現出卡萊爾的哲學，畫面最右側帶著嘲弄、露齒而笑站立的人就是卡萊爾（身旁則是他的基督教社會主義者友人，弗雷德里克・丹尼遜・莫里斯〔Frederick Denison Maurice〕，圖13-17-2）。工人們是這幅畫構圖的重心，19世紀的繁榮就靠他們的勞動了。這些工人擁有英雄般的體魄，只不過稍微有些怪誕恐怖（這是馬多克斯・布朗的特色），而開鑿鮑克斯隧道的，就是類似這樣的一批人。至於他們為何要在英格蘭漢普斯特（Hampstead）這樣安靜的街上開這麼大個洞，我就不能理解了。他們周圍的閒人，有人優雅時尚，有人遮遮掩掩，有人衣食無著，還有窮極無聊的搗蛋鬼。馬多克斯・布朗以銳利的目光凝視人們，尤其是那些相貌粗野的人，因此他的

作品免於社會寫實畫常見的乏味。不過，這幅畫仍然是描述性的繪畫，這類作品當時在英格蘭稍微有些非主流。

而在同一時期，法國卻出了2位畫家：古斯塔夫・庫爾貝與尚・富蘭索瓦・米勒（Jean François Millet），他們的社會寫實則是居於歐洲傳統的中心。他們倆都是革命派。1848年的米勒或許是共產主義者，只不過等到他的創作開始流行時，曾經身為共產主義者的證據早已藏起來了。庫爾貝則素來反權威，甚至因為參與巴黎公社而入獄，差點被處死。1849年，庫爾貝以碎石工為題畫了一幅畫，只可惜在二戰期間毀於德勒斯登。庫爾貝原本是想如實記錄一位老鄰居的模樣，但其友人法國詩人馬克斯・布尚（Max Buchon）看到畫後，告訴他這幅畫可說是獻給工人的第一座偉大里程碑……如此這般。這構想讓庫爾貝喜出望外，他還說故鄉奧南（Ornans）的民

圖13-18 《奧南的葬禮》

《奧南的葬禮》庫爾貝（Burial at Ornans，Courbet），1849～1850年，315×668公分，油畫，現藏於法國奧賽美術館。

圖13-19 《拿鋤頭的男人》

《拿鋤頭的男人》米勒（*Man with a Hoe*，Jean-François Millet），1860～1862年，油畫，81.9×100.3公分，
現藏於美國蓋蒂博物館。

眾希望把這幅畫掛在當地教堂的聖壇上。我
個人對此非常懷疑，但如果此說不假，那麼
這幅畫就是「受崇拜之物」（*objet de culte*）的
濫觴。對「物」的崇拜至今猶存，在馬克思
主義的每種藝術理論中更是不可或缺。隔
年，庫爾貝以奧南的一場葬禮為題來繪製巨
幅畫作（圖13-18），以更令人難忘的方式展
現自己對平凡人的同情。他放棄一般的圖像
技法，避免製造階級與主從之別，讓畫中的
人物站成一排，營造「死亡之前人人平等」
的意象。

今人對米勒的創作則沒有如此推崇，因為
他在生命最後畫了些煽情的流行畫作。但米
勒畫中那些田野間工作的男男女女（圖
13-19）卻比庫爾貝筆下的人物更百折不撓，
而且是以更切身的體驗為基礎，難怪米勒的
作品對梵谷帶來決定性的影響力。他們的畫
都令人想起17世紀法國散文家拉布魯耶（Jean
de la Bruyère）的一段文字，農民在這段文字裡
首次擠進了上層社會的意識：「鄉間到處是

圖13-20 《浴場》

《浴場》秀拉（*Bathers at Asnières*，Seurat），1884年，201 × 300公分，油畫，現藏於大英國家美術館。

某種野獸，有雄也有雌。牠們渾身黝黑青紫，被太陽曬傷，留戀牠們以無比固執所挖掘的土地。但牠們似乎能發出清楚的吐字，而且一站直，就看到牠們長著一張人臉，牠們其實是人。」

整本書中，我不斷利用藝術創作來說明文明的各種階段。但是「藝術」與「社會」之間的關係一點都不簡單，而且難以捉摸。對於裝飾藝術，或是德比的萊特這等平庸畫家來說，偽馬克思式的詮釋方式相當有效，但

真正的天才藝術家似乎總能逃脫羅網，朝反方向前進。例如像秀拉的《浴場》（*Bathers at Asnières*，圖13-20）這樣的畫，無疑是19世紀最偉大的畫作之一。畫的背景有工廠煙囪，前景有禮帽、半筒靴和其他無產階級的標誌，但若因此便把《浴場》歸類為社會寫實主義可就荒唐了。這幅畫的重點不在其題材，而在於它如何將文藝復興溼壁畫那代表性的寂靜，與印象派閃動的光線結合。創作這幅畫的秀拉，是個不受社會壓力影響的藝術家。

覺醒的良知，或許是成就偉大藝術的重要條件

在此之前的歷史中，從來沒有藝術家和所謂的印象派一樣遺世獨立，還跟官方贊助保持遙遠距離。他們以色彩為媒介，以刺激感官的方式處理風景，似乎跟當時的知識潮流完全無關。1865年至1885年是印象派的全盛期，但當時的社會不是把印象派畫家當成瘋子，就是完全忽視他們。

即便如此，後人之所以銘記這個時代，無疑是因為這些印象派畫家。

印象派巨擘塞尚引退到普羅旺斯地區艾克斯（Aix-en-Provence），鄉下人守舊狹隘的觀念反而給他自由去達成那些困難的目標。其他人則前往印度洋中法蘭西島（Isle de France）的偏鄉陶冶自己的感官。但是，雷諾瓦卻在巴

圖13-21 《船上的午宴》

《船上的午宴》雷諾瓦（*Luncheon of the Boating Party*，Renoir），1880～1881年，130.2×175.6公分，油畫，現藏於美國華盛頓菲利浦收藏館。

黎繼續生活了一段日子，刻畫周遭的生活。雷諾瓦很窮，而他畫中的人物既不重要，也不富裕，但他們都很快樂。先別急著對19世紀末做出「窮人悽慘潦倒」、「富人揮霍無度」這類陰鬱的概括而論，可別忘了當時最美麗的2幅畫作，就是雷諾瓦的《船上的午宴》（Luncheon of the Boating Party，圖13-21）和《煎餅磨坊的舞會》（Bal du moulin de la Galette，圖13-22）。

這些畫中沒有覺醒的良知，也沒有英雄式的物質主義，更沒有尼采、馬克思、佛洛伊德（Sigismund Schlomo Freud），只有一群愉快自得的凡夫俗子。印象派並不打算媚俗，甚至正好相反，他們選擇對公眾的挪揄逆來順受，誰知道到頭來反而達到了某種成功。造化實在弄人，19世紀唯一渴望受到大眾歡迎

圖13-22 《煎餅磨坊的舞會》
《煎餅磨坊的舞會》雷諾瓦（Bal du moulin de la Galette，Renoir），1876年，131.5 × 176.5公分，油畫，現藏於法國奧賽美術館。

© Sailko / Wikimedia Commons

圖13-23 《畫家的自畫像》

《畫家的自畫像》梵谷（*Zelfportret als schilder*，Vincent Van Gogh），1887～1888年，65.1×50公分，油畫，現藏於荷蘭阿姆斯特丹梵谷博物館。

的傑出畫家，居然一輩子毫無成就，他就是文森‧梵谷（圖13-23）。

覺醒的良知起初是有形的、物質的，就連伊莉莎白‧芙萊這等擁有強大宗教稟賦的人，也離不開世俗的觀點。但到了19世紀下半葉，人們對於社會現況感受到的羞愧感愈來愈強烈。贖罪的需求隨之出現，取代了行善。

梵谷透過他的繪畫，他的素描，他的書信與他的人生，把贖罪的渴望表現到極致。他的書信透露出他極為虔誠（這些文件可說是人類靈魂最動人的傳世紀錄）。在畫家生涯的上半場，梵谷遭受2種使命撕扯：一是畫家，一是傳教士，有幾年時間，傳教占了上風。但光是傳教並不夠。他必須和聖方濟各一樣，跟最窮的人一樣窮，跟最悲慘的同胞一樣悲慘，於是梵谷來到比利時工業區傳教，當地環境恐怕比聖方濟各所處的13世紀義大利翁布里亞（Umbria）更糟。後來梵谷放下傳教士的身分，並非因為這種生活方式太艱困，而是因為他無法戰勝作畫的渴望。起初，梵谷希望能結合這2種對立的衝動，為赤貧的人作畫，展現在貧窮中支持著這些人的勇氣與尊嚴。實際上，梵谷是傳承米勒的衣缽，因為米勒就是他的上帝。梵谷提到自己曾在一星期內7度臨摹《播種者》（Sower），一幅接著一幅地畫。縱使南方的豔陽把他的顏料從深綠色與棕色晒成橘色與黃色，縱使他的感受之強烈令他開始發狂，梵谷依然不停臨摹、再創作米勒的畫作，直到人生盡頭。

此外，托爾斯泰（Count Leo Tolstoy）則是梵谷的英雄，也是19世紀晚期幾乎每一位胸襟寬廣之人心目中的英雄。托爾斯泰渴望接觸群眾，他張開雙臂擁抱電影業的出現，甚至想寫一部電影劇本。然而，電影出現的時間對他來說太遲了，但至少他本人能成為鏡頭中的被拍攝對象，讓我們能在《文明的腳印》的電視節目裡，目睹這系列介紹中最後一位偉人的生活方式，和他的舉手投足。我們可以看到托爾斯泰鋸木頭的畫面，展現出人必須與勞動群眾同甘共苦的體悟。此舉既是為經年累月的壓迫之舉贖罪，亦是因為這種生活更貼近人類存在的現實。另外，我們也可以看到他跟農民講話，看到他騎馬，甚至是一臉不情願地跟托爾斯泰伯爵夫人並肩而行。

托爾斯泰就像當年的但丁、米開朗基羅與貝多芬一樣，是屬於他們各自時代的高塔，聳立在人群中。托爾斯泰的小說充滿讓人驚奇又歷久彌新的想像，他的人生卻充滿前後矛盾。他想與農民同在，但一直活得像個貴族；他宣揚普世之愛，卻跟他神經質的可憐太太吵得不可開交，甚至在82歲時從她身邊逃走，經歷一場惡夢般的旅程後，托爾斯泰在某個鄉下火車站一病不起，他躺在站長室的床上，車站外有各種時下口號宣傳的惡夢在沸騰，而他就在此離世。「農民是怎麼死的？」這話差不多就是他的遺言了。托爾斯泰死後，農民為他唱起輓歌，當局甚至派兵亮劍阻止農民悼念他，不過即使這樣也無法阻止喪禮進行。我們也有托爾斯泰葬禮的影片，可以看到長長的送葬隊伍順著蜿蜒的河流而上，有哭泣的農民，有好管閒事的人，還有心碎的追隨者。影片是一種新的歷史紀錄，也是最動人的其中一種。

托爾斯泰人生的最後一幕結束在1910年，而不到2年的時間，紐西蘭物理學家拉塞福（Ernest Rutherford）和美籍猶太裔理論物理學家愛因斯坦（Albert Einstein）便提出了他們最早的發現，新紀元於焉展開，甚至早於1914年的第一次世界大戰。我們至今仍活在這個紀元裡。當然，科學早已在19世紀成就非

凡的功業，但這些成就幾乎都在追求實用或跟技術的推進有關。例如：愛迪生（Thomas Alva Edison）的發明，讓我們的物質生活更便利，但他完全不是我們所說的科學家，而是一位「自己動手做」的大師，也是班傑明·富蘭克林（Benjamin Franklin）的傳人。但是，自愛因斯坦、丹麥物理學家尼爾斯·波耳（Niels Bohr）與劍橋大學的卡文迪許實驗室以降，科學再也不是為了服務人類的需求而存在，而是為了「自己」而存在。一旦科學家有了用數學概念改變物質的能耐，他們也就和藝術家一樣，跟物質世界之間達成一種魔術般的關係。看著加拿大攝影師卡殊（Yousuf Karsh）拍攝的愛因斯坦像，我不禁自問：以前我是在哪兒看過如此的臉龐呢？答案是年邁的林布蘭身上（圖8-8）。

無論多悲觀，都別喪失對藝術的自信、對文明的自信

在本書中，我一直從歷史的角度觀察文明的起落，試圖找出因果，但現在顯然不能再這麼做了。我們不曉得自己要走向何方。在我看來，那些以盲目自信大言不慚談論未來的文章，是所有公眾發言的形式中最要不得的。至於最有資格發言的科學家對此依然保持緘默。英國遺傳學家J·B·S·霍爾丹（J. B. S. Haldane）總結了這種處境，他說：「我個人懷疑，宇宙不只比我們以為的還怪誕，甚至怪到超乎我們所能設想的程度。」，「我看見了新的天空與新的大地，因為先前的天與先前的地已經不見了。」

霍爾丹的話讓我們想起，《啟示錄》中生動描述的宇宙本身就怪得可以，但在象徵法的幫助下，還是可以用言語陳述；反觀我們今日的宇宙，卻無法再用已知的概念來象徵說明，這種難以言喻的情況對我們的影響遠比一般人以為的更直接。就拿藝術家來說吧！藝術家向來鮮少受社會制度影響。有關宇宙樣貌的潛在假說，藝術家總是以直覺加以回應。就我看來，我們這個新宇宙讓人無從理解的特質，正是當代藝術一片混沌的根本原因。我對科學幾乎一竅不通，但我這輩子都在試圖了解藝術，而藝術在今日發生的一切，完全難倒了我。我偶而會看到喜歡的作品，但我一讀到當代的藝評，就意識到自己的喜好不過就是碰巧而已。

然而在這個變幻莫測的世界裡，有幾件事卻是再明顯不過了，而且明顯到我都不好意思重複一遍。其中之一就是我們愈來愈依賴機器。機器已經不再是工具，甚至開始指引我們的方向。很遺憾，從馬克沁機槍到電腦這一系列的機器，經常是一小群人用來宰制自由人的手段。

此外，我們體內的「破壞衝動」是我們的另一項專長。靠著機械的幫助，我們使出渾身解數，在2次世界大戰中毀滅自己，解放了災難的洪流。有些聰明人試圖用「殘酷戲劇」（theatres of cruelty）[4]等話語為暴力說情，從而為破壞辯解。破壞的衝動是個鬼鬼祟祟的夥伴，總在你我左右，彷彿邪惡版的守護天使。祂無聲無形，讓人難以置信，但祂無疑就在那兒，準備在按下按鈕時讓人堅定感受到祂的存在。我們必須承認，「文明」的未來看來實在不太光明。

不過，當我秉持著本書的精神，望向我身處的世界時，倒是完全不覺得我們正進入新的野蠻時代。孤立、流動性匱乏、好奇心不足、絕望等，這些讓黑暗時代之所以黑暗的原因，如今並不存在。我曾有幸造訪英國最新的一所大學。我們的傳人繼承了我們造成的災難，但在我看來，他們卻是無比樂天。我們就像羅馬帝國晚期的人，或是可悲的高

盧人一樣憂愁，但他們跟我們還是天差地遠。事實上，我看不會有人比今天的年輕人更豐衣足食、教育充分、開朗好奇而具批判力。

當然，社會金字塔的頂端確實沒那麼突出，但我們可別高估了所謂「名流上層」在2次世界大戰前的文化。他們擁有迷人的舉止，腦袋卻跟天鵝一樣無知。他們的確略通文學，少數人還看過歌劇，但對繪畫一無所知，對哲學更是無知至極（只有前英國首相貝爾福〔Arthur James Balfour〕與霍爾丹例外）。與他們相比，地方大學的樂團或藝術社團成員，其見聞比他們廣了5倍，心思也更加敏銳，這些開朗的年輕人自然認為既有的習俗非常糟糕，想廢除陋習。其實，不必是年輕人也可以討厭舊俗。可是事實就是這麼討厭：文明若要生存，社會就得運轉，但就算是最黑暗的時代，社會也得靠習俗才能運作下去。

這下子我可露出自己老頑固的盧山真面目了。我堅持的某些信念，連當代最樂觀的知識分子都不會接受。我深信秩序優於混亂，創造優於破壞。我寧可文雅，不要暴力；寧可原諒，不要宿怨。整體而言，我認為有學問比無知來得好，但我也確信人性的同理心比意識形態更具價值。我相信，儘管科學近年來戰無不勝，但人類在過去2千年來其實沒有多大的改變，因此我們仍然必須試著從歷史中學習。歷史就是我們自己。此外，我還抱持著1、2個難以三言兩語解釋的信念。比方說，我肯定「禮儀」的價值，我們才不至於為了滿足一己而傷害別人的感情。以及，我覺得我們必須記得自己是整體的一部分——為了方便起見，姑且就說是大自然的一部分吧！宇宙萬物都是我們的兄弟姊妹。最重要的是，我相信某些個人擁有上天賦予的天才，而我推崇讓天才得以發揮實踐的社會。

本書中充滿了天才們的偉大創作，有建築、雕塑與繪畫的，有哲學、詩與音樂的，有科學與工程的。他們的成就擺在那裡，你無從忽視。這些創作只是西方人過去1千年裡成就的一小部分，大多是那些天才克服了不亞於我們這時代的挫折和迷惘後才完成的。西方文明就是一連串的重生，這個事實應該能給我們一點自信。

我一開始便提到，「缺乏信心」對文明的傷害甚於一切。我們可以用憤世嫉俗與失望摧毀自己，效果就跟炸彈沒兩樣。50年前，我所知道最天才的人物——W・B・葉慈，寫了一首出名的預言詩〈復臨〉（*The Second Coming*）：

萬物分崩離析；再無中柱托承；
一片無序籠罩世間，
血暗潮湧，處處
淹盡無邪者的聖禮；
至善者失卻一切信念，而至惡者
滿心洶湧澎湃。

我想，2次世界大戰間的情況確實如此，人類也差點毀於一旦。但今日是否依舊如此？不見得，畢竟好人們都懷抱信心，甚至稍嫌太多。問題是現在依舊欠缺核心支柱。馬克思主義在道德與知識面的失敗，讓我們只剩下英雄式物質主義的選擇，但只有物質是不夠的。樂觀固然可以，但面對我們的前景，誰都無法打從心底快樂起來。

4　譯注：法國戲劇理論家安托南・阿爾托（Antonin Artaud）提出的戲劇理論，旨在透過姿態、圖像與聲光效果來震撼觀眾，打亂表演者與觀眾原有的關係。這裡說的「殘酷」，是感官上的做法，要超越語言，與情緒相連，考驗觀眾的神經與內心。

索引